总主编 ◎ 楼宇烈

中|华|优|秀|传|统|文|化|经|典|丛|书

六 韬

熊剑平 译注

北京燕山出版社
BEIJING YANSHAN PRESS

图书在版编目（CIP）数据

六韬 / 熊剑平译注 . -- 北京 ： 北京燕山出版社，
2023.8

ISBN 978-7-5402-6945-6

Ⅰ．①六… Ⅱ．①熊… Ⅲ．①《六韬》－译文②《六韬》－注释 Ⅳ．① E892.26

中国国家版本馆 CIP 数据核字（2023）第 093381 号

六韬

策　　划	善品堂 藏書
译 注 者	熊剑平
责任编辑	满　懿
出版发行	北京燕山出版社有限公司
社　　址	北京市西城区椿树街道琉璃厂西街 20 号
电　　话	010-65240430
邮　　编	100052
经　　销	新华书店
字　　数	223 千字
印　　张	13.25
版　　次	2023 年 8 月第 1 版
印　　次	2023 年 8 月第 1 次印刷
定　　价	86.00 元

中华优秀传统文化经典丛书

编委会秘书处

何德益　江　力　于　始　邹德金

出版缘起

文化是一个国家、一个民族的灵魂。泱泱华夏，五千年文明历史所孕育的中华优秀传统文化，是中华民族生生不息、发展壮大的丰厚土壤。

党的十八大以来，以习近平同志为核心的党中央高度重视中华优秀传统文化的传承与发展。2013 年 11 月 26 日，习近平总书记在山东曲阜考察时强调，要大力弘扬中华优秀传统文化。2022 年 6 月 8 日，习近平总书记在四川眉山三苏祠考察时指出："要善于从中华优秀传统文化中汲取治国理政的理念和思维。"2017 年 1 月，中共中央办公厅、国务院办公厅印发《关于实施中华优秀传统文化传承发展工程的意见》，系统部署传承发展中华优秀传统文化的战略任务，把传承中华优秀传统文化提升到新的历史高度。2022年4月，中共中央办公厅、国务院办公厅印发《关于推进新时代古籍工作的意见》，明确指出，要完善古籍工作体系、提升古籍工作质量，"挖掘古籍时代价值"，"促进古籍有效利用"，"做好古籍普及传播"。

中华传统文化是中华民族的"根"与"魂"。文化兴则国家兴，文化强则民族强。没有高度的文化自信，没有文化的繁荣兴盛，就没有中华民族的伟大复兴。党的十九届六中全会强调，要"推动中华优秀传统文化创造性转化、创新性发展"。为适应全民阅读、共读经典的时代需求，我们组织出版《中华优秀传统文化经典丛书》，以展示古籍研究领域的成果，推广、普及中华优秀传统文化经典，传承、弘扬中华优秀传统文化，提振当代中国人的文化自信。

激活经典，熔古铸今。丛书精选中华优秀传统文化经典，既选取广为人知的历史沉淀下来的传世经典，也增选极具价值但多部大型丛书未曾选入的珍稀出土文献（如诸多竹简、帛书典籍），充分展示中华传统文化的历史脉络与宏富多元。丛书由众多学识渊博的专家学者担任编委，遴选各领域杰出研究者与传承人担任解读（或译注）作者，切实保证作品品质。

丛书定位为中华优秀传统文化经典普及读物，力求能让广大读者亲近经典、阅读经典，充分领略和感受中华优秀传统文化的魅力，并从中获益。为此，解读者（或译注者）以当代价值需求为切入点解读古代典籍，全方位解决古文存在的难读难解、难以亲近的问题，让中华优秀传统文化贴近现实生活，走进人们的心中，最大限度地发挥以文化人的作用。

"问渠那得清如许？为有源头活水来。"博大精深的中华文化源远流长，五千年文脉绵延不绝，中华优秀传统文化是中华儿女奋发图强、继往开来、实现民族伟大复兴的强大精神来源。"洒扫应对，莫非学问。"读者诸君若能常读经典、读好经典，真正把传统文化的精义、真髓切实融入生活和工作，那各位的知与行也一定能让生活充满希望，让工作点亮未来，让国家昌盛，让世界更美好！

丛书编委会

2022 年 6 月 9 日

目　录

导　　读

一、《六韬》的作者和流传

《六韬》是一部兵学经典，北宋时被列为《武经七书》之一，对后世产生了深远的影响。该书共分为"文韬""武韬""龙韬""虎韬""豹韬""犬韬"等六个部分，共6卷60篇，都是以姜太公同文王、武王问答的形式写成。"六韬"之"韬"，与"弢"字相通，原为"弓套"之意，因为含有深藏不露之意，故而可以引申为谋略。因此，所谓"六韬"，可理解为六大类的战争谋略。

关于《六韬》的作者，今天看来已经是难解之谜。该书旧题为吕尚所撰，但它显然不是殷周时期诞生的作品。对此，历代学者已经有很多考证。书中大量出现周文王、周武王和姜太公的名字，但显系托名。今人大多考订该书为战国时期诞生，只是真实作者已经无从知晓。

从《六韬》的文体和其中所反映的思想内容，都可以大致判断该书诞生于战国晚期。在《六韬》中明显可以看出儒、法、道等各学派思想的融合。比如该书倡导爱民、反对暴政、宣传仁义、主张以德化治国，都体现出一定的民本思想，与儒家学说有着千丝万缕的联系。关于战争哲学，该书主张推行无为之道，推崇不争之争，在道家可以找到渊源。在治军方面，作者重视赏罚，主张"以法度禁邪伪"（《文韬·盈虚》），与法家的主张也有相似之处。这一现象的出现，正是战国中后期学术思想逐步走向融合的结果。此外，《六韬》中还大量讨论了骑兵战术，在《豹韬》中有一篇《战骑》专门谈论骑兵战术，还有一篇《武骑士》专门探讨挑选骑士的方法，同样体现的是战国中后期的时代特征。不仅如此，从该书所透露的诸如"百万之众"（《豹韬·教战》）的战争规模来判断，也可以大致判断其著作年代为战国中晚期。今天的学术界更多倾向于将其著作年代定为战国晚期，有的学者甚至将其明确推定其为秦始皇在位时期诞生的作品（张烈：《〈六韬〉的成书及内容》，载《历史研究》1981 年第 3 期）。

《汉书·艺文志》著录有"《周史六弢》六篇"，列入"儒家类"，是不是今本《六韬》，并不敢断定。唐代颜师古注《汉书》时，认定其为今本《六韬》。他看到了"六韬"之"韬"，与"弢"字相通，便把《周史六弢》中的六篇和今本《六韬》的六个部分等同起来。但是，这二者似乎不能简单等同，毕竟书名不同，今本《六韬》是60篇的规模，是《周史六弢》的十倍，相差太大。此外，《诸子略》中也著录有"《太公》二百七十三篇"，列入"道家类"，该书和今本《六韬》是何关系、有没有关系，也都无法定论。

在中国古代历史上，《六韬》是一部有着重要影响力的兵学著作。据说张良平生所学，即为《六韬》和《三略》。(《困学纪闻》卷12)刘备在给儿子刘禅的遗诏中，叮嘱其注意学习《六韬》："闲暇历观诸子及《六韬》《商君书》，益人意志。"(《三国志·蜀书·先主传》裴松之注语)在北宋神宗年间，《六韬》被列为《武经七书》之一，标志着该书的思想价值获得进一步肯定，影响越发扩大。17世纪，该书流传到了日本，也受到了日本人的广泛重视，有很多学者深入地对其进行研究。此外，朝鲜、越南、美国等，都有《六韬》的译本流传。

作为一部兵学经典，《六韬》传世版本有不少，其中比较重要且被广泛采用的是《武经七书》本(本书所采底本，为影宋本）。这个系统的本子约为两万字，一般都是6卷60篇，据说曾经由武学博士何去非校订，流传最广，影响最大。此外，《北堂书钞》《群书治要》等大型类书中，也存有不少有关《六韬》的文字和篇什，为人们研读《六韬》提供了重要参照。1972年，山东临沂银雀山汉墓中出土了竹简本《六韬》，虽说残损严重，但也为世人提供了不少有关《六韬》古本的重要信息，在贡献重要文献价值的同时，也有力地证明了《六韬》本是先秦时期就已诞生的古兵书。《六韬》和《管子》相似，代表了战国中晚期兵学著作的特点，更讲求军事理论体系构筑上的完备性、系统综合性。

二、从政略到战略：大战略的构建

对照现代军事理论，《六韬》的战略思想与"大战略"颇有相通之处。所谓"大战略"，需要对国家层面的政治、经济、精神以及军事力量做总体考察。考察《文韬》和《武韬》等篇章，可以看出作者关注战略的各个层面内容，与今人所言大战略在内涵上非常接近，因而被视为"中国古代大战略思想的首倡者"。作为一部系统探讨军事问题的军事著作，《六韬》不仅关注军事问题，同时也关注政治和经济问题，并注意探讨政治思想和兵学思想的联系等。

《六韬》首先提出的是"道之所在，天下归之"（《文韬·文师》）的道理，主张四处收揽民心，进而悄悄地发展自身实力，再图谋夺取天下。作者以钓鱼技巧作为比喻说明招揽人心的道理，强调国君一定要舍得拿出足够诱惑的俸禄，才会吸引到优秀人才，而且是心甘情愿地听从驱使。这就是"以家取国，国可拔；以国取天下，天下可毕"（《文韬·文师》）的道理。以国家为基础谋取天下，天下就可以逐渐被征服。圣人也是因为注重德化，所以才能够以独特的方式感召全体民众，成功地四处收揽人心，从而使得天下万物各得其所，真正实现所谓的"道"。作者进而总结指出："天下非一人之天下，乃天下之天下也。同天下之利者，则得天下；擅天下之利者，则失天下。"（《文韬·文师》）只有和天下人共同分享天下之利，才可以拥有天下；妄图独占天下之利的，就会失掉天下。值得注意的是，作者总结这些道理时，更多立足于"仁""义"："天有时，地有财，能与人共之者，仁也。仁之所在，天下归之。免人之死，解人之难，救人之患，济人之急者，德也。德之所在，天下归之。与人同忧同乐同好同恶者，义也。义之所在，天下赴之。"（《文韬·文师》）从表面上看，这一思想主张与儒家颇有接近之处，作者总结的"道"也与儒家的"王道"存在着某种相通之处。其实作者对于"道"也有着他自己的认识，着重揭示的是人类所具有的那种"恶死而乐生，好德而归利"的特点，也即："恶死而乐生，好德而归利，能生利者，道也。"（《文韬·文师》）从这一角度来看，作者所推崇的夺取天下之道，更多看到的是人性好利的特点并充分加以利用，进而找到兼并天下的规律。这其实和儒家提倡的"王道"，还存在着一定的区别。

《六韬》中还积极探讨了治理国家，确保国家强大的规律，指出其中要领是"柔和而清静，谦恭而敬谨，强大而甘居弱小，隐忍而刚强"，这四者都是治国之道，能够确保国家迈向强盛。作者同样高度强调"义"的作用，认为只有做到"义胜欲"和"敬胜怠"（《文韬·明传》），才能确保国家走向强盛。在《六守》中，作者继续讨论治国和用人问题，指出用人不当是国君失去天下的关键原因，因此确定了选拔人才的六条标准，即：仁、义、忠、信、勇、谋。在这之外，作者更强调国君应控制和掌握关系国家经济命脉的三大支柱：农、工、商，将其统称为"三宝"："大农、大工、大商，谓之三宝。农一其乡，则谷足；工一其乡，则器足；商一其乡，则货足。三宝各安其处，民乃不虑。无乱其乡，无乱其族。臣无富于君，都无大于国。六守长，则君昌；三宝完，则国安。"在作者看来，只有重视农业、工业和商业，才能确保粮食充足和器具充足，并维持财货的顺畅交易。所谓"大商"，是典型的重商主张，与法家有着很大区别。《六韬》强调"三宝"都能完善而协调地发展，确保国家长治久安，确保国家的综合实力能够持续上升。

《守土》论述的是保卫国土的策略。作者认为，一方面要做到对内"无疏其亲，无怠其众"，另一方面要做到对外"抚其左右，御其四旁"，就此牢牢把持政权，使得国富民殷。与此同时，作者再次强调了"仁义"的作用，认为只能始终以仁义之德来教化民众、才能达到良好的执政效果。具体做法是，尊重民众，团结宗亲，即"敬其众，合其亲"。尊重民众就会上下和睦，团结宗亲就会皆大欢喜，而且这些都是推行仁义的准则。值得注意的是，作者眼中的"仁义"还要做到"顺者任之以德，逆者绝之以力"，也即不允许别人篡夺权威。一方面是对那些顺从自己的对手施与恩惠，合理地加以任用，另一方面则是对那些反对自己的人果断地动用武力给予消灭。只有这样，才能确保政权的稳定和天下之人的臣服。

在《守国》篇，作者深入探讨了守土战争时应该注意的方法和时机。作者指出，身为国君应效法天地万物的生长规律来治理民众，这就是"仁圣之道"。平时就应该秘密地发展自己的力量，等到时机成熟就公开进行讨伐，因为有天下之人群起响应，所以才会相对容易取得成功。当乱局得到平息，一切恢复正常时，既不要继续冒进争功，也无须保守和退让。如果想替天行道，就必须对内修德，收揽民心，与民同利。一旦等到时机成熟，就应该积极争取创造出有利的战略态势，实现吊民伐罪的战略目标。在《发启》篇，作者系统论述了"全胜不斗，大兵无创"的战略思想。其中关键有二：一是"修德以下贤"，二则是"惠民以观天道"。如果能做到天下人同尝疾苦而且相互救援、情感相通而又相互成全、憎恶相同而且互相帮助、爱好趋同而有共同追求，就是没有军队也能取胜，没有冲车机弩也能攻陷敌军，没有沟垒之助也能做好防守。作者总结道："大智不智，大谋不谋，大勇不勇，大利不利；利天下者，天下启之；害天下者，天下闭之……无取民者，民利之；无取国者，国利之；无取天下者，天下利之。"（《武韬·发启》）也就是说，只要努力做到"利民"和"利天下"，那种"全胜"战略虽然玄妙而难以掌握，却同样可以实现。而且，这层道理正像是"道在不可见，事在不可闻，胜在不可知"（《武韬·发启》）一样。

无论是政略还是战略，《六韬》都强调了一系列"爱民"的主张，充分体现出其政治思想和战争观的进步性，同时也将政治与军事的关系问题引向深入。作者总结"大盖天下"之术，就是要保持胸怀宽广，充分地包容天下。身为一国之君，必须充分考虑全天下人的利益，将他们的利益放在首要地位，才能够获得最广泛的支持。也能在遭遇战争时，顺利地摆脱危机，获得胜利。作者指出："大盖天下，然后能容天下；信盖天下，然后能约天下；仁盖天下，然后能怀天下；恩盖天下，然后能保天下；权盖天下，然后能不失天下。"（《武韬·顺启》）也就是说，必须要器量盖过天下、诚信盖过天下、仁义盖过天下、恩惠盖过天下，然后才能最终保有天下。基于同样的理念，作者继续强调，"利天下者，天下启之；害天下者，天下闭之；生天下者，天下德之；杀天下者，天下贼之；彻天下者，天下通之；穷天下者，天下仇之；安天下者，天下恃之；危天下者，天下灾之"（《武韬·顺启》）。也就是说，只有让天下人都安居乐业才会赢得支持，只有具备高尚的道德，才能治理好天下。《六韬》继承发展了孙子"不战而屈人之兵"（《孙子·谋攻篇》）的"全胜"思想，主张通过积极的政治、经济和外交等手段，来实现"全胜不斗，大兵无创"（《武韬·发启》）的全胜。这种全胜，付出的代价最小，得到的回报最多。当然，这种理想境界不会轻易得到，必须要有强大的政治、经济实力作为后盾，更需要有稳固的民意支持。身为统治者，一定是首先制定一系列合理而又卓有成效的政治、经济措施，才能逐步走上富国强兵之路，为达成全胜打下扎实的基础。作者强调"三宝"，主张对农、工、商都给予足够重视，不仅是发展经济实力、打牢物质基础，同时也是更为具体的爱民举措，同样是为全胜战略打牢基础。在此之外，《六韬》还主张搞好与诸侯的外交关系，一方面发展壮大同盟力量，另一方面努力地分化、瓦解和离间敌人。这些举措，同样都可被视为全胜战略的有机组成部分。

三、治军思想：精选将帅，优化配置

《六韬》花费不少笔墨探讨军队统帅部的建设方法，同时也对选拔将帅、军事训练等论题有着程度不同的讨论。

治军的目标，无外乎是为了追求军队的统一指挥，也即"凡兵之道，莫过乎一"（《文韬·兵道》）。这里的"一"，就是强调了领导和指挥权的统一。因为有这种统一指挥，所以才能够独往独来，独行于天下。实现统一指挥的关键，需要有"股肱羽翼"，也即有坚强统一的领导机关。为此，《六韬》中有《王翼》这样的专篇讨论这一问题。按照《王翼》的主张，统帅部应该设立"股肱羽翼

七十二人”（《龙韬·王翼》），而且各司其职。《王翼》初步探讨了军队统帅部的构成，也明确了各职能部门的人员组成和各自职责。这是有关军队司令部建设的专论。虽说其组织架构等，与今天的司令部存在着巨大的差异，但也已基本可以履行现代部队司令部的一般工作职责。所不同的是，由于古今差异，职责分工也存在差别，《王翼》的设计中还包含了政治部和后勤部的职责。

治军的关键在于将帅，《六韬》对于将帅的职责和任务等也有具体探讨。相比《孙子兵法》，《六韬》的将帅观更加系统而全面。《六韬》首先非常重视将帅的作用，认为：“将者，国之辅，先王之所重也。故置将不可不察也。”（《龙韬·论将》）作者认为，要想担任将帅，就必须要具备五种优秀的品质，即：“勇、智、仁、信、忠。”（《龙韬·论将》）这与孙子所说的“智、信、仁、勇、严”（《孙子·计篇》）的要求在排序上稍有不同。从相似之处同样可以看出作者对于将帅的素质要求非常之高。《论将》中继续对种种素质要求予以强调：“勇则不可犯，智则不可乱，仁则爱人，信则不欺，忠则无二心。”（《龙韬·论将》）在要求将帅应五种必备的基本品德之外，作者同时也指出了将帅所应避免的十种主要缺陷，即：勇而轻死、急而心速、贪而好利、仁而不忍、智而心怯、信而喜信、廉而不爱人、智而心缓、刚而自用、懦而任人。这些内容，总称将帅的"十过"。这些内容其实也可和孙子的"将有五危"（《孙子·九变篇》）形成对比，从中可以看出，《六韬》对孙子的将帅观有继承的一面，也有发展的一面。

将帅地位重要，因此需要慎重地进行选拔，因而必须将真正有才能的人挑选出来并委以重任。《六韬》因此辟有《选将》篇阐述了选拔将领的原则方法和注意事项。作者认为，要想选拔出真正合格的人才担任将领，必须进行多方考察，多种方法并用，尤其要注意鉴别那些表里不一、名不副实之人。作者总结这种表里不一的情况有十五种："有贤而不肖者，有温良而为盗者，有貌恭敬而心慢者，有外廉谨而内无至诚者，有精精而无情者，有湛湛而无诚者，有好谋而不决者，有如果敢而不能者，有悾悾而不信者，有恍恍惚惚而反忠实者，有诡激而有功效者，有外勇而内怯者，有肃肃而反易人者，有嗃嗃而反静悫者，有势虚形劣而外出无所不至、无所不遂者。"对于识别的方法，作者也有总结，重点是考察所谓"八征"："一曰问之以言，以观其辞；二曰穷之以辞，以观其变；三曰与之间谍以，观其诚；四曰明白显问，以观其德；五曰使之以财，以观其廉；六曰试之以色，以观其贞；七曰告之以难，以观其勇；八曰醉之以酒，以观其态。"总之，是否具有指挥才能，是否足够精明强干，都可以通过各种方法认真加以考察。

既然选拔出合格的将帅，作者主张充分信任将帅，给予其足够的权力："军中之事，不闻君命，皆由将出。"（《龙韬·立将》）不仅如此，将帅也应该学会如何树立威信。作者指出其中关键是"诛大"和"赏小"："故杀一人而三军震者，杀之；赏一人而万人说者，赏之。杀贵大，赏贵小。"（《龙韬·将威》）至于赏罚的目的，作者强调说是实现鼓励和惩戒的作用。而且，要想搞好赏罚，必须要坚持"用赏者贵信，用罚者贵必"（《文韬·赏罚》）的原则。只有真正做到令行禁止，才是确保树立自身威信的最好方法。不仅如此，将帅还必须以身作则："将与士卒共寒暑、劳苦、饥饱，故三军之众闻鼓声则喜，闻金声则怒。"（《龙韬·励军》）只有做到与士卒同寒暑、同劳苦、同饥饱，才能真正激励士卒为国效命。在执行作战命令时，尤其要注意严明赏罚。一旦主帅确定了作战时间和作战地点，就一定要求全体将士服从领导，按照各自要求准确到达作战地位："校其先后，先期而至者赏，后期而至者斩。"（《犬韬·分合》）

身为将帅，应该懂得如何抓好军事训练。《六韬》有《练士》《教战》等专门论述了训练问题。《练士》讨论的是如何根据士兵的不同情况，进行合理的分组和编队。作者认为，采用更为合理的编组，既有利于平时的管理和训练，也便于他们在战场上充分发挥各自特长，使得部队更具战斗力。《教战》则探讨了军队组织实施训练的基本内容和主要方法。作者认为，军事训练一定要强调纪律，让士卒在平时养成遵纪守法的习惯，同时也要教会兵卒操持兵器，熟悉和掌握各种不同阵法。训练时应遵循由简到繁、循序渐进的原则，先单兵，后合成，由点到面，逐步展开。只有抓好平时的军事训练工作，才能确保"能成其大兵，立威于天下"（《犬韬·教战》）。

与此同时，作者同时也对战车和骑兵的军官配置（也即"置车之吏数"和"置骑之吏数"）分别进行了探讨。其中"置车之吏数"为："五车一长，十车一吏，五十车一率，百车一将。易战之法：五车为列，相去四十步，左右十步，队间六十步。险战之法，车必循道，十车为聚，二十车为屯，前后相去二十步，左右六步，队间三十六步，五车一长，纵横相去二里，各返故道。"（《犬韬·均兵》）至于"置骑之吏数"则为："五骑一长，十骑一吏，百骑一率，二百骑一将。易战之法：五骑为列，前后相去二十步，左右四步，队间五十步。险战者，前后相去十步，左右二步，队间二十五步。三十骑为一屯，六十骑为一辈，十骑一吏，纵横相去百步，周环各复故处。"（《犬韬·

均兵》）不仅如此，因为骑兵是战国时期逐渐崛起的兵种，因此《六韬》设立专篇探讨了选拔骑兵的标准和方法。作者认为选拔骑士不仅要注意给予优厚的待遇【即"不可不厚也"（《犬韬·武骑士》）】，同时也要注意方法，具体地说就是："选骑士之法，取年四十以下，长七尺五寸以上；壮健捷疾，超绝伦等；能驰骑彀射，前后、左右、周旋进退；越沟堑，登丘陵，冒险阻，绝大泽，驰强敌，乱大众者，名曰武骑士。"（《犬韬·武骑士》）从中可以看出，对于骑士，不仅有年龄上的标准——四十岁以下，而且有身高要求——七尺五寸以上，此外还对身体综合素质（尤其是武艺、骑术及勇气等）都有超乎常人的要求。既然有严格的选人和用人标准，就应该给予他们优厚的待遇，确保他们能够安心备战，积极发挥作用。

四、战术思想：对多兵种合同战术的探讨

"兵不接刃，而敌降服"（《龙韬·立将》）的全胜，也是《六韬》孜孜以求的最高战略目标，只是这一目标相对较难实现。通过战场上的实兵作战打败敌人，实现己方的战略意图，才是战争的常态。从《武韬》开始，作者花费大量笔墨，讨论如何在战场通过合理的战术击败敌人。

《六韬》的战术思想，是对先秦时期战术思想的系统总结，尤其值得关注。作者强调，用兵的基本方法就是要做到机动灵活。首先必须善于机动，努力使得战场形势有利于己，同时也要善于示形动敌，通过声东击西等手段欺骗敌人，使得"敌不知我所备"（《文韬·兵道》）。一旦出现有利的战争态势，就应当迅速捕捉战机，果断出击。

首先是对兵种合成战术的探讨。

《六韬》中探讨了遭遇战、运动战、袭击战、突围战等多种战法，阐述了四武冲阵、鸟云之阵等多种作战阵形，对部队在各种地形条件下宿营和作战的注意事项进行了分析，对步兵、骑兵、车兵等各兵种的作战方式进行了深入讨论。与此同时，《六韬》还探讨了不同兵种之间的协同作战问题。这是早期的合同战术，虽说语焉不详，但也可以从中窥见一斑。这些是战争技术和战争理论发展到特定历史时期的必然结果。

《均兵》篇讨论的是车兵、骑兵和步兵在互相交战时的效率对比，作者关注的问题是："以车与步卒战，一车当几步卒？几步卒当一车？以骑与步卒战，一骑当几步卒？几步卒当一骑？以车与骑战，一车当几骑？几骑当一车？"在提出这些论题之后，作者借太公之口给予了解答。首先是指出了各兵种的作用：战车如同军队的羽翼，是用来攻坚陷阵、截击强敌、断敌退路的；骑兵是军队的侦察员和先锋部队，可以用来侦察和警戒，跟踪追击溃逃之敌，切断敌人粮道，袭击流窜的敌兵。因为各自有着不同作用，因此需要将帅对各兵种灵活使用。拿战车和骑兵来说，如果使用不当，那么一名骑兵还抵不上一名步兵。在这之后，作者指出了全军布列成阵时应该给予车、骑、步兵合理配置。以平坦地带作战法则为例，作者提供的配置标准是："一车当步卒八十人，八十人当一车；一骑当步卒八人，八人当一骑；一车当十骑，十骑当一车。险战之法：一车当步卒四十人，四十人当一车；一骑当步卒四人，四人当一骑；一车当六骑，六骑当一车。夫车骑者，军之武兵也。十乘败千人，百乘败万人。十骑败百人，百骑走千人。"（《犬韬·均兵》）虽说提供了基本参考标准，作者也强调这只是"大数"，即大概之数。实际战争中，指挥员应该根据战场实际情况有所调整。

针对车兵的作战特点，《六韬》详细总结了车兵可能有遇到的不利地形和有利战机，分别总称为"十死"和"八胜"。所谓"十死"，统称十种不利地形，分别指死地、绝地、逆地等。可以前进而不能后退的，是死地；跨越险阻、长途追逐敌人的，是竭地；前面平坦易行，后面则是险阻难通的，是困地；陷于险阻而且难以逃出的，是绝地；

地势毁塌，造成积水，泥土粘连的泥泞地带，是劳地；左边地势险阻，右边地势平坦，还要向上爬坡的，是逆地；野草茂盛遍野，还有深水地带需要渡过的，是拂地；战车数量少，地形平坦，战车与步兵配合不当的，是败地；后有沟渠，左有深水，右有高坡，是坏地；昼夜大雨，十来天不停，道路毁坏，前不能进，后不能退的，是陷地。作者认为，对于以上十种地形能否善于甄别，是判断将帅水平的一个重要标准："拙将之所以见擒，明将之所以能避也。"（《犬韬·战车》）对于"八胜"，《六韬》也不厌其烦地进行了罗列：敌人前后行阵尚未稳定；敌人旌旗紊乱，人马不断调动；敌人士卒有的向前，有的退后，有的往左，有的往右；敌人阵势不稳，士兵在前后观望；敌人前进则犹疑不定，后退时恐惧害怕；敌人上下突然惊乱，散乱拥挤；敌人在平坦地带与我交战，至日暮时分还未结束战斗；敌人长途行军，至日暮时分才宿营，三军恐惧不安。这些情况由于对战车作战有利，所以才是战车的取胜之地。将帅如果能够对此进行认真考察，就可以做到"万战必胜"（《犬韬·战车》）。

针对骑兵部队的作战特点，《六韬》也详细总结出"十胜"和"九败"。"十胜"实则只列举了八种，怀疑其中有脱简，并非全都是客观条件对己方有利，其中也存在着客观条件不利于己的情况，需要指挥员积极地创造条件和灵活地指挥。比如敌人刚到作战地点，行列阵势还未稳定，前后部队尚不连贯，这样的局面之下，我方容易获胜。但是，一旦敌人行列阵势整齐坚固，士兵斗志高昂，我方则应该通过灵活的战法击败对手。此时骑兵应缠住敌人两翼不放，时而奔驰过去，时而奔驰回来，快捷如风，猛烈如雷，而且不断更换旗帜，变更服装，使得敌人惊恐疑惑，就能够抓住时机打败敌人。此外，还要善于等待时机，比如敌人日暮回营，军心产生恐惧，就应该趁机使用骑兵夹击其两翼，迅速袭击其后方部队，逼近其营垒入口，阻止其返回军营。"九败"的情况也是如此，并不是己方处于必败之地，而是因为将帅的昏庸，即"暗将之所以陷败也"（《犬韬·战骑》）。比如敌人假装逃跑，同时还用战车和骑兵攻我后方，将帅无法察觉就会导致失败，再如追击败逃之敌时，一路长驱深入而不知停止，就会容易遭到敌人埋伏而自断退路。

在《战步》中，作者重点讨论的是步兵对付车兵、骑兵协同作战的方法。交战对手已经拥有车兵和骑兵，步兵想必也有一定规模，因此是多兵种的协同作战。作者认为，己方处于劣势，步兵必须依托丘陵和险阻地形列阵，把长兵器和强弩配置在前面，把短兵器和弱弩配置在后面，交替上阵，轮流休整。敌人战车和骑兵虽然数量众多，但我军坚守阵地，顽强战斗，并派出那些作战勇猛的专业武士配备着强弩始终在后方做好戒备。在面对"吾无丘陵，又无险阻，敌人之至，既众且武"的危险局面时，作者也指出了解救办法：命令我军士兵制作行马和木蒺藜等障碍器材，把牛马集中在一起，结成四武冲阵。当看见敌战车和骑兵即将到来时，就广泛布设蒺藜，并挖掘环形壕沟，宽深各五尺。步兵则用车辆连接成营垒，推着它前进后退，停止下来即成营寨。此时可命令勇猛的专业武士配备强弩戒备左右，然后号令全军上下奋勇作战，不得懈怠。这种作战方法，需要全体将士"皆疾战而不解"，因此是一种高级的合同战术，更需要步兵、骑兵和车兵的密切协同。因为有这种较为深入的兵种合成战术，《六韬》的兵学思想和战术思想都立即显出其可贵的一面。这些内容，不仅丰富和发展了古代作战理论和战争指导思想，同时也为后人留下了有关战争史的宝贵资料。

其次是对于防败的深入探讨。

《六韬》对于如何防败及如何反败为胜有不少论述，探讨了兵力处于劣势或军队处于困境的情况下，防止军队溃败乃至败中求胜的方法。这些内容主要集中在《虎韬》和《豹韬》。尽管其中存有不少理想化成分，并不能完全应用于战争实践，但也是对古代战争理论的重要补充。

在《突战》篇中，作者论述了防备敌军突袭和攻城的战法。作者设想的情况是："敌人深入长驱，侵略我地，驱我牛马，其三军大至，薄我城下。吾士卒大恐，人民系累为敌所虏。"这必然使得我军士卒深感恐惧，民众被大量拘禁，成为敌军俘虏。这显然是一种非常艰难的困境。对此，作者提出的应对措施是：当敌人长驱直入攻击我方城池时，应及时截断敌人退路，选择月光晦暗的黑夜，对敌实行内外夹击。当敌人分兵袭击城邑时，应先在城外设置伏兵，同时完善城防设置，引诱敌人大军进发，然后速发伏兵，内外夹攻，猛烈打击敌军。也就是说，要努力使得"三军疾战，或击其前，或击其后，勇者不得斗，轻者不及走"。经过这样的努力之后，"敌人虽众，其将必走"，就能够反败为胜，转危为安。

在《敌强》篇中，作者讨论了另外一种更加困难的情况，也即遭遇敌人夜间袭击。在这种"敌众我寡，敌强我弱"的情况下，更要及时鼓励士气并更加合理用兵，最终实现以弱胜强。作者认为，一旦遭遇此类困境，尤其要注意择机出战，而不是消极防守。指挥员应该挑选勇猛的专业武士手持强弩，以战车、骑兵部队作为左右两翼，迅猛地攻击敌人正面部队，同时袭击敌人侧后，既攻击敌人中军部队，又攻击敌人外围部队。作者总结的具体方法是："疾击其前，急攻其后，或击其表，或击其里。"这样一来，我方士卒重整旗鼓，敌方士卒必然陷入混乱。针对"士卒无斗志，将吏无守心"的困境，作者也有解困方法的探讨。如果敌人在远处阻截我方前军，截断我精锐部队，使得我方前后失去联系，那就应该明白地发出号令，出动精锐士卒，努力实现"中外相应"。可以让士卒都手持火炬，在探知敌方准确位置后发起迅猛攻击，或攻击敌人的外围，或冲击敌人的内部。进攻之时，为便于行动和互相识别，部队使用暗号并熄灭火炬，停止击鼓，各部按照预先约定的计划统一行动，全军迅猛出击，奋勇作战，敌人必然失败。

在《敌武》中，作者讨论了遭遇优势敌军攻击时的应对方法。如果领兵深入敌国境内，突然与敌遭遇，敌军人数众多且异常凶狠，使用武装战车和骁勇骑兵包围我军左右两翼，即"甚众且武。武车骁骑，绕我左右"，并导致我军士卒因为深感震恐而纷纷逃跑。这就是所谓"败兵"，必须采取措施果断制止。作者主张在这种劣势之下应以精锐之卒选择有利地形设伏，对敌军的左右前后进行冲击，这才能挽回失败局面，进而击败强敌。如果敌我双方战车和骑兵相遇，敌众我寡，敌强我弱，我军不足以与敌对阵，面对这种险境，就应该挑选我军勇猛的专业武士配备强弩，埋伏在左右两侧，并把战车和骑兵布成坚固的阵势进行防守。当敌人通过我军设伏地点时，应当"积弩射其左右，车骑锐兵疾击其军，或击其前，或击其后"，也即使用密集的强弩射击敌人的左右两翼，并出动战车和骑兵以及勇锐士卒猛烈攻击敌军，或攻击敌人正面，或攻击敌人侧后，这样就可以挽回败局，将敌军打败。

在其他各篇中，作者也多次就战争中可能遇到的困境，积极探讨各种解救之策。《鸟云山兵》中论述了山地防御战的战法。作者设想的困境是，领兵深入敌国境内时，如果遇到高山巨石，山峰高耸林立且四面受敌，三军士兵因此恐慌而困惑。作者认为解脱困境方法是，应布列成鸟云之阵，构成牢不可摧的山城，"无使敌人知我之情"，而且前后呼应，不停变化阵势和战法，可以就此解脱困境。《鸟云泽兵》论述了在河川作战的原则和方法。作者认为，如果在河川地带遭遇敌人，而且作战器械不足、后勤补给困难，此时应当尽快脱离危险区域，并巧妙设置伏兵阻止敌人追击。当敌人知道我方设有伏兵，并且分兵渡河进行冲击之时，就应当以"鸟云之阵"和"用兵之奇"进行防御和反击。《少众》中讨论的是以少击众、以弱胜强的作战方法。作者设想的困境是，我方没有深草地带可供设伏，又没有险隘道路可以利用，没有大国协助和邻国支援。对此，作者提出的解决办法是，通过各种有效的外交手段获得邻国支持，即"得大国之与，邻国之助"。《分险》论述了部队在山水交错、地形复杂的隘险地带的作战之法。作者设想的困难局面是，率军深入敌国境内，同敌人在险阻狭隘地带相遇，我军所处地形为左依山右临水，敌军所处地形为右依山左临水，双方各自占据险要地形形成对峙。作者认为，在这种情况下首先应加强戒备，谨防被敌包围。当战斗条件成熟之后，就应该由水路和山路适时向敌人发起进攻。战斗中，左、中、右三军应该齐头并进，"并攻而前"，而且注意"更战更息"，各分队之下要做好协同配合，掌握好节奏变化。

《六韬》对于如何"防败"的种种探讨，也值得关注。虽说含有不少理想化成分，但也具有重要意义。从总体上看，我国古代兵典对于防败有较少探讨。《孙子兵法》可说是一部按照理想化程序设计战争的兵法，其中同样缺少对于防败的讨论。史书记录战争，战胜则简单书曰"大破之"，战败则简单书曰"北"，对于战争谋划和决策过程往往疏于记录，对于战争失败原因更是缺少系统性总结。《六韬》的有关研究，在某种程度上可以很好地起到填补空白的作用。

再次是对情报先行原则的强调。

重视情报工作是我国古代军事家的优良传统。《六韬》对情报工作也非常关注。作者认为，君主要想明了天下情况，就必须以天下之耳目去视去听："目贵明，耳贵聪，心贵智，以天下之目视，则无不见也；以天下之耳听，则无不闻也；以天下之心虑，则无不知也。辐凑并进，则明不蔽矣。"（《文韬·大礼》）从中可以看出，《六韬》所想达成的理想情形就是，天下耳目共同构筑成蜘蛛网一样的情报体系，君主则居于中心位置，好似蜘蛛蹲在蛛网的中心，四面八方的情报则会源源不断地传来。因为有这样的目标，作者对情报工作的组织建设非常重视。在《龙韬·王翼》中，作者设计业务参谋，或将帅的股肱羽翼共七十二人，其中有天文三人、地利三人、伏鼓旗三人、耳目七人、羽翼四人、术士二人等，大多与情报工作有关。他们或是充当间谍，负责搜集气象和地理情报；或是伪造证件，制造假情报；或是进行隐蔽行动，破坏对方的战略方针；或负责对外进行宣传，造谣惑众，涣散敌之军心。总之，都是"因能受职，各取所长"，充分发挥着各自作用。从组织建制和职责分工中，也可以看出作者对情报工作的高度重视。

《六韬》认为，要想战胜敌国、去除外患，就必须等待对方出现所谓"亡国之征"："天道无殃，不可先倡；

人道无灾，不可先谋。必见天殃，又见人灾，乃可以谋。"（《武韬·发启》）也就是说，策划军事行动，必须要等待对方的殃灾一起到来。一旦对手恶贯满盈失去支持，就可以获得"大兵发而万物皆服"（《武韬·发启》）的胜机。因此，情报工作的首要任务就是搜集敌方的盛衰情况，找到其灭亡征兆，找到合适的决战时机。《六韬》认为情报工作的基本任务有"三观"。一是"观其野"（《武韬·发启》），如果敌国"草菅胜谷"（《武韬·发启》），这就是亡国之时，可以对其宣战。在农业生产为经济支柱的古代，收集敌国粮食作物生长的情况，可以直接估计对方的基本国力和战争潜力。田野之中杂草丛生就会出现饥馑，乃至野有饿殍，那么战争胜负也就可以想见。二是"观其众"（《武韬·发启》），"众"指臣僚，如果敌国臣子"邪曲胜直"（《武韬·发启》），这也是亡国征兆，也可以对其发起宣战。三是"观其吏"（《武韬·发启》）。如果官吏暴虐，也是亡国征兆。官吏残暴则会滥施酷刑，上下关系日益紧张，吏治和民心会非常糟糕。在《六韬》看来，如果对方是田野荒芜、奸臣当道、刑法滥施，那就是天殃人灾齐现，就可以出兵征服。在"三观"之外，又有"六见"。《六韬》指出："必见其阳，又见其阴，乃知其心；必见其外，又见其内，乃知其意；必见其疏，又见其亲，乃知其情。"（《武韬·发启》）这里的阴阳、内外、亲疏，包括范围相当宽泛。一般认为，正常政令为阳，秘密指令为阴；外部佯动为阳，隐蔽行动为阴；公开活动为阳，私人生活为阴；外交宣传为阳，秘密部署为阴……作者认为，要想做好情报工作，就必须既知其阳也知其阴，真正地洞察对方的战争企图。

《六韬》强调对敌方的"心"和"意"进行深入考察，想了解的是其最高统治者的战略意图，也是其核心机密。这其实是情报工作的难点，和国力强弱程度和战争能力有着直接联系，但也可从对方武装力量建设情况推导得来。军事实力强弱及物资储备等情况，是可见的有形，因为直接影响其军事实力和战争潜力，也就会直接影响到"能"，进而隐约考察出"意"。所谓"意"，也就是对方高层的作战决心和战略意图。了解敌方的"心"和"意"，就必须要充分了解对方各方面的基本情况。与此同时，也知晓对方的根本意图。而且，这些内容始终都是情报工作应关注的重点和难点。相对而言，"三观"是对敌方有形情况的全面观察和了解，"六见"则是从更深处对敌方的战略意图和战争决心等进行考察和分析。通过"阴阳""内外""亲疏"等各种关系的分析，来逐渐了解对方的核心机密，刺探对手的战略情报。这一过程，其实正是由表及里和去伪存真的情报分析方法。

　　情报的来源依靠深入而又广泛的搜集。在《六韬》中，有《文伐》与《三疑》两章专门讨论间谍活动的展开。所谓文伐，是指采用非军事手段从内部瓦解对手。种种分化瓦解、挑拨离间、腐蚀拉拢手段，都是属于隐蔽行动，不会大动干戈，所以可称之为"文伐"。需要重点考察的还有《文伐》。这一篇集中总结了十二种运用间谍、外交等手腕征服敌人的方法。这十二种方法基本上是对孙子间谍思想的继承和发展，将孙子的用间思想更加具体化。此外还有《三疑》，集中讨论了击溃对手需采用的三种基本手段：对强大的敌人要尽量予以纵容，使其走向自取灭亡的道路；对其心腹和亲信要施展谋略，使之众叛亲离；对其人民要给予实质性扶助，使得其民心倒向我方。十二种"文伐"之法，相当于十二种间谍术，有的或可被称为隐蔽行动。从行动对象来看，可以上至国君，下至智勇豪杰之士，而又以官员作为重点。从手段上看，则注意因人而异，对症施策。比如遇到敌方的忠臣之士，就应该使用直接打击的方法，威胁逼迫，多方刁难。一旦发生外事往来，则故意拖延时间，等到改派其他人替代时，则改而以诚相待，这就会使得敌国君主不再信任忠臣，从而疏远其君臣关系。又如奉承的方法——"因所喜，以顺其志"（《武韬·文伐》），试图使用圣人的美德及无上尊贵的名号去曲意逢迎，从而使得其骄傲自满，逐渐麻痹和懈怠。在获取情报时，可以采用以金钱财货大量收买核心人员（尤其是帝王的左右亲信）获取其核心机密的方式，也可以采用谦卑的方法努力与对方建立所谓"朋友"关系，进而伺机刺探情报。在获得部分有价值的情报之后，也可以就此要挟和控制对方，使其进一步为我所用。以上种种策略和手段，如果概括起来就是"养其乱臣以迷之，进美女淫声以惑之，遗良犬马以劳之，时与大势以诱之"（《武韬·文伐》）。这些"文伐"手段如果得以顺利展开，就可以为下一步军事行动做好保障。

最后是抓住时机，营造有利态势。

《六韬》认为，善于指挥作战的将帅始终能够安然处之，不被那些假象干扰。只有真正看到有获胜把握之后才会果断发起进攻，没有获胜时机就会立即停止战争。当战机出现在眼前时，主帅一定不能犹豫不决，而是要抓住时机果断出兵，这样才能实现战无不胜的目标。作者指出："用兵之害，犹豫最大。三军之灾，莫过狐疑。"（《龙韬·军势》）也就是说，犹豫不决是用兵之大忌。因此一定要善于捕捉战机，并且是异常神速："疾雷不及掩耳，迅电不及瞑目。"（《龙韬·军势》）古往今来那些善于指挥作战的将领，一定都是善于因敌变化，灵活机动，首先是努力夺取战场主动权，其次是抓住时机对敌发起迅猛攻击。《六韬》将这些视为"循阴阳之道而从其候，当天地盈缩因以为常"，同时也是遵循"天地之形"的抉择。（《龙韬·军势》）

作者进一步指出，所谓攻伐之道的要诀就在于掌握"势"。这种"势"，向来为兵家所看重。《孙子兵法》中有《势篇》专论这一主题，《管子》中也有《势篇》大量探讨的是军事问题，在《六韬》中同样也有《军势》专门针对这一主题进行了深入探讨。在《六韬》看来，所谓"势"，可以理解为战场上双方作战态势。这种作战态势会根据敌方不断变化的行动而及时地做出调整，战术变化也要根据敌我双方对阵情况的变化而灵活运用，乃至于奇正之术的运用也要根据战场态势巧妙变化。这种千变万化之术，来源于将帅的智慧和思考，而且不可被对手察觉，正所谓"至事不语，用兵不言"（《龙韬·军势》），这些都是最重要的军事机密，一定不能泄露。而且这一层道理，军事家捕捉这种有利态势，就像是圣人观察天地的变化，探求其运行规律一样，一定要如同遵循天地盈亏盛衰之理那样，遵循战争运行的普遍规律。在作者看来，万物的生死都取决于天地的变化，如果没有弄清战争形势就贸然发起战争，虽说兵强马壮，也必定会遭到失败。

《六韬》认为用兵的关键就是善于掌握并努力营造有利于己的战争态势，并通过多方努力通过奇兵制胜。作者接着顺应这一论题继续总结了制造有利态势的二十六种方法："夫两陈之间，出甲陈兵，纵卒乱行者，所以为变也……深沟高垒，粮多者，所以持久也。"（《龙韬·奇兵》）这些内容，主要都是探求战场上的成功法则，并认为其中要诀全在于能否造成神妙莫测的态势。善于营造态势，就容易取胜；不擅此道，就容易遭到失败。掌握了战争态势的变化并善于捕捉就是高明的将帅，否则就会因为不懂攻战策略，无法对敌作战。作者总结可能造成失败的情况有很多，比如不会机动使用兵力，就谈不上出奇制胜；不通晓治乱之变，就谈不上随机应变，但其中关键尽在于将帅："得贤将者，兵强国昌；不得贤将者，兵弱国亡。"（《龙韬·奇兵》）《六韬》之所以如此强调将帅的作用，正是因为他们是战场上捕捉战机并发起战争的主宰者。

特种作战条件之下的进攻战，尤其需要注意掌握战机。在《必出》篇中，作者总结了夜间突围作战以及大军渡河的方法，进一步强调了把握好作战时机的重要性。在不利情况之下，要想转危为安，就必须力争达成进攻的突然性，这才能变被动为主动，取得良好的作战效果。作者指出：“必出之道，器械为宝，勇斗为首。审知敌人空虚之地，无人之处，可以必出。”一方面是注意提振士气，另一方面是做好军需物资的准备，尤其是注意充分准备作战器械。具体的方法是：“勇力、冒将之士疾击而前，弱卒车骑以属其后，材士强弩隐伏而处。”一旦发现敌人在后方对我军进行追击，就可通过组织伏兵切断其退路，并通过火炬和战鼓等壮大声势，激励三军将士奋勇作战。

《武锋》篇同样是着重阐述如何在战场上把握最有利战机，争取以最佳效率打击敌人。作者将这些有利的战机总结归纳为“十四变”，一旦敌人出现了这些变故，就必须立即抓住战机果断出兵攻击。这“十四变”包括：“敌人新集，可击；人马未食，可击；天时不顺，可击；地形未得，可击；奔走，可击；不戒，可击；疲劳，可击；将离士卒，可击；涉长路，可击；济水，可击；不暇，可击；阻难狭路，可击；乱行，可击；心怖，可击。”简单地说就是，敌人刚刚集结、敌军人马还没有进食、气候季节对敌人不利，地形情况对敌人不利、敌人仓促奔走赶路、敌没有戒备、敌人马疲倦、敌军将领离开士卒、敌军正在长途跋涉或正在渡河、敌忙乱不堪、敌正通过险阻隘路、敌军行列散乱不整或敌人恐惧不安时，都可以立即发起攻击。

如果战机迟迟不现，就需要指挥员巧妙地示形动敌。在《动静》中，作者主要探讨的是如何在两军对垒之时巧妙地运用迂回、伪装等手法，创造有利战机，进而击败与己实力相当的对手。作者认为，如果地形条件有利，就应该充分地加以利用，虚张声势，设伏破敌。如果地形条件不利，就要采取佯败策略，诱敌进入伏击圈，再择机击败敌人。作者总结的主要方法是："发我兵去寇十里而伏其两旁，车骑百里而越其前后，多其旌旗，益其金鼓。"一旦战争态势无法掌握，而且是敌我双方实力相当，那就需要多派出侦察兵刺探情报，及时跟踪敌情，即"发我远候，往视其动静"，等到时机成熟，再命令三军发起猛烈进攻。在《临境》篇中，作者继续探讨如何在两军对垒之时抓住时机袭扰和击败敌人。作者认为，除了做好保密工作，即"无使敌人知我意"之外，也可以使用诱敌之计，比如"令我前军，日出挑战，以劳其意；令我老弱，曳柴扬尘，鼓呼而往来"，一直等到敌军将士呈现出疲惫之态，那就可以伺机对敌展开偷袭行动，以便夺取战争主动权。

考察《六韬》的兵学思想，可以明显看出其对先秦兵学具有深化和总结的特点。不仅有政略思想和战略思想的互相交融，而且也可看出治军理论的不断深化，同时也能明显看出战术思想的快速发展。其中对多兵种合同战术的讨论，非常具体而深入，更为其他兵书所不及。当然，我们也要看到《六韬》兵学思想的一些不足之处。比如书中流露出一些阴阳色彩，《龙韬·五音》中的五行思想和《龙韬·兵征》中的"望气"理论，这些都是特殊时代的产物，显得荒诞不经，需要认真加以鉴别。

　　总之，今本《六韬》是一部系统探讨军事问题的兵学著作，儒家、道家、法家等重要学派的思想，都或多或少地有所述及。《六韬》主张通过积极的政治、经济和外交等手段，来实现"全胜不斗，大兵无创"（《武韬·发启》）的全胜，这是战略层面的讨论。书中还探讨了遭遇战、运动战、袭击战、突围战等多种战法，阐述了四武冲阵、鸟云之阵等多种作战阵形，对部队在各种地形条件下宿营和作战的注意事项进行了分析，对步兵、骑兵、车兵等各兵种的作战方式进行了讨论。其中对于如何反败为胜进行了很多论述，探讨了在兵力处于劣势或军队处于困境的情况下，防止军队溃败和败中求胜的方法。这是对古代战术理论的重要补充，也为《孙子》等其他兵书所不及。在《军用》等篇，还有关于兵器的探讨，《阴符》《阴书》中对如何秘密传递情报提供了方案。这些对古代"兵技巧"的发展不无助益。《六韬》中也有兵阴阳探讨，比如《龙韬·五音》《龙韬·兵征》中的"观云""望气"理论。

由于《六韬》对"兵四种"都有论及，故而有学者指出，对比《孙子》，《武经七书》中最符合兵权谋定义的，"不是《孙子兵法》，而是六韬"（高润浩：《〈六韬〉对中国传统兵学的贡献——对〈六韬〉历史地位的再评价》，载《滨州学院学报》2013 年第 5 期）。从某种程度上看，《六韬》确为兵权谋著作的杰出代表。

卷第一 文韬

文　师

本篇记述的是周文王巧遇姜太公的故事。面对求贤若渴的周文王，姜太公以钓鱼为切入点，巧妙地道出了治国要领，由此而引起周文王的重视。看到周文王礼贤下士，姜太公进而提出推翻殷商、夺取天下的战略问题，劝谏文王从"仁""德""道""义"等几个方面着手，收揽民心，壮大实力，再图灭商大业。

文王将田[1]，史编[2]布[3]卜[4]曰："田于渭阳[5]，将大得焉。非龙非彨[6]，非虎非罴[7]，兆得公侯，天遗[8]汝师，以之佐昌，施及三王。"

文王曰："兆致是乎？"

史编曰："编之太祖史畴，为禹占，得皋陶[9]，兆比于此。"

文王乃斋三日，乘田车[10]，驾田马[11]，田于渭阳。卒见太公坐茅以渔[12]。文王劳[13]而问之曰："子乐渔邪？"

太公曰："臣闻君子乐得其志，小人乐得其事。今吾渔，甚有似也，殆非乐之也。"

文王曰："何谓其有似也？"

太公曰："钓有三权[14]：禄等以权，死等以权，官等以权。夫钓以求得也，其情深[15]，可以观大矣。"

文王曰："愿闻其情。"

太公曰："源深而水流，水流而鱼生之，情也；根深而木长，木长而实生之，情也；君子情同而亲合，亲合而事生之，情也。言语应对者，情之饰也；言至情者，事之极也。今臣言至情不讳[16]，君其恶之乎？"

文王曰："唯仁人能受至谏，不恶至情，何为其然？"

太公曰："缗[17]微饵明，小鱼食之；缗调[18]饵香，中鱼食之；缗隆[19]饵丰，大鱼食之。夫鱼食其饵，乃牵于缗；人食其禄，乃服于君。故以饵取鱼，鱼可杀；以禄取人，人可竭；以家取国，国可拔；以国取天下，天下可毕[20]。呜呼！曼曼绵绵[21]，其聚必散；嘿嘿昧昧[22]，其光必远。微哉！圣人之德，诱乎独见。乐哉！圣人之虑，各归其次，而树敛[23]焉。"

文王曰："树敛何若而天下归之？"

太公曰："天下非一人之天下，乃天下之天下也。同天下之利者，则得天下；擅[24]天下之利者，则失天下。天有时，地有财，能与人共之者，仁也。仁之所在，天下归之。免人之死，解人之难，救人之患，济人之急者，德也。德之所在，天下归之。与人同忧同乐同好同恶者，义也。义之所在，天下赴[25]之。凡人恶[26]死而乐生，好德而归利，能生利者，道也。道之所在，天下归之。"

文王再拜曰："允[27]哉，敢不受天之诏[28]命乎！"乃载与俱归，立为师。

[注释]

1 田：打猎。

2 史：史官；编：人名。

3 布：告诉。

4 卜：占卜。

5 渭阳：渭水北岸。阳，水的北面。

6 螭（chī）：古代传说中的一种龙。

7 罴（pí）：熊类动物。

8 遗（wèi）：赠予。

9 皋陶（yáo）：传说中的部族首领，主管刑狱。

10 田车：打猎专用的车。

11 田马：打猎专用的马。

12 渔：捕鱼，此处指垂钓。

13 劳：慰劳。

14 权：权谋，权术。

15 情深：道理深刻。

16 讳：隐讳。

17 缗（mín）：系钓钩的丝线。

18 调：适中。

19 隆：粗大。

20 毕：取得。

21 曼曼绵绵：曼曼，指广阔无际；绵绵，指持续长久。

22 嘿嘿昧昧：嘿嘿（mòmò），同"默默"，寂然无声；昧昧，昏暗不明。

23 敛：聚敛，收拢，这里指收拢人心。

24 擅：专擅、独揽。

25 赴：一本作"归"。

26 恶（wù）：厌恶。

27 允：允当，正确。

28诏：古时上级给下级的命令、文书，后来专指皇帝颁发的命令文书。

[译文]

周文王准备出去打猎，太史编在经过占卜之后提醒文王说："这次您到渭河的北岸打猎，将会有非常重大的收获。所得到的，既不是龙，也不是彨，既不是虎，也不是熊。根据刚刚占卜提供的征兆，这次得到的将会是一位公侯。其实他是上天赐给您的老师，可以辅佐您的事业，使得您的事业越发昌盛，并将持续施恩以至于惠及您的子孙后代。"

文王问："兆辞果真会有你说的这么吉利吗？"

太史编回答说："是的，我的远祖史畴曾经替禹进行过占卜，结果得到的是皋陶。那次占卜之后得到的征兆和今天的非常相似。"

周文王心中暗喜，于是斋戒三日，随后便乘着猎车，驾着猎马，来到渭水的北岸打猎。终于见到了正坐在长满茅草的河岸边钓鱼的姜太公，文王立即走上前慰劳太公，并关切地询问道："先生喜欢钓鱼吗？"

太公回答说："我听说君子始终乐于实现自己的抱负，普通人则只会乐于做好自己分内的事情。现在我在这里钓鱼，道理也与之非常相似，并不是真正喜欢钓鱼。"

文王问："这两者之间能有什么相似之处呢？"

太公回答说："钓鱼和招揽人才的事很相似，其中也有三种权术和方法：如果是用厚禄来收买人才，那就如同用鱼饵钓鱼；如果用重金来收买死士，也是如同用鱼饵来钓鱼；如果是用官职来招揽人才，更是和用鱼饵钓鱼相似。一切的垂钓，目的无非都是钓到鱼，但是这其中的道理却十分深奥，从中也可以推知天下的大事，领悟一些大道理。"

文王说："我希望能够听听这其中的道理。"

太公回答说："如果水的源流越深，就越能保持奔腾不息。水流如果一直奔腾不息，鱼类就能很好地生存，这就是大自然蕴含的道理；树根如果长得很深，那么枝叶就可以茂盛地生长；如果枝叶生长茂盛，那就能结出很好的果实，这也是大自然蕴含的道理；如果君子能做到情投意合，那就能够保持密切合作，如果能够密切合作，事业自然就能够取得成功，这其实也是大自然蕴含的道理；平常的言语应对，就是用来掩饰自己的真情实感，如果能说出真情实感，却是最好的事情。现在，我可以毫不隐讳地说出我的真情实感，怕是会引起您的反感啊。"

文王说："只有那些具备了仁厚品德的人，才能够接受别人的直言进谏，也不会厌恶别人说出真情流露的实话。

我为什么要反感呢？"

　　太公回答说："钓鱼时如果丝线非常细小，鱼饵也清晰可见，那些小鱼就会咬钩；如果丝线适中，而且鱼饵的味道很香，中号的鱼就会跑来吞食；如果丝线非常粗壮，鱼饵也非常肥大，那么大鱼就会跑来吞食。鱼只有吞食了鱼饵，才会被钓鱼的人用丝线牵拽出水面；人一旦是得到了国君的俸禄，就自然会听从他的驱使。因此，如果用鱼饵来钓鱼，那么鱼就可以用来烹食；如果是用爵禄来网罗人才，那么人才就会悉数为我所用；如果是以家庭为基础来谋求国家，那么国家自然就可以据为己有；如果是以国家为基础来谋取天下，那么天下就可以全部被征服。呜呼！虽说看似绵延不绝，其实当中存有着聚散；外表看似昏昧不明，却可以光照到遥远的地方。微妙啊，圣人的德化，在以独特的方式光照着世人；喜悦啊，圣人的思虑，使得天下万物各归其途又各得其所，同时也因此而收揽了民心。"

　　文王问道："那么，应该制定什么样的策略才能使得天下人都归服呢？"

　　太公回答说："天下并不是某一个人所独有的天下，而是天下人所共有的天下。因此，只有和天下人共同分享天下之利，才可以真正地取得天下；那些妄图独占天下之利的人，反而会失去天下。天上有四时，地上有财宝，能够和人们共同进行分享的，才是仁爱。一旦有了这种仁爱，天下的人就会前来归附。那些能够免除人们死亡的、能够解决人们苦难的、能够消除人们祸患的、能够解救人们危急的，都是莫大的恩德。一旦有了这种恩德，天下的人就都会前来归附。如果和人们同忧、同乐、同好、同恶，那就是推行道义。如果有了这种道义，天下的人就都会前来归附。人们都是厌恶死亡而又乐于生存，并且乐于接受恩德和追求利益，因此，能够为天下人谋求利益的，就是施行王道。施行了这种王道，天下的人自然都会前来归附。"

文王再次拜谢，不禁感叹道："先生讲得真是太好了，我怎么敢不接受上天的旨意！"于是，他请太公坐上猎车，随后他们一起回到国都，随即便拜太公为师。

[解读]

本篇为全书的第一篇，作者试图揭示该书与姜太公的关系，因此设计了一出周文王巧遇姜太公的故事。与此同时，该篇借助文王与太公的对话，探讨了治国之术、招揽人才的方法以及争夺天下的战略方针等。

君臣相遇之后，周文王不耻下问、礼贤下士。姜太公反倒成为主角，滔滔不绝地讲述了他对治国理政的看法以及对天下局势的分析。他以钓鱼作为比喻，强调应掌握正确的策略和方法，努力地招揽人才。

按照古籍的记载，姜太公确实是因为在渭水之滨钓鱼而遇到周文王，并获得重用。因此，该篇以钓鱼作为话题展开进一步的讨论，倒也是合乎逻辑的演绎。本篇更重要的内容是，作者以钓鱼为比喻，探讨招揽人才的方法。作者指出，如果不舍得投入，丝线和鱼饵细小，只能招来那些小鱼上钩；只有舍得投入，丝线粗壮，并且鱼饵肥大，才能吸引到大鱼。这种大鱼，其实是一个比喻，指的是那些能够为国家做出贡献的杰出人才。也就是说，要想大量招揽人才、吸引杰出人才，就必须要舍得投入，真正用心收揽人心。比如，用优厚的爵禄等，就可以网罗人才，使得杰出人才悉数为我所用，进而赢得谋取天下和征服天下的机会。

接下来，二人继续探讨如何制定合适的策略，努力使得天下归服。作者认为，天下不是某一个人独有的天下，而是天下人所共有的天下。因此，如果想真正占有天下，就必须和天下人共同分享天下之利。反之，如果妄图独占天下之利，反倒会失掉天下。因此，国君需要具有仁爱之心，才能免除人们的死亡威胁、消除人们的苦难和祸患，真正地向天下人推行恩德。具备恩德，推行道义，才能使得天下人前来归附。作者将这种能为天下人牟利的行为，称为王道。这种王道，与霸道有着本质的区别，并不是单纯地使用武力，而是更加重视收买人心。夺取天下的战略，其核心要义就是从"仁""德""道""义"等几个方面着手，逐步壮大己方实力。

考察周王灭商的过程，其中确实贯穿了《文师》篇的上述思路。商周对决，周的实力本处下风，没有必胜把握。但是，力量处于劣势的周人最终战胜了实力占优的商朝，成功改写了历史。周人能最终战胜强大的殷商，与姜太公出色的战略谋划和战争谋略有着直接联系。周文王确实礼贤下士，不拘一格降人才，重用年岁已高的姜尚，所贯穿的正是《文师》篇中的钓鱼策略。姜尚设计的灭商大计，要点有这几条：第一是发展壮大自己；第二是迷惑纣王，不让他察觉出姬周的真正意图；第三是全面掌握殷商的政治、经济和军事情报；第四是寻机策反商纣的羽翼，依靠宣传己方的正义之举等，赢得民心支持，并且争取到更多的同盟。纣王这边则是成为独夫民贼，渐渐失去了民心，逐步陷于孤立状态。

根据《史记》等史籍，在与商王争夺天下的过程中，姜太公一直是主心骨和设计师。《文师》篇中设计的对话，并非无源之水。其中模拟的对话场景，多少有着一些历史依据。按照《孙子兵法·用间篇》的记载，姜尚还有做间谍的经历，所谓"周之兴也，吕牙在殷"。计谋出众的姜太公展示了多个方面的能力与策略，才能成功辅佐周朝取得灭商之战的胜利。

盈　虚

　　本篇讨论的是国家的治乱和兴衰问题。作者认为，国家的治乱并非由天命决定，而是取决于国君的贤明与否。如果国君贤明，自然可以实现"国安而民治"，否则就会造成"国危而民乱"的局面。作者托古讽今，以帝尧为例，劝谏国君努力做到生活俭朴、轻徭薄赋、赏罚分明、存养孤苦等。

　　文王问太公曰："天下熙熙[1]，一盈[2]一虚，一治一乱，所以然者，何也？其君贤不肖[3]不等[4]乎？其天时[5]变化自然乎？"

　　太公曰："君不肖，则国危而民乱；君贤圣，则国安而民治。祸福在君，不在天时。”

文王曰：“古之贤君可得闻乎？”

太公曰：“昔者帝尧[6]之王天下，上世所谓贤君也。”

文王曰：“其治如何？”

太公曰：“帝尧王天下之时，金银珠玉不饰，锦绣文绮[7]不衣，奇怪珍异不视，玩好[8]之器不宝，淫佚之乐不听，宫垣屋室不垩[9]，甍桷椽楹[10]不斫[11]，茅茨[12]遍庭不剪。鹿裘御寒，布衣掩形，粝粱[13]之饭，藜藿[14]之羹，不以役作之故，害民耕绩之时。削心约志，从事乎无为[15]。吏忠正奉法者尊其位，廉洁爱人者厚其禄，民有孝慈者爱敬之，尽力农桑者慰勉之，旌别[16]淑德[17]，表[18]其门闾[19]，平心正节，以法度禁邪伪。所憎者，有功必赏；所爱者，有罪必罚。存养天下鳏寡孤独[20]，振赡[21]祸亡之家。其自奉[22]也甚薄，其赋役也甚寡。故万民富乐而无饥寒之色，百姓戴[23]其君如日月，亲其君如父母。”

文王曰：“大哉！贤君之德也。”

[**注释**]

1 熙熙：纷扰杂乱的样子。

2 盈：充满，这里指实力强盛。

3 不肖：不贤。

4 不等：不同。

5 天时：天地自然变化的时序，此处指天命。

6 尧：传说中的古代圣君。

7 锦绣文绮：指做工精细、华丽美观的丝织品。

8 玩好：指那些供欣赏玩乐的奢侈品。

9 垩（è）：可供粉刷之用的白土，此处意指粉刷。

10 甍（méng）：屋脊；桷（jué）：方形木条；椽（chuán）：横排在屋梁上的木条；楹：厅堂前部的大柱子。

11 斫（zhuó）：砍。

12 茨：蒺藜。

13 粝（lì）梁：粗劣的粮食。

14 藜藿（huò）：粗劣的野菜。

15 无为：中国古代道家政治哲学思想的重要命题。指顺应自然，效法天地，以无为求得无所不为。

16 旌别：甄别。

17 淑德：美德。

18 表：表彰。

19 闾：里巷的大门。

20 鳏（guān）：老而无妻；寡：老而无夫；孤：幼而无父；独：老而无子，人们常用"鳏寡孤独"泛指那些没有劳动能力和没有亲属供养的人。

21 振赡：赈济和赡养。

22 自奉：供奉自己。

23 戴：爱戴、拥护。

[译文]

周文王问太公说："天下形势，一直是纷纭杂乱而又熙熙攘攘的，有时强盛，有时衰弱，有时保持安定，有时则非常动乱。忽然出现了这样的局面，到底是什么原因造成的呢？是君主的贤明和不肖所造成的呢？还是因为天命的变化或者自然的嬗变呢？"

太公回答说："如果君主不够贤能，国家就会立即陷入危亡，进而也会导致民众发生动乱；如果君主做到了贤明，国家就会一直保持安定，而且也能够确保民众顺服。因此，国家的祸福完全取决于君主的贤能与否，并不是所谓的天命变化。"

文王问道："那么，古代那些贤能君主的事迹，可以讲一些出来给我听听吗？"

太公回答说："从前，帝尧用心治理天下，上古的人们都称颂他为贤能之君。"

文王问道："那么，帝尧是如何治理国家的呢？"

太公回答说："帝尧统治天下之时，不会用金银珠玉做装饰品，也不穿那些锦绣华丽的衣服，也不观赏那些珍贵奇异的物品，从不将那些古玩宝物视为宝贝，从不沉湎于淫逸的音乐，从不过度地粉饰宫廷的墙垣，从不刻意地雕饰宫室的薨桷椽楹，不会频繁地修剪庭院中的茅草。他以鹿裘来御寒，用粗布来蔽体，只吃粗粮做的饭，只喝野菜熬的汤，不会因为征发劳役而耽误了民众的耕织。他既能很好地约束和克制自己的欲望，又始终能严格地抑制自己的贪念，并用清静无为的理念来治理国家。对官吏中那些忠正而且守法的，就及时地升迁他们的爵位；对那些廉洁爱民的，就及时增加他们的俸禄。对民众中那些孝敬长者进而慈爱晚辈的，都会给予足够的敬重；对那些尽心尽力耕作，努力做好耕种和蚕桑的，也会给予慰劳和鼓励。他能区别善恶和良莠，能表彰善良的人家，内心保持公平公正，品节保持端正，注意用法制来禁止邪恶诈伪。对自己所厌恶的人，如果能够建立功勋，也会同样给予奖赏；对自己所喜爱的人，如果有了犯罪行为，也必定会进行惩罚。他一直非常注意赡养鳏寡孤独，赈济那些遭受天灾人祸的人家。至于帝尧本人的日常生活，则始终保持俭朴，平时征收赋税和劳役也非常微薄。因此，天下的民众都会富足安乐，没有丝毫的饥寒之色，百姓拥戴帝尧如同景仰日月，亲近帝尧如同亲近父母。”

文王说："伟大啊！帝尧真的是一位贤明之德的君主。"

[解读]

该篇仍是模拟周文王与姜太公的问答。文王关心的是国家的治乱和兴衰问题，作者则借帝尧之名，简单总结了其中的要点。

在作者看来，天下形势熙熙攘攘，纷纭而且杂乱，有时强盛，有时衰弱，有时安定，有时动乱，而且是常态。但这些治乱和盛衰等现象的出现，并非由所谓的天命决定，而是主要取决于国君，要看国君是否贤明，要看国君有没有高明的治术。如果国君贤明，而且有着高明的治理之术，自然可以实现"国安而民治"的理想境界，反之则会造成"国危而民乱"的局面。

作者继续以帝尧为例，说明国君应该达到的各种标准。在古史传说中，帝尧始终是帝王的典范，是一位贤达的明君，因此成为古代帝王学习的榜样。《盈虚》篇中，同样遵照这一思路。按照作者的描述，帝尧非常注意节俭，不用金银珠玉做饰品，不穿锦绣华丽的衣服，不去刻意追求珍宝和古玩，不去过度追求宫廷的华丽，等等。在饮食和穿着方面，同样非常注意保持低调，吃的是粗粮，喝的是野菜汤。对于天下的民众，则是非常友善的，并不会过度征用劳役而耽误耕织。始终注意用清静无为的理念来治理国家。民众既然富足，便会拥戴帝尧，如同景仰日月，如同亲近父母。对于官吏，除了考察是否忠心公正，也要考察是否廉洁爱民和能否保持品节端正，同时也注意保持赏罚公正，给各级官吏做好表率。

在《盈虚》篇中，作者重点探讨的是治国之术，强调君主要有贤明之德，并且善于治理国家。就治术而言，作者在强调"德治"的同时，同样非常重视"无为"，主张不要过度扰民。这种"从事乎无为"的思想理念来源于道家，要求执政者顺应自然，效法天地，通过"无为而无所不为"的治术来实现天下的大治。从中也可以看出《六韬》思想的驳杂。作为一部兵学著作，书中不时有儒家和道家思想的折射，体现了作者试图融合各家学术的努力。

国　务

本篇谈论的是治理国家的大政方针。作者认为，治国的关键就是奉行爱民之道，对百姓要有父母之情和兄弟之情，而且是努力地使得民众获得利益，而不是与民争利。

文王问太公曰：“愿闻为国[1]之大务[2]，欲使主尊人安，为之奈何？”

太公曰：“爱民而已。”

文王曰：“爱民奈何？”

太公曰：“利而勿害，成而勿败，生而勿杀，与[3]而勿夺，乐而勿苦，喜而勿怒。”

文王曰："敢[4]请释其故。"

太公曰："民不失务，则利之；农不失时，则成之；省[5]刑罚，则生之；薄赋敛[6]，则与之；俭宫室台榭[7]，则乐之；吏清不苛[8]扰，则喜之；民失其务，则害之；农失其时，则败之；无罪而罚，则杀之；重赋敛，则夺之；多营宫室台榭以疲民力，则苦之；吏浊苛扰，则怒之。故善为国者，驭[9]民如父母之爱子，如兄之爱弟。见其饥寒则为之忧，见其劳苦则为之悲。赏罚如加于身，赋敛如取已物。此爱民之道也。"

[注释]

1 为国：治理国家。

2 务：要务。

3 与：给予。

4 敢：冒昧，自谦之词。

5 省：申减。

6 敛：征收赋税。

7 台：高而平的建筑物；榭：高台上的高屋。

8 苛（kē）：苛刻。

9 驭：驾驭，治理。

[译文]

周文王问姜太公道："我想了解一些治国的根本道理。要想使得君主始终受到尊崇，民众长久得到安宁，应该怎么做才能实现呢？"

太公回答道："只要真正做到爱民就可以了。"

文王问道："应当怎样做才算爱民呢？"

太公回答说："要真正地给予民众利益，而不是损害他们的利益；要帮助民众取得成功，而不是败坏他们做的事情；要注意保护民众的生存权利，而不是无缘无故地杀害他们；要给予民众以实惠，而不是无故地掠夺和侵占他们的利益；要使得民众能够安居乐业，而不是让他们蒙受痛苦；要让民众变得欢欣而喜悦，而不是激起他们的愤怒。"

文王说："请您解释一下这其中的道理。"

太公说："如果民众不失去职业，就是得到了利益；他们没有耽误农时，就是促成了民众的大事；之所以申减刑罚，就是为了保护民众的生存权利；少征收赋税，就是给予了民众以实惠；少去修建宫室台榭，就会使民众变得安乐；官吏清廉而不苛刻地盘剥，就会让民众喜悦。反之，如果使得民众失去了职业，那就是损害了他们的利益；如果耽误了农时，那就是败坏了民众的事情；如果民众没有犯罪却要妄加惩罚，那就等于是在杀害他们；如果肆意地横征暴敛，那就是对民众实施掠夺；如果大兴土木来修建宫室台榭并由此而使得民力疲惫，那就会增加民众的痛苦；如果官吏贪污盘剥，就会激起民众的愤怒。因此，善于治国的君主，他们治理民众就像是父母爱护自己的子女、兄长爱护自己的弟妹那样，看到他们身处饥寒，就会为他们分担忧虑，看到他们承受劳苦，就为他们感到悲痛；对他们施行赏罚，就如同自己在亲身受到赏罚；向他们征收赋税，就如同夺占自己的财物。这些就是爱民的基本道理。"

［解读］

从《国务》这一篇名也可以看出，本篇讨论的主题是治理国家的大政方针，同样借助周文王与姜太公的对话，并借姜太公之口道出了治国理政的要点。在作者看来，要想治理好国家，就必须奉行爱民之道，不仅是对天下百姓怀有父母之情和兄弟之情，而且不可与民争利，而是想方设法让百姓获得相应的利益。民众一旦获得安宁，并得到相应的利益，就会加倍尊崇国君，自觉地拥戴国君，确保国家秩序的稳定。

给予民众利益，而不是损害其利益，确保民众的生存权，使得他们能够安居乐业，而不是滥杀无辜，这些其实是国君所应掌握的基本道理。如果做不好，就不是合格的政治家，也会激起民众的愤怒，破坏政权稳定的基础。从作者的反复呼吁中可以看出，在当时的战国乱世之中，百姓的生存权利其实很难得到根本保证，民众也无法实现安居乐业的愿望。上述请求，其实也只是最基本的诉求，怎奈封建统治者始终很难做到。戕害民众利益的行为屡屡发生，无辜杀戮的现象不时出现，以致政治基础受到动摇，封建政权朝夕难保，经常会上演"城头变幻大王旗"的政治悲喜剧。

可贵的是，《国务》篇不仅点出了客观存在的上述现实问题，替民众表达了基本的政治诉求，还试图从更深层次找到合理解释，总结出治国理政的一些基本方法，讽谏统治者懂得爱民的道理，并努力遵守这些爱民之道。作者分析指出，民众一旦失去职业，或因为不当政策而耽误农时，不仅会失去生存的根本，同时也会对国家财政收入产生影响，因此必须设法使得民众安居乐业。治国的根本就在抓好管理层面的建设，统治者也要注意经常反省，制定出相对合理的政策，用减省刑罚来保护民众，通过少征赋税给予民众实惠，尽量减少宫室台榭的修建，促使官吏清廉，避免对民众造成过度的盘剥。反之，就会使得民力疲惫，引发民众的愤怒，进而挑战执政者的统治地位。所以，治国的关键就在于爱民，爱护民众就像是父母爱护子女、兄长爱护弟妹那样。这些主张，透露出进步的民本思想，无疑是先进而且合理的，也使得《六韬》超越了普通意义上的兵书，成为一部关注现实关注民生的杰出的政治学著作。

大　礼

　　本篇重点总结了国君的行为准则。作者认为，作为君主应该很好地体察下情，普施恩惠；作为臣子则应当服从命令，安分守己。作者对于君主的举止行为和品德修养等，提出了较多要求，认为君主必须要"目明""耳聪""心智"，才确保能不受蒙蔽，很好地把握朝政。

　　文王问太公曰："君臣之礼如何？"

　　太公曰："为上唯临[1]，为下唯沉[2]。临而无远[3]，沉而无隐[4]。为上唯周[5]，为下唯定[6]。周则[7]天也，定则地也。或天或地，大礼乃成。"

文王曰：“主位如何？”

太公曰：“安徐而静，柔节[8]先定，善与[9]而不争，虚心平志，待物以正。”

文王曰：“主听如何？”

太公曰：“勿妄而许，勿逆而拒。许之则失守[10]，拒之则闭塞。高山仰之，不可极也；深渊度之，不可测也。神明之德，正静其极[11]。”

文王曰：“主明如何？”

太公曰：“目贵明，耳贵聪，心贵智，以天下之目视，则无不见也；以天下之耳听，则无不闻也；以天下之心虑，则无不知也。辐凑[12]并进，则明不蔽矣。”

[注释]

1 临：居高临下，引申为洞察下情。

2 沉：深沉隐伏，引申为谦卑顺服。

3 远：疏远民众。

4 隐：隐匿私情。

5 周：周全，普遍，意指普施恩德。

6 定：指安分守己。

7 则：效法。

8 柔节：柔和而节制。

9 与：给予。

10 守：操守。

11 极：指最重要的准则。

12 辐凑：车辐集中于轴心。凑：同"辏"，会合，聚合。

[译文]

周文王问姜太公："君主与臣民之间保持基本的礼法，通常情况下应该是什么样的？"

太公回答说："身为君主，最重要的就是要做到体察下情；作为臣民，最重要的就是做到保持顺服和恭敬。体察下情的关键是不会疏远臣民；顺服恭敬就应该做到从不刻意地隐瞒私情。身为一国之君，就要做到遍施恩惠；作为臣民，就应该保持安分职守。遍施恩惠，就要像天空覆盖万物那样不会有任何遗漏；安分职守，就要像大地承载万物那样保持稳重而又厚实。君主效法上天，臣民效法大地，君臣之间的基本礼法就可以得到确立。"

文王问道："身居君主这样的高位，应该怎样做才好？"

太公回答道："应该保持安详稳重而又沉着清静，做到柔和有节而又胸有成竹，做到善施恩惠而且不和民众争利。处理各种事务时，不仅保持虚心静气，而且能做到公正无私。"

文王问："君主应该如何倾听别人的意见呢？"

太公回答道："既不要轻率地接受，也不能粗暴地拒绝。如果轻率地接受，就会容易丧失自己的主见；如果粗暴地拒绝，就会闭塞言路。作为君主，就应该像高山那样，使人仰慕不已；也要像深渊那样，使人无从窥测自己的深浅。神圣而又英明的君主，他始终秉持应有的德行，始终将清静和公正作为自己的行为准则。"

文王问："君主怎样才能做到洞察天下呢？"

太公回答道："使用眼睛，贵在能明察事物；使用耳朵，贵在倾听意见；使用头脑，贵在思虑周详。如果是依靠天下人的眼睛去观察事物，就能做到无所不见；如果是利用天下人的耳朵去倾听意见，就能做到无所不闻；如果是凭借天下人的头脑去思考问题，就能做到无所不知。于是四面八方的情况都能汇集到君主这里，而且像是车辐集中于车轴那样，君主自然就能够洞察一切而不受蒙蔽。"

[解读]

本篇总结了国君所应注意的各项行为准则，包括君臣相处之道、情报搜集之道等，篇中也都有所揭示。

作者首先强调，国君应该很好地体察下情，并注意君臣之间相处的礼法。君臣关系在古代君权社会，始终是极度重要而且最需要妥善处理。国君始终处于主导地位，也使得这种关系始终处于不平衡状态。作者也认为，臣民首先就要保持恭敬态度，处于被顺服状态，并始终做到恪尽职守和安分守己。当然，国君也应注意体察下情，和臣民保持一定的亲密程度，依据法度尽量地遍施恩惠。一旦君臣之间的礼法得到确立，就可以相对容易地实现治理国家的目标。

相比之下，本篇对于国君的约束更多一些，作者明显将其作为本篇的重点探讨内容，主要体现在三个方面。第一是国君自身的基本修养和素质要求，比如平时能做到安详稳重而又沉着清静，遇到事情时做到进退有节而且胸有成竹，在处理方法上则秉持舍得施于恩惠的原则，而且不与民众争利，始终公正无私。第二是注意学会倾听各种不同意见，既不要轻率地接受，也不要粗暴地拒绝。不能轻易地丧失主见，也不会草率地闭塞言路，必须要使人像仰慕高山那样一直对国君保持恭敬态度，也能像深渊那样始终高深莫测。第三是就体察下情和搜集军政情报等进行了探讨，既有方法提示，也有目标要求，力争实现无所不见、无所不闻和无所不知。

《六韬》作者力求"以天下为耳目"，不仅仅是"耳目遍天下"，而且是天下人之耳目都为自己服务，通过设置天下耳目，构筑蜘蛛网一样的情报体系，君主位居中心，好似蜘蛛蹲踞蜘蛛网的中心位置。身为国君，应当身处自己所编织的情报网络中心，天下四方的情报源源不绝地涌来。各种军事、政治和经济情报等，始终是施政的基础，也是制定各项决策的前提。"无不知"似乎可视为是对情报工作所提的总要求，与《管子》的"遍知天下"相似，和孙子"知彼知己""知天知地"等要求也比较接近。无论是政策制定还是战争决策，都需要将情报工作做好。《大礼》篇中也体现了这一思想。

明 传

本篇主要探讨了国家兴衰的原因。作者认为，"见善而怠，时至而疑，知非而处"是国家衰亡的主要原因。作为一国之主，必须要做到"柔而静，恭而敬，强而弱，忍而刚"，并且力争使得"义胜欲"和"敬胜怠"，才能使得国家始终保持强盛。

文王寝疾[1]，召太公望，太子发[2]在侧。曰："呜呼！天将弃予，周之社稷将以属[3]汝。今予欲师至道之言，以明传之子孙。"

太公曰："王何所问？"

文王曰："先圣之道，其所止，其所起，可得闻乎？"

太公曰："见善而怠，时至而疑，知非而处，此三者，道之所止也。柔而静，恭而敬，强而弱，忍而刚，此四者，道之所起也。故义胜[4]欲则昌，欲胜义则亡，敬[5]胜怠[6]则吉，怠胜敬则灭。"

[注释]

1 寝疾：卧病在床。

2 发：姬发，即周武王，在周文王之后继承王位。姬发即位之后，继续重用太公，最终成功灭商，建立了周朝。

3 属（zhǔ）：同"嘱"。嘱托，托付。

4 胜：超过。

5 敬：敬畏，慎重。

6 怠：懈怠。

[译文]

周文王重病在床，因此而召见姜太公。太子姬发当时也在床边。文王对太公说："唉！上天将要结束我的寿命了，国家的社稷大事就只能托付给您了。我想听您说一下有关治国的至理名言，以便明确地传给后代子孙。"

太公问："您想要知道些什么呢？"

文王说："古代圣贤的治国之道，比如应该废弃什么，应该推行什么，您能够把这其中的道理讲给我听听吗？”

太公回答道：“见到能做的好事却因为懈怠而不做，时机已经来临时却显得迟疑不决，明明知道是错误却依旧泰然处之，这三种情况都是治国之道遭到废止的原因。柔和而又清静，谦恭而又敬谨，强大而又甘居弱小，隐忍而又刚强，这四种情况都是治国之道自此兴起的原因。因此，如果是正义胜过私欲，国家就能够走向昌盛；如果是私欲胜过正义，国家就会走向衰亡；如果是敬慎胜过懈怠，国家就能够变得吉祥；如果懈怠胜过敬慎，国家就会走向灭亡。”

[解读]

本篇主要探讨国家兴衰的原因。周文王重病卧床，仍然不忘国家大事，希望知道国家兴衰的深层原因。对此，篇中的主人公姜太公给予了简要的总结。

作者借姜太公之口，总结了国家衰亡的原因共有三点：即见善而怠、时至而疑和知非而处。明明合适的时机已经出现，能够把事情做好，却因为懈怠而不去做；当大好时机已经出现，却仍然迟疑不决；明明知道犯了错误，却拒绝悔改，仍然抱着一副泰然处之的姿态，这几种情况都会造成国家衰亡。

与此同时，作者也简要总结了国家兴盛的原因，认为国君只有做到"柔而静，恭而敬，强而弱，忍而刚"，就能使得国家走向强盛。也就是说，柔和而又清静，谦恭而又敬谨，强大而又甘居下位，隐忍而又刚强，这些都是确保国家走向强盛的途径。

作者的探讨并未止步于此，而是进一步试图揭示国家灭亡的原因，使得本篇的立意逐渐走向深入。作者指出，秉持正义之道和保持敬慎之心，国家就能够走向昌盛；反之，如果是私欲胜过正义，懈怠胜过敬慎，国家就会逐步走向灭亡。因此，身为国君，必须要确保"义胜欲"和"敬胜怠"。

对照现代军事理论，《六韬》的战略思想与今日所谓"大战略"颇有几分相通之处。今人所言"大战略"，是指"在平时与战时为获得对国家政策的最大限度支持，发展并运用国家的政治、经济、精神以及军事力量的艺术和科学"。考察《文韬》和《武韬》等篇章，可以看出作者关注有关战略的各个层面的内容，与今人所言大战略在内涵上非常接近，因而被有些学者视为"中国古代大战略思想的首倡者"。作为一部兵学经典，《六韬》不仅关注军事问题，同时也关注政治和经济问题，并注意探讨政治思想和兵学思想的联系等，因此才会积极地探讨治理国家的方术，总结确保国家强大的规律，而且层次上也在逐渐深入。

六 守

本篇讨论的是治国和用人等问题。作者首先指出，国君失去天下的关键原因是用人不当，所以论述了选拔人才的六条标准，即：仁、义、忠、信、勇、谋。作者同时认为，国君必须控制和掌握关系国家经济命脉的三大支柱：农、工、商，应将其视为"三宝"，给予高度重视。

文王问太公曰："君国主民者，其所以失之者，何也？"

太公曰："不慎所与[1]也。人君有六守[2]、三宝[3]。"

文王曰："六守者何也？"

太公曰："一曰仁，二曰义，三曰忠，四曰信，五曰勇，六曰谋，是谓六守。”

文王曰：“慎择六守者何？”

太公曰：“富之而观其无犯[4]，贵之而观其无骄，付之而观其无转[5]，使之而观其无隐，危之而观其无恐，事之而观其无穷。富之而不犯者，仁也；贵之而不骄者，义也；付之而不转者，忠也；使之而不隐者，信也；危之而不恐者，勇也。事之而不穷者，谋也。人君无以三宝借人，借人则君失其威。”

文王曰：“敢问三宝？”

太公曰：“大[6]农、大工、大商，谓之三宝。农一[7]其乡，则谷足；工一其乡，则器足；商一其乡，则货足。三宝各安其处，民乃不虑。无乱其乡，无乱其族。臣无富于君，都[8]无大于国[9]。六守长，则君昌；三宝完，则国安。”

[注释]

1 与：给予，托付。

2 守：守则，遵守。

3 宝：宝贵，引申为重要的大事。

4 犯：犯禁。

5 转：同“专”，专断，专横。

6 大：重视。

7 一：聚集。

8 都：城邑。

9 国：国都。

[译文]

周文王问太公道："君主本该以统治国家和管理民众作为自己的职责，却经常有失去国家和民众的现象发生，这其中的原因是什么？"

太公回答道："那是用人不慎所造成的。身为君主，应该做到'六守'和'三宝'。"

文王问："什么是'六守'？"

太公回答说："一是仁，二是义，三是忠，四是信，五是勇，六是谋。这些就是所谓的六守。"

文王问："那么，应该如何审慎地选拔符合'六守'标准的人才呢？"

太公说："通过使他富裕，来考察他是否会逾越礼法；通过使他尊贵，来考察他是否变得骄横不驯；通过对他委以重任，来考察他是否能够坚定不移地去完成；通过命令他处理问题，来考察他是否存有着隐瞒和欺骗；通过让他身临危难，来考察他是否能做到临危不惧；通过让他处理突发事件，考察他是否能够应付裕如。追求富贵而又不逾越礼法的，是仁；尊贵而不会骄横的，是义；身负重任而又能够坚定不移地去完成的，是忠；处理问题时不会隐瞒或欺骗的，是信；身处危难而又无所畏惧的，是勇；勇敢地面对突发事件而且能够应付自如的，是谋。君主不要把这'三宝'交给别人。一旦交给了别人，君主就会丧失了自己的权威。"

文王问："您所指的'三宝'是什么？"

太公回答道："重视农业、重视工业、重视商业，这三件事叫作'三宝'。把农民组织起来，让他们聚居在一处从事生产，粮食就会充足；把工匠组织起来，聚居在一处进行生产，器具就会变得充足；把商贾组织起来，聚居在一处进行贸易，财货就会变得充足。让这三大行业各安其业，民众就不会图谋叛乱。不应该打乱乡村的区域结构，不要拆散居民的家族组织。臣民不得比君主更加富有，城邑不得大于国都。具备'六守'标准的人，如果能够得到重用，君主的事业就能变得昌盛而且发达；'三宝'如果能够得到完善发展，国家就可以保持长治久安。"

[解读]

本篇继续讨论的是治国和用人等问题。

　　作者首先指出，国君失去天下的关键原因是用人不当，所以论述了选拔人才的六条标准，即：仁、义、忠、信、勇、谋。众所周知，对于将帅军政素质的考察，孙子主张从五个方面展开，即"智、信、仁、勇、严"（《孙子兵法·计篇》），人们习惯称之为"五德"。这"五德"，强调的是将帅的全面素质，包括智力水平、管理能力、个人品格及精神意志等。五者不可偏废，且按照其重要性排列先后顺序。"智"排在第一，与《司马法》的"以仁为本"有着很大区别，也与儒家"仁、义、礼、智、信"的排列有所不同。《司马法》是古兵法，重视"仁本"并不奇怪。孙子崇尚诡诈，已经开始和古军礼告别，因而对将帅的要求也发生了变化。《六韬》则和《司马法》相似，将"仁义"排在靠前位置，显然是对孙子的否定，标志着将帅观的历史回归，也恰好在先秦时期完成了一个轮回。将"智"列位第一，体现出孙子对领兵将领的智谋水平和军事才能的突出和强调。将"仁"列在第一，充分强调的是仁义情怀。将"谋"排在最后，也与孙子的主张形成了鲜明对比。

　　与此同时，作者也主张建立相应的考核机制，强调应审慎地选拔人才，主要是考察是否符合"六守"的标准。具体地说，就是考察将帅是否逾越礼法、是否骄横、能否坚定地完成任务、是否存在隐瞒或欺骗行为、是否临危不惧、是否有处理问题的能力等。就这一点而言，《六韬》其实也在一定程度上丰富了传统的将帅理论。

关于治国，作者强调应控制和掌握关系国家经济命脉的三大支柱：农、工、商，并将其视为"三宝"，对其给予了高度重视。作者主张将农民组织起来聚居在一地，大力推进生产。同时，对于工匠和商贾也要很好地进行组织。让这三大行业各安其业，民众就不会图谋叛乱。与此同时，作者还反对打乱乡村的区域结构，反对拆散居民的家族组织，以此确保国家的长治久安。追溯历史，这些其实在齐国早有实验，由管仲建立并付诸实施。

春秋早期，齐桓公与管仲在齐国推行"作内政而寓军令"的社会组织改革行动，力图通过这种更有约束力的社会组织结构，实现对民众的有效管理，使得社会获得稳定，民众各安其业，并在此基础上提升国家的战备和国防动员的水平。这些手段的基本精神就是寓兵于农，目的是"事有所隐而政有所寓"，悄悄地推进富国强兵运动，为将来打赢争霸战争服务。

《管子》认为，要想使得人民实现富裕、国家有充足的粮食储备，就必须要"务本"，主抓农业，但也不废工商业。《管子》指出："粟也者，财之所归也。粟也者，地之所归也。粟多，则天下之物尽至矣。"（《治国》）

《商君书》虽说同样主张"农战"，积极发动农民从事农业生产，但也强调打压儒生和工商业。很显然，《六韬》的思想主张，更多是继承了齐地的传统，与商韩一派的法家等存在着一定的区别。

守　土

　　本篇论述的是保卫国土的策略。作者认为，只有做到对内"无疏其亲，无怠其众"，对外"抚其左右，御其四旁"，牢牢地把握政权，使得国富民殷，并且始终以推行仁政来教化民众，才能达到"天下和服"的执政效果。

　　文王问太公曰："守土奈何？"

　　太公曰："无疏其亲，无怠其众，抚其左右，御其四旁[1]。无借人国柄，借人国柄，则失其权。无掘壑而附丘[2]，无舍本[3]而治末[4]。日中必彗[5]，操刀必割，执斧必伐。日中不彗，是谓失时；操刀不割，失利之期；执斧不伐，贼人将来。涓涓不塞，将为江河。荧荧[6]不救，炎炎[7]奈何。两叶[8]不去，将用斧柯。是故人君必从事于富，不富无以为仁，不施无以合亲。疏其亲则害，失其众则败。无借人利器[9]，借人利器则为人所害，而不终其正[10]也。"

文王曰："何谓仁义？"

太公曰："敬其众，合其亲。敬其众则和，合其亲则喜，是谓仁义之纪[11]。无使人夺汝威，因其明，顺其常。顺者任之以德，逆者绝之以力[12]。敬之无疑，天下和服。"

[注释]

1 四旁：四方。

2 无掘壑而附丘：不要挖掘深谷之土而增于土山之上，意为不要损下而益上。

3 本：指农业。

4 末：指工商业。

5 彗：曝晒。

6 荧荧：极其微弱的火光。

7 炎炎：指烈火。

8 两叶：草木刚刚萌生，只有两片嫩叶。

9 利器：锐利的兵器，引申为国家权力。

10 不终其正：得不到善终。

11 纪：纲纪，准则。

12 绝之以力：用武力使之灭绝。

[译文]

周文王问太公说："如何才能很好地守卫国土呢？"

太公回答道："既不能疏远宗族，也不能怠慢民众，在注意安抚左右大臣的同时，也努力地控制好天下四方。注意千万不要把治国大权委托别人，否则君主就会失去自己应有的权威。不要通过挖掘沟壑的方式去堆积土丘，不要舍本逐末。太阳正当正午时，那就应抓紧时机做好曝晒；如果拿起镰刀了，那就要抓紧时间进行收割；如果执有斧钺，那就要抓紧时机组织征伐。正午时分，阳光非常充足之时，如果不去曝晒，那就会丧失时机；拿起镰刀如果不去进行收割，也会就此丧失时机；手执斧钺而不去杀敌，敌人就会乘虚而来。涓涓细流如果不及时堵塞，就会汇聚成滔滔江河；微弱的火星如果不及时扑灭，就会酿成熊熊烈火，自此奈何不得；刚刚萌芽的两片嫩叶，如果不及早地加以摘除的话，等它长成大树时，就得用斧柯去砍伐。因此，君主必须努力使国家变得富足。如果不够富足，就不能推行仁政；如果不推行仁政，就不能团结宗亲。如果疏远宗亲，就会受害，失去自己的民众，就必然会遭到失败。不要把统御国家的权力交给别人，一旦交给了别人，就会为人所害而且不得善终。”

文王问道：“什么是仁义呢？”

太公回答说：“尊重自己的民众，团结自己的宗亲，就是仁义。尊重民众，就会使得上下和睦；团结宗亲，就会保持皆大欢喜。这些就是推行仁义的准则。不要让人篡夺了你应有的权威，必须要根据明察得到的情况，顺应常理地处理各种事务。对于顺从自己的人，要注意通过施加恩惠来委以重任；对于反对自己的人，就应该动用武力给予消灭。遵循上述原则而且毫不迟疑，天下就会变得和顺而且臣服。”

[解读]

《守土》的篇名揭示了本篇的中心论题，那就是探讨保卫国土的策略。作者提出了守土的基本策略，并将其核心要义归于仁义，同时对仁义之道的基本准则和实施方法进行了揭示。

作者基于守好国土的目标，提出了六条基本原则，可以简称为“六无”，即：“无疏其亲”“无怠其众”“无借人国柄"　"无掘壑而附丘"　"无舍本而治末"和"无借人利器"。这些内容，用现代汉语表达，实则就是"六不可"，包括：不可疏远宗族、不可怠慢民众、不可把治国大权委托别人、不可通过挖掘沟壑的方式去堆积土丘、不可舍弃根本而去追逐枝末、不可把统御国家的权力交给别人。

上述几条原则要求中，"无借人国柄"和"无借人利器"其实可以归为一类。"无疏其亲"和"无怠其众"可以归为一类。"无掘壑而附丘"和"无舍本而治末"也可以归为一类，而且更为重要。"无舍本而治末"正是强调了开发地力的"务本"主张，加强平时的战备工作，通过发展经济来厚植国力，最终实现军事实力的提升。这里的"本"，即指农业，"务本"即指"尽地力"。《韩非子·五蠹》强调"尽其地力以多其积"，说的也是这一道理。通过《六韬》可以看出，"务本"并非只有法家提倡。农业不仅是一切经济活动的基础，同时也是政治活动和军事行动的基础，更是推行兼并战争的基本保障，这一观点自然也会被兵家吸收。

在提出上述几条注意事项之后，作者又强调国君还应遵守仁义之道，具体地说，就是尊重自己的民众，团结自己的宗亲。当然，这种仁爱也是有限度的，必须要善于观察、顺应常理，只能对顺从自己的人施加恩惠，对于反对自己的人则不惜使用武力。

众所周知，"仁"被视为孔子和儒家思想的重要内容。《论语·颜渊》载："樊迟问仁。子曰'爱人'。"可见在儒家学说中，"仁"首先可以表达为仁义和仁爱，含有与人亲爱之意。身为兵家，孙子对"仁"也有涉及。据统计，在《孙子兵法》中，"仁"字凡三见。其一见诸《计篇》，另外二例均见诸《用间篇》，都是仁爱、仁义之意。可见孙子也重视仁义之道。在《用间篇》中，孙子在探讨用间之术时透露出自己对于"仁"的理解，主张在间谍身上大笔花钱。如果在此关键时刻显得太过小家子气，表现出吝啬之情，进而由此导致战争失利，那就是"不仁之至"，即最大的不仁。《六韬》中也多次论及"仁"，甚至将其视为守土良策。只是这种仁爱也要区别对象实施，并非不讲原则滥用。对敌人仁慈，就是假仁假义的东郭先生，只能招致笑话和唾弃。军队需要保护本集团利益，担负着保家卫国和保全族种的特殊任务，军事将领尤其不能在战场上和敌人推销什么仁义。对敌人的仁慈，其实是祸国殃民之举，可能就此酿成丧师辱国乃至亡国灭种的危险。

守 国

本篇名为"守国"，其实也探讨了天地运行规律和发动战争的方法和时机问题。作者认为，国君应效法天地万物的生长规律来治理民众。在天下动荡之时，国君要善于把握时机，果断出兵，夺取天下。

文王问太公曰："守国奈何？"

太公曰："斋[1]，将语[2]君天地之经[3]，四时所生，仁圣之道，民机之情。"

王即斋七日，北面再拜而问之。

太公曰："天生四时，地生万物，天下有民，仁圣牧[4]之。故春道生，万物荣；夏道长，万物成；秋道敛，万物盈；冬道藏，万物寻[5]。盈则藏，藏则复起，莫知所终，莫知所始。圣人配[6]之，以为天地经纪。故天下治，仁圣藏；天下乱，仁圣昌。至道其然也。圣人之在天地间也，其宝[7]固大矣。因其常而视之，则民安。夫民动而为机，机动而得失争矣。故发之以其阴[8]，会之以其阳[9]。为之先唱，天下和[10]之。极反其常，莫进而争，莫退而让。守国如此，与天地同光。"

[注释]

1 斋：斋戒。古人在祭祀等重大仪式之前，要沐浴更衣、禁荤禁酒，以示虔诚。

2 语：告诉。

3 经：常道，规律。

4 牧：管理，治理。

5 寻：探求，寻找，意为寻找再生的机会，一说当作"静"，隐藏不动的意思。

6 配：相配，引申为参照或仿效。

7 宝：宝贵，这里指圣人的地位和作用。

8 阴：隐秘。

9 阳：光明正大。

10 和：响应。

[译文]

周文王问太公道："怎样才能很好地保卫国家呢？"

太公说："请您先举行斋戒仪式，然后我再告诉你天地运行的规律、四季万物生长的根源、圣贤治国的道理，以及民心发生转变的缘由。"

文王于是斋戒七天，隆重地行礼，恭敬地重新询问太公。

太公说："天有四时，地生万物。天下生有民众，民众都是由圣贤治理。春天的规律是复苏和初生，万物都变得欣欣向荣；夏天的规律是成长，万物都变得繁荣而又茂盛；秋天的规律是收获，万物都已经饱满而又成熟；冬天的规律是贮藏，万物都深深潜藏而不动声色。万物既然成熟，那就应当收藏。在收藏之后，才能重新获得滋生的机会。如此周而复始，循环往复，不知道哪里是终点，也不知道哪里是起点。圣人参照和效法这一自然规律，并将其作为治理天下的普遍原则。因此，当天下已经大治之时，仁人圣君就隐而不露；当天下变得动乱之时，仁人圣君就会奋起，努力进行拨乱反正，并建功立业。这些都是至上之道。圣人处于天地之间，他的地位和作用的确非常重大。他遵循常理治理天下，就可以使得民众变得安定。民心不能安定，那就是为动乱留下发生的契机。一旦出现这种契机，天下争权夺利之事必然会随之而起。这时候，圣人就应该秘密地发展自己的力量，等到时机成熟之后，就公开地进行讨伐。一旦他首先站出来倡导，天下之人必然会群起而响应。当动乱平息，一切恢复正常时的样子，既不要孜孜于进取，贪婪地争夺功名，也无须谦逊而退让大位。用这样的方法来守业立国，就可以与天地日月同光。"

[解读]

本篇继续探讨如何保卫国家，并由揭示天地运行和万物生长规律出发，探讨战争发起的时机等问题。

作者指出，天地万物都有其运行规律，而且周而复始，循环往复，不知道终点和起点。按照季节来划分，春天复苏，夏天生长，秋天收获，冬天贮藏，万事万物遵循着自然规律运行。既然如此，圣人也应该参照这一规律，治理天下也应遵循基本原则而展开，依据常理来治理天下，这才能使得广大民众获得安定。战争行为同样应该遵循这一规律，起初阶段需要秘密地积蓄力量，一旦时机成熟就应果断出击。如果率先倡导，天下之人就会群起而响应。当动乱平息，一切恢复正常时，也要保持进退有据，既不冒进争功，也无须保守退位。

这里大段论述的是遵循规律并掌握时机。就这一点来说，先秦兵家大多都有所关注。我们从《国语·越语下》中可以看到范蠡的大段论兵之章。范蠡一面指出"臣闻古之善用兵者，赢缩以为常，四时以为纪，无过天极，究数而止"，一面强调"必顺天道，周旋无究"。总之，"天道"运行具有着内在规律，故需要因情用兵。天道的运行具有赢缩转化的特点，因而要求人们"因阴阳之恒，顺天地之常"。军事行动的发起，也要注意"因而成之"，也即因敌制胜，根据不断变化的情况来调整行动计划，决定是后发制人或先发制人。可见，《六韬》上述论断，是春秋战国时期不少兵家的共识。

先秦兵家继续就"因敌变化"进行探讨，《孙子兵法》和《司马法》等，都对此有所涉及。孙子依据"因敌变化"的理念，强调战争应善于根据形势变化，及时地调整策略。敌人强大，就应该选择避让。敌人逃跑，就应抓住时机展开追击。《司马法》对"战道"进行总结，强调"时"的概念，要求决策和行动都应"不违时"。《司马法》的主张留有古军礼的鲜明印记，比如"不加丧，不因凶"等，因为关注民生，一时之间受到追捧。

上　贤

　　本篇在讨论尊贤重能的同时，重点论述了如何识别"六贼"和防止产生"七害"。作者认为，作为一国之君，一定要防止诸如"伤王之德""伤王之化""伤王之权""伤王之威""伤功臣之劳""伤庶人之业"等奸邪行为发生，才能实现国家的强盛。

　　文王问太公曰："王人者[1]何上何下，何取何去，何禁何止？"

　　太公曰："王人者，上贤[2]，下不肖[3]，取诚信，去诈伪，禁暴乱，止奢侈。故王人者有六贼七害。"

文王曰："愿闻其道。"

太公曰："夫六贼者：一曰，臣有大作宫室池榭，游观俱乐者，伤王之德；二曰，民有不事农桑，任气游侠[4]，犯历[5]法禁，不从吏教者，伤王之化；三曰，臣有结朋党，蔽贤智，障[6]主明者，伤王之权；四曰，士有抗志高节[7]，以为气势，外交诸侯，不重其主者，伤王之威；五曰，臣有轻爵位，贱有司[8]，羞为上犯难者，伤功臣之劳；六曰，强宗[9]侵夺，凌侮[10]贫弱者，伤庶人之业。

"七害者：一曰，无智略权谋，而以重赏尊爵之故，强勇[11]轻战[12]，侥倖于外[13]，王者慎勿使为将；二曰，有名无实，出入异言[14]，掩善扬恶，进退为巧，王者慎勿与谋；三曰，朴[15]其身躬，恶其衣服，语无为以求名，言无欲以求利，此伪人也，王者慎勿近；四曰，奇其冠带[16]，伟其衣服，博闻辩辞，虚论高议，以为容美，穷居静处，而诽时俗，此奸人也，王者慎勿宠；五曰，谗佞苟得，以求官爵，果敢轻死[17]，以贪禄秩[18]，不图大事，得利而动，以高谈虚论说[19]于人主，王者慎勿使；六曰，为雕文刻镂，技巧华饰，而伤农事，王者必禁之；七曰，伪方异伎，巫蛊[20]左道[21]，不祥之言，幻惑良民，王者必止之。

"故民不尽力，非吾民也；士不诚信，非吾士也；臣不忠谏，非吾臣也；吏不平洁爱人，非吾吏也；相不能富国强兵，调和阴阳，以安万乘之主[22]，正群臣，定名实，明赏罚，乐万民，非吾相也。夫王者之道如龙首，高居而远望，深视而审听，示其形，隐其情，若天之高不可极也，若渊之深不可测也。故可怒而不怒，奸臣乃作；可杀而不杀，大贼[23]乃发；兵势不行，敌国乃强。"

文王曰："善哉！"

[注释]

1 王人者：指国君。

2 上贤：让贤能之人居于上位。

3 下不肖：让不够贤能的人居于下位。

4 游侠：爱好交游的侠士。这些人往往无视法律，以武犯禁。

5 犯历：触犯。

6 障：阻碍，蒙蔽。

7 抗志高节：心气高傲，自我标榜节操。

8 有司：有关部门的官吏。

9 强宗：强大的宗族。

10 凌侮：欺侮。

11 强勇：强横英勇。

12 轻战：轻率作战。

13 侥倖于外：企图在对外战争中侥幸取胜。外：对外战争。

14 出入异言：言行不一，当面一套，背后一套。

15 朴：朴素着装。

16 冠带：古时的服饰，这里指穿着打扮。

17 轻死：指不重视自己的生命，鲁莽赴死。

18 禄秩：俸禄。

19 说：同"悦"，取悦。

20 巫蛊（gǔ）：用巫术毒害别人。

21 左道：歪门邪道。

22 万乘（shèng）之主：拥有上万辆战车的君主，指大国的君主。乘：一辆车为一乘。

23 大贼：指那些祸国殃民的巨奸大恶。

[译文]

周文王问太公道："作为君主，应当去尊崇什么人，打压什么人，任用什么人，铲除什么人？什么样的行为应该得到严禁，什么样的事情应该严令制止？"

太公回答说："身为君主，应该尊崇那些贤能之人，打压那些不肖之徒；任用那些诚实守信之人，除去那些奸诈之徒；严禁暴乱等恶行，制止各种奢侈的风气。因此，作为君主，应当警惕所谓'六贼'和'七害'。"

文王说："我希望听听这其中的道理。"

太公说："所谓'六贼'：一是臣僚之中有人大兴土木，大肆修建宫室池苑台榭，沉湎于游乐和观赏的，这样就会败坏君主的德行；二是民众之中有人不去从事农桑，遇到事情就会意气用事，平时爱好游侠而且时常违犯法令，不服从官吏的管教，这样就会损坏君主的教化；三是臣僚之中有人结党营私、排挤贤智之人，进而就此蒙蔽了君主的视听，这就会损害君主的权势；四是士人之中有人自以为是而且心高气傲，总爱标榜自己的节操，又善于在外面营造势力，四处结交诸侯，反倒不尊重自己的君主，这样就会损害君主的威严；五是臣僚之中有人轻视爵位，一贯藐视上级，羞于为君主冒险犯难，这样就会打击那些功臣的积极性；六是强宗大族之中有人争相掠夺，欺压贫弱的民众，这样就会损害到民众的生计。

"所谓'七害'：一是没有智略权谋，却为了获得高官厚赏而变得恃勇强横，轻率地奔赴战场，企图侥幸获取战功，君主切勿让这种人担任将帅；二是徒有虚名，其实并无真才实学，而且言行不一，故意掩盖别人的优点，宣扬别人的缺点，到处钻营，善于投机取巧，君主必须对这样的人慎重起用，切勿和这种人共谋大事；三是外表朴实，穿着粗劣，自称尊奉无为之道，实则是沽名钓誉，表面上自称无欲无求，实则是贪财好利，这样的人虚伪至极，君主切勿同他们亲近；四是冠带奇特，衣着华丽，博闻善辩，高谈阔论，以此美化自己，为自己装点门面，身居僻远之处，却专门诽谤时俗，这是奸诈之人，君主切勿宠信；五是谗言谄媚，不择手段地谋求官爵，鲁莽轻率，不惜以牺牲性命来博取俸禄，不顾大局，见利则动，善于利用高谈阔论来取悦君主，这种人君主切勿加以任用；六是从事雕文刻镂、技巧华饰一类奢侈工艺，因此而伤害到农业生产，君主对此必须严令加以禁止；七是用骗人的方术、奇特的技艺，毒害别人，喜欢旁门左道，散布妖言，迷惑和欺骗善良民众，君主对此必须及时加以制止。

"因此，民众不尽力从事耕作，就不是好民众；士人不忠诚守信，就不是好士人；大臣不敢忠言进谏，就不是好大臣；官吏不公正廉洁地爱护民众，就不是好官吏；宰相不能富国强兵，很好地调和各种矛盾，处理各种问题，确保君主的地位稳固，匡正群臣关系，核定名实，严明赏罚，使得民众安居乐业，就不是我们的好宰相。所以，做君主的就应该如同龙头，能够高瞻远瞩地洞察一切问题，审慎地听取各方意见，表现出庄严肃穆的样子，隐藏内心的真情实感，使别人感觉君主像九天那样高不可及，像深渊那样深不可测。因此，君主当怒而不怒，奸臣就会兴风作浪；当杀而不杀，乱臣就会随机作乱；当兴兵讨伐而不去讨伐，敌国就会强大起来。"

文王说："您说得很对啊！"

[解读]

本篇的主题是人才的选拔和甄别，在强调尊贤重能的同时，重点探讨如何识别"六贼"和防止"七害"。其实就是树立用人标准，包括尊崇哪种人、打压哪种人、任用哪种人、铲除哪种人等。

作者总结的"六贼"包括：大兴土木和沉湎于游乐观赏的、不事农桑和违犯法令的、结党营私和蒙蔽君主视听的、自以为是又善于结交诸侯的、轻视爵位且不愿冒险犯难的、欺压贫弱且损害民生的。所谓"七害"，是另一种分类，国君需要慎重起用，仔细甄别，主要包括缺少智谋、徒有虚名、沽名钓誉、高谈阔论、鲁莽轻率、散布妖言等。在总结了选拔人才的注意事项之后，作者强调应当重用人才、核定名实和严明赏罚等，确实维护君主的权威，使得天下民众能够安居乐业。

在《上贤》篇中，作者所总结的"六贼"和"七害"，其实也有交叉和重复，分类上并不是非常严谨，但对国君而言却非常实用，提醒他们在选拔人才和起用官吏时要注意考察，小心甄别。按理说，兵家理应主张加强对于将帅军政素质的考察，《六韬》此处订立标准却不单是针对军事人才而展开，而是更多关注政治人才或智囊人物。就这一点而言，《上贤》篇与《六韬》关注政论的风格保持一致。类似论题，先秦典籍中也多有关注，比如《商君书》中总结的"六虱"等，也都是提醒国君应努力杜绝贼人和防范风险，可以进行对比阅读。

由于将帅的地位非常特殊而且至为关键，先秦兵典大多都会就"将帅论"进行深入探讨。比如《吴子》有《论将篇》，指出将帅有"五慎"，还要学会掌握"四机"。《尉缭子》有《将理篇》，要求将帅是万物之主宰，不能有任何偏袒，即"不私于一人"。孙子则主张从五个方面展开，也即"智、信、仁、勇、严"（《孙子兵法·计篇》），同时也列出"将之五危"（《孙子兵法·九变篇》），这其实为选拔军事人才提出了注意事项，充分体现的是辩证思维。《六韬·龙韬》中也有《论将》《选将》《立将》《将威》等篇，专门论述将帅之道。就这一主题，书中还有更加具体的论述。

举　贤

　　本篇主要探讨的是举贤的方法。作者认为，如果按照世俗之人的毁誉作为选拔人才的唯一标准，往往难以得到真正的人才，因为那些善于结党营私之人，往往会得到更多的虚名。所以，作者提出了"按名督实"方法，对此加以解决和克服。

　　文王问太公曰："君务[1]举贤而不获其功，世乱愈甚，以至危亡者，何也？"

　　太公曰："举贤而不用，是有举贤之名，而无用贤之实也。"

　　文王曰："其失安在？"

太公曰：“其失在君好用世俗[2]之所誉，而不得真贤也。”

文王曰：“何如？”

太公曰：“君以世俗之所誉者为贤，以世俗之所毁者为不肖，则多党[3]者进，少党者退。若是则群邪比周[4]而蔽贤，忠臣死于无罪，奸臣以虚誉取爵位，是以世乱愈甚，则国不免于危亡。”

文王曰：“举贤奈何？”

太公曰：“将相分职，而各以官名举人，按名督[5]实，选才考能，令实当其名，名当其实，则得举贤之道也。”

[注释]

1 务：从事。

2 世俗：指一般平常、凡庸的人。

3 党：朋党。

4 比周：串通勾结，结党营私。

5 督：查看。

[译文]

周文王问太公说：“君主致力于举贤用能，却不能收到任何实效，社会反而变得越来越乱，以致国家将要陷于危亡，这是什么原因呢？"

太公回答道："选拔出贤能而不去加以任用，这只是徒有举贤的虚名，并没有做出用贤的实际行动。"

文王问道："那么，出现这种过失的原因在哪里呢？"

太公答说："导致这一过失的原因就在于，君主喜欢任用世俗之人所称赞的那种人，因此也就不能得到真正贤能的人才。"

文王问道："为什么这么说呢？"

太公说："君主如果将世俗所称赞之人当成贤能，把世俗所诋毁之人当成不肖之徒，那么，党羽多的小人就会被选出来并获得重用，那些党羽少的人，就会因为缺少支持而被排斥在外。这样一来，邪恶的小人就会因为善于结党营私而埋没那些贤能的人才，忠臣即便是无罪，也可能会被群小置于死地。奸臣往往可以凭借虚名来骗取爵位，因此便会导致社会越来越乱，国家也就会因此而陷于危亡。"

文王问道："应该怎样举贤呢？"

太公回答道："要注意做好将相分工，根据各级官吏设置和所应具备的条件选拔贤能，根据官吏的各自职责来考核其工作实绩，认真选拔各类人才，考察他们的能力强弱，使得他们的德才与官位保持相称，这就算是掌握了举贤的原则和方法。"

[解读]

本篇主要探讨的是选贤和举贤的方法。作者主张"按名督实",避免那些善于结党营私之人,因为得到更多虚名而受到重用。如果选不出贤能,非但不能收到实效,反而会让社会变得越来越乱,甚至使得国家陷于危亡。

追究其中原因,作者认为世俗所称赞的人,不一定是真正的贤能之人。因为不少人依靠结党营私获得了美誉,党羽多的就会被选拔和任用,党羽少的自然就会被排斥在外。因此,必须在平时就要做好将相分工,根据现实要求来设置和选拔贤能,认真考核各级人员的工作成绩,按照实际能力来选拔人才,按照各自能力强弱安排合适的岗位。这种思想和《荀子·王制》总结的"尚贤使能"是一致的。

从《六韬》中可以看出,"尚贤"和"举贤"不只是儒家所想实现的目标,同时也是兵家的共同诉求。考察先秦诸子,大多赞同选贤任能。其中比较有代表性的是墨子。《墨子》主张选用贤能,甚至有专篇对此进行讨论。墨子认为,贤良之士越多,就越容易治理,反之则会导致国家混乱。因此统治者应该重视贤良之士,注意做到富之、贵之、敬之、誉之。相比《六韬》,墨子的思考要更加深入,提出更为详细的主张，不仅是重视贤士的品德，更重视能力，旨在打破当时的"亲贵合一"和"世卿世禄"的用人制度。不仅如此，墨子主张不拘一格地使用人才，发挥他们的积极作用，甚至将尚贤作为执政为政的根本。《鹖冠子》则将"五至"作为审查、选拔和获得人才的五个条件，分别确定不同的等级，这些内容，都可以和《举贤》等篇进行参照阅读。

赏　罚

本篇讨论了赏罚的目的和方法。作者认为，推行赏罚就是希望起到鼓励和惩戒的作用，要想搞好赏罚，就必须要坚持"赏贵信、罚贵必"的原则。

文王问太公曰："赏所以存劝[1]，罚所以示惩。吾欲赏一以劝百，罚一以惩众，为之奈何？"

太公曰："凡用赏者贵信[2]，用罚者贵必[3]。赏信罚必于耳目之所闻见，则所不闻见者，莫不阴化[4]矣。夫诚，畅[5]于天地，通于神明，而况于人乎？"

[注释]

1 劝：鼓励，劝勉。

2 信：守信。

3 必：一定。

4 阴化：潜移默化的影响。

5 畅：畅行，通畅。

[译文]

周文王问太公说："奖赏是用来鼓励人的，惩罚是用来警诫人的，我想通过奖赏一人来鼓励上百人，惩罚一人来警诫众多的人，应该用什么方法才能实现呢？"

太公回答道："实施奖赏，贵在守信；推行惩罚，贵在必行。如果做到奖赏时守信和惩罚时必行，人们的耳朵都能听到，眼睛都能看见。即使是没有听到或是看见，也会因此而受到潜移默化的影响。这种诚信之道，能够畅行于天地之间，通达于神明之所，何况是人呢？"

[解读]

本篇讨论的是赏罚，既谈及目标，也揭示了方法。

作者指出，奖赏的目的是鼓励，惩罚的目的则是训诫。至于基本方法，是要做到守信，而且确保人们能听到和看见，至少影响到更多士众。这就是"赏贵信、罚贵必"的原则要求。

治军问题一向为古往今来的军事家们所高度重视，很多兵书都对此有所论及，赏罚则是治军的重要手段之一，也是治军所要面对的永久性论题。《司马法》认为，保持宽严适度是做好治军的重要前提，而这又与"赏不逾时"和"罚不迁列"紧密相连。其中关注的重点也是"信"。

《孙膑兵法》也强调了"信"的作用："信者，兵明赏罚"，这种理念明显与《六韬》更为接近。为了达成军令畅通，《孙膑兵法》中还有更加严厉的手段，或为《六韬》所不及。孙膑要求用强硬措施来保证军队的团结一心，甚至不惜使用杀人的方法。这在《杀士》篇中体现得尤为明显："……士死，明赏罚……士死。立□……必审而行之，士死。……死。而下之，士死。……""杀士"的"杀"，指的是牺牲士卒性命。从上述引文中可以看到，《杀士》篇多次出现"士死"的字眼，使得该篇充满肃杀之气和冷酷之情。《尉缭子》同样非常冷酷地推行杀伐政策。《尉缭子·兵令下》云："古之善用兵者，能杀士卒之半，其次杀其十三，其下杀其十一。能杀其半者，威加海内；杀十三者，力加诸侯；杀十一者，令行士卒。故曰百万之众不用命，不如万人之斗也，万人之斗不如百人之奋也。赏如日月，信如四时，令如斧钺，制如干将，士卒不用命者，未之闻也。"为抓好军队的管理，《管子》高度重视赏罚制度的制定，更注意具体管理过程中实施赏罚，主张通过奖励立功士卒来激励士气，通过惩罚犯罪分子来严肃军纪。《七法》中指出："言是而不能立，言非而不能废，有功而不能赏，有罪而不能诛，若是而能治民者，未之有也。"《吕氏春秋》对于这一点也有强调。作者指出："赏罚之柄，此上之所以使也。"（《孝行览·义赏》）法家以严酷著称，更重赏罚，尤其注重"信"。《韩非子·初见秦》中说："号令不治，赏罚不信……彼固亡国之形也。"可见《六韬》所坚持的"赏贵信、罚贵必"原则，是政治家和军事家们的共识，先秦时期的兵家对此已经有充分重视，并留下了大量精彩论述。

兵　道

　　本篇讨论的是用兵的基本原则和方法，主要内容包括三方面：一是集中兵力，统一指挥，确保行动一致；二是要善于示形动敌，欺骗敌人，声东击西；三是用兵神速，击其不意。

　　武王问太公曰："兵道如何？"

　　太公曰："凡兵之道，莫过乎一[1]。一者，能独往独来[2]。黄帝曰：'一者，阶[3]于道，几[4]于神[5]。'用之在于机，显之在于势，成之在于君。故圣王号兵为凶器，不得已而用之。今商王知存而不知亡，知乐而不知殃。夫存者非存，在于虑亡；乐者非乐，在于虑殃。今王已虑其源[6]，岂忧其流[7]乎？”

武王曰：“两军相遇，彼不可来，此不可往，各设固备，未敢先发，我欲袭之，不得其利，为之奈何？”

太公曰：“外乱而内整，示饥而实饱，内精而外钝[8]。一合一离，一聚一散。阴其谋，密其机，高其垒，伏其锐士，寂若无声，敌不知我所备，欲其西，袭其东。”

武王曰：“敌知我情，通我谋，为之奈何？”

太公曰；“兵胜之术，密察敌人之机，而速乘其利，复疾[9]击其不意。”

[注释]

1 一：事权专一，指挥统一。

2 独往独来：指挥艺术高超，所以行动自由，无拘无束。

3 阶：阶梯，意指逐步通向。

4 几：接近。

5 神：神妙莫测。

6 源：根本问题。

7 流：枝节问题。

8 钝：疲弱。

9 疾：快速。

[译文]

周武王问太公：“用兵的主要原则是什么？”

太公回答道：“用兵原则之中，没有比指挥的高度统一更为重要的了。如果能够实现统一指挥，军队就能够做到独往独来，所向无敌。黄帝曾说：‘统一指挥是用兵的基础，通过统一指挥就可以达到神妙莫测的境界。’想要确保统一指挥的原则，关键就在于把握时机；展示力量的原则，关键在于营造态势；能否成功地使用，关键在于君主。因此，古代的圣王视战争为凶器，只是在迫不得已的情况下才会使用。现在，商王只知道他的国家尚且存在，却不知道自己的统治已经面临着深重的危险；只知道纵情享乐，却不知道自己已经是大祸临头。国家能否长久存在，就在于国君能否做到居安思危；君主能否实现长久安乐，就在于能否做到安乐而不忘忧。现在您已考虑到安危和存亡这样的根本问题，至于其他的枝节问题还有什么好忧虑的呢？”

武王问道：“两军相遇，敌人无法进攻我方，我军也不能去攻打敌人。双方的防守都非常坚固，谁都不敢率先发起进攻，我方想要抢先发起袭击，却没有什么有利的条件，应该怎么办才好呢？”

太公回答说：“即便是内部严整，却应佯装混乱；

即便是储备充足，却要故意装作缺粮草；即便是战斗力强大，却应故意装作战斗力衰弱。应该努力使得军队或合或离，或聚或散。要善于隐匿己方所制订的计谋，保守己方的作战意图，做到高筑壁垒进而埋伏精锐，始终保持寂静无声，使得敌人无从知道我方的部署。如果想要从西边发起攻击，可以先从东边进行佯攻。"

武王问道："如果敌人已经知道了我军的情况，掌握了我方的计谋，应该怎么办才行？"

太公答说："战争的取胜之法，就在于周密地察明敌情，能够抓住有利战机，出其不意地给予敌人以迅猛的打击。"

[解读]

本篇探讨的是用兵之道，也即用兵的基本原则和方法。在作者看来，这些用兵原则包括三个方面：一是集中兵力，统一指挥；二是示形动敌，声东击西；三是用兵神速，击其不意。

这些用兵原则，其实都很重要，但在作者看来也分层次。首先就是部队的高度统一。只有实现指挥层面的统一，才能保证军队所向无敌。其次就是善于佯动，即便是内部严整，却佯装混乱；即便是储备充足，却装作缺少粮草；明明是战斗力强大，却故意装作非常衰弱。也就是说，要始终巧妙地隐匿己方的计谋，隐藏好自己的真实意图，使得敌人无从知道我方部署。最后一条也很重要，直接关乎取胜之法，那就是周密地察明敌情，抓住有利战机，出其不意地打击敌人。

就这几条用兵原则来说，先秦重要兵书，比如《孙子兵法》中，也有充分论述，确实都是用兵的要诀。就统一指挥来说，孙子重视"法"，并视之为部队组织运行的保证，强调军队的高度统一。《尉缭子·经卒令》中对旗、羽、章等使用方法，进行了明确规定，要求全体将士严格区分金、鼓、铃、旗在指挥作战过程中各自的含义，确保三军号令统一，指挥畅通。《管子》书中，将这些内容统称为"三官""五教"和"九章"，通过它们来指挥军队，确保全军行动统一。

另外示形动敌，更是《孙子兵法》的军事谋略的核心内容之一。基于诡道用兵的思想，孙子总结探讨了示形动敌的方法，主张通过释放各类假情报来迷惑敌人，精心制造各类假象来误导对手。"示形"与"动敌"紧密相连，通过"示形"这种欺骗措施，可以不间断地释放假情报令对方做出错误判断。具体实施办法有"以利诱之，以害驱之"及"佚能劳之，饱能饥之，安能动之"，所要达成目标则是"形人而我无形"。不只是兵家有此主张，道家的大量谋略之术，也与这种欺骗术相通。老子的斗争哲学提倡退、柔、弱、后的一面，提倡"不敢进寸而退尺"（《老子·六十九章》）。范蠡欲擒故纵的策略也与之非常相似，他侧面劝说勾践耐心等待时机："彼其上将薄其德，民将尽其力，又使之望而不得食，乃可以致天地之殛。"（《国语·越语下》）这种策略其实与老子"将欲弱之，必固强之"（《老子·第三十六章》）的思路基本保持一致，也与《六韬》上述主张非常相似。

《孙子兵法·计篇》总结了"能而示之不能"等"诡道十二法"，其中心思想为"攻其无备，出其不意"，也可与《六韬》上述"击其不意"相通。也就是说，通过突然进攻掌握战争主动权，这是取得战争胜利的不二法则。孙子主张"由不虞之道，攻其所不戒也"，也是希望用突然袭击的方法来打击敌人，令对手猝不及防，达成有利于己的战略态势。可见《六韬》所总结的这些用兵之道，基本都是经过战争实践经验，并被不少军事家所接受和推崇。

卷第二 武韬

发 启

本篇讨论的是夺取天下的策略和时机问题。作者认为，如果想要替天行道、吊民伐罪，就必须一面对内修德，收揽民心，一面等待时机，跟踪和分析敌情，争取和创造有利的战略形势。此外，还要善于隐藏己方的战略意图，等到对手出现亡国之征，就要把握好时机，果断出兵，一举攻破敌军。

文王在丰[1]，召太公曰："呜呼！商王虐极[2]，罪杀不辜，公尚[3]助予忧民，如何？"

太公曰："王其修德以下贤[4]，惠民以观天道[5]。天道无殃，不可先倡；人道[6]无灾，不可先谋。必见天殛，又见人灾，乃可以谋。必见其阳，又见其阴，乃知其心；必见其外，又见其内，乃知其意；必见其疏，又见其亲，乃知其情。行其道，道可致也；从其门[7]，门可入也；立其礼，礼可成也；争其强，强可胜也。全胜不斗[8]，大兵无创[9]，与鬼神通。微哉！微哉！

"与人同病相救，同情[10]相成，同恶相助，同好相趋。故无甲兵[11]而胜，无冲机[12]而攻，无沟堑而守。大智不智，大谋不谋，大勇不勇，大利不利；利天下者，天下启[13]之；害天下者，天下闭[14]之。天下者，非一人之天下，乃天下之天下也。取天下者，若逐野兽，而天下皆有分肉之心。若同舟而济，济则皆同其利，败则皆同其害。然则皆有启之，无有闭之也。无取于民者，取民者也；无取于国者，取国者也；无取于天下者，取天下者也。无取民者，民利之；无取国者，国利之；无取天下者，天下利之。故道在不可见，事在不可闻，胜在不可知。微哉！微哉！

"鸷鸟[15]将击，卑飞[16]敛翼；猛兽将搏，弭耳[17]俯伏；圣人将动，必有愚色[18]。今彼殷商，众口相惑，纷纷渺渺[19]，好色无极，此亡国之征也。吾观其野；草菅[20]胜谷[21]；吾观其众，邪曲胜直；吾观其吏，暴虐残贼，败法乱刑。上下不觉，此亡国之时也。大明[22]发而万物皆照，大义[23]发而万物皆利，大兵发而万物皆服。大哉！

圣人之德，独闻独见，乐哉！”

[注释]

1 丰：古代都邑，在今陕西省西安市西南，沣河西岸。文王曾建都于此。

2 虐极：极其暴虐。

3 公尚：指太公。

4 下贤：礼贤下士。

5 天道：指天命。

6 人道：指人事。

7 门：门径，方法。

8 全胜不斗：不经过战斗而取得全胜。

9 大兵无创：军队经历大战而不受损伤。

10 同情：相同的情感。

11 甲兵：身披铠甲的士兵。

12 冲机：冲车，古代一种用以攻城的战车。

13 启：打开，开启，此处意为敞开胸怀，竭诚欢迎。

14 闭：关闭，此处意为排斥，反对。

15 鸷鸟：鹰、隼之类凶猛的大鸟。

16 卑飞：低飞。

17 弭（mǐ）耳：把翘起的耳朵变得服帖，以示温驯。

18 愚色：指愚蠢、笨拙的样子。

19 渺渺：无穷无际，没有止境。

20 草菅（jiān）：野草。

21 胜谷：盖过了谷物。

22 大明：太阳。

23 大义：正大光明的义举。

[译文]

周文王在丰邑召见太公，对他说："唉！商纣王已经到了残暴的极点，开始肆意杀戮无辜的臣民，因此我想请您出面辅佐，我想拯救天下的民众，您看看应该如何展开才行呢？"

太公回答道："身为君主，应该修养德行，礼贤下士，施恩于民众，注意观察天道的吉凶。如果天道还没有出现任何征兆，你就不可以先期展开声讨和征伐。如果社会上还没有出现祸乱，就不可事先谋划如何兴师。必须是既看到了天灾出现，同时也看到人祸发生，才可以谋划出兵加以讨伐。既看到他们公开场合的言行，又了解他们展开的秘密活动，才能知道他们的真实想法；既看到他们的外在表现，又了解他们的内心情况，才能知道对方的真实意图；既看到他疏远什么人，又了解他亲近什么人，才能知道对方的真实情感。如果推行吊民伐罪之道，就可以实现王者之道；如果遵循正确的路线，就可以打开胜利之门；如果树立了适当的礼仪，制度也就能得以顺利建立；一定要争取达成强大的优势，这样就可以战胜强大的敌人。取得全胜而不经过战斗，大军上下没有伤亡，这就是用兵如神。微妙啊！微妙啊！

“能够与人同尝疾苦而又相互救援，情感相通而又相互成全，憎恶相同而又互相帮助，爱好趋同而又有共同的追求。能做到这样的话，就是没有军队也能取胜，没有冲车机弩也能攻陷敌军，即使没有深沟高垒的帮助，也能搞好防守。真正的智慧，并不只是显现为外在的智慧；真正的谋略，并不只是显现为外在的谋略；真正的勇敢，并不只是显现出外在的勇敢；真正的利益，并不只是显现为表面的利益。能够为天下人谋取利益的，天下人都会欢迎他；如果使得天下人都受害的，天下人都会反对他。天下不是某一个人的天下，而是天下所有人共有的天下。夺取天下，就像是追逐野兽一样，天下所有人都有分享兽肉的欲望；也像是同坐一条船渡河一样，一旦渡河成功，大家都能够分享成功的果实；即便是失败了，大家也都能共同承受灾难。能够做到这样，天下人都会欢迎他，而不会去反对他。如果不从民众那里掠取利益，民众就会愿意让他们获得利益；如果不从别国掠夺利益，别国就会愿意使其获得利益；如果不掠夺天下人的利益，全天下的人都会愿意给予其利益。不掠取民众利益的，民众就会拥护他，这是民众愿意给予他利益；不掠取别国利益的，别国就会归附他，这是别国愿意给予他利益；不掠夺天下利益的，天下人民就会拥护他，这是天下人愿意给予他利益。因此，这种方法妙就妙在别人看不见，这种事情妙就妙在别人听不到，这种胜利妙就妙在别人不可知。这才真的是微妙啊！微妙啊！

"鸷鸟如果将要发起袭击，必定是先收住羽翼展开低飞；猛兽如果将要进行搏斗，必定是先贴起耳朵伏地；圣贤如果将要发起行动，必定先向人展示自己愚蠢和迟钝的一面。现在的商朝谣言四起，社会动荡不已，而纣王却依然是荒淫无度，这些正是国家走向灭亡的征兆。我看到他们的田地逐渐荒芜，野草盖过了禾苗；我看到他们的大臣逐渐丧失本性，奸邪之徒胜过了忠直之士；我看到他们的官吏丧尽天良，暴虐而且残酷，经常违法乱纪，而且肆无忌惮。对于这种局面，朝廷上下依然执迷不悟，不能认真地加以体察，这应该是到了灭亡的时候了。旭日当空，天下万物都能沐浴阳光；正义所至，天下万物都能得到利益；大军兴起，天下万物都会欣然归附。伟大啊！圣人的德化，他的独到见地无人能够企及，这才是最大的欢乐啊！"

[**解读**]

本篇借周文王和姜太公的对话，探讨的是夺取天下的策略。作者强调其中的关键是内修文德和等待时机，此外则是善于隐藏己方的战略意图。

对照历史上的商周对抗的形势，作者分析到，即便商纣王已经暴虐到了极点，周文王仍然要采取适当的策略才能取胜。君主必须内修文德，礼贤下士，施恩于民，与此同时也要做好情报工作，在观察天道的吉凶之外，重点考察对手的言行和想法，前后展开的秘密活动以及推行的方针政策，等等。在此基础上，始终保持和民众同甘共苦，追求为天下人谋取利益，并施展适当的谋略。施政的核心问题，在于正确对待利益，是否能够做到与天下人共享利益。或者说，能否舍得放弃局部利益，始终立足于长远利益，不争一时之得失。最终发起袭击时，尤其需要注意策略，就像鸷鸟一样收翼低飞，或者猛兽那样先贴耳伏地。等对手出现灭亡的征兆，就应果断地发起迅猛一击。

《发启》篇反映了商周实际争夺的历史。周朝偏处西隅，是个弹丸小国，但由于君臣协力，治术得当，不久便开始走向强盛。即便如此，姜太公提醒周王注意策略，充分迷惑纣王，同时也要全面掌握殷商的军政情报，并策反商纣的羽翼，使纣王陷于孤立。《发启》篇指出：“鸷鸟将击，卑飞敛翼；猛兽将搏，弭耳俯伏；圣人将动，必有愚色。"这段话的实质，是主张韬光养晦，麻痹对方。以当时双方实力对比，只有周朝很好地隐藏自己的实力和战略意图，才能最终实现"苟能因之，必能去之"的目标，将殷商彻底地击溃。

在姜太公的劝导下，文王立即在周地建立宗庙，祭祀商的先祖，以表示顺从之意。姬周还答应商王到周的辖区进行狩猎活动，满足他的口腹之欲。除此之外，吕尚还在国都"为玉门，筑灵台，列侍女，撞钟击鼓"，竭力给纣王造成周文王耽于女色和沉湎享乐、不思进取的假象。这其中最重要的是，姬周联合起所有反对殷商的诸多小国，即"帅殷之叛国以事纣"，表面上臣服纣王，暗地里却一直发展壮大实力，扩大反对纣王的同盟力量。

纣王终被姜太公一系列假情报迷惑。纣王判断认为，姬昌并无与商争夺天下的实力与志向，大体属无能无用之人。他并且对姬昌的忠心表示欣赏，说："西伯改过易行，吾无忧也。"他并委以姬昌军事实权，"赐命西伯得专征伐"。纣王从此把战略矛头瞄准东方国家，而在西部防线仅投放少量兵力。这样，商不仅在与东方之敌的交战过程中不断地消耗实力，同时也在最重要的战略后方埋下了一个巨大的隐患。

　　姬周在不知不觉中实现了实力上的巨大跃升，而殷商却在茫无头绪中迎来了一次最致命的内乱。由于王子比干的被杀和重臣箕子的被囚，商王的统治几近分崩离析。吕尚和武王判断反击时机已经到来，便立即开始厉兵秣马，准备对敌发起最后一战。约在公元前 1046 年的某一天深夜，姜太公率领兵马，顶着暴风骤雨，悄悄地向殷商进发，最终完成了灭商的历史使命。

　　通过一系列的成功运作，姜太公既对殷商的国情军情有了充分掌握，又成功地赢得了发展实力的时间和空间，还意外地获得了一些同盟力量，从而为灭商夯实了基础。在这期间，姜太公为了掌握情报，甚至亲自充当间谍。《孙子·用间篇》中说"周之兴也，吕牙在殷"，把灭商的功劳主要归于姜太公。《六韬》中多次使用这段军事斗争的历史，展示姜太公的军事谋略，《发启》篇也是如此。

文　启

　　本篇主要讨论的是对人民实施教化以及无为而治的政治思想。作者认为，要想实现国家的长治久安，一方面要对民众实行教化，即所谓"群曲化直"，另外一方面则是要顺乎民心，尊奉自然之道，重视因势利导，从而实现"无为而成事"的理想局面。

　　文王问太公曰："圣人何守？"

　　太公曰："何忧何啬[1]，万物皆得；何啬何忧，万物皆遒[2]，政之所施，莫知其化；时之所在，莫知其移。圣人守此而万物化，何穷之有，终而复始。优之游之[3]，展转求之；求而得之，不可不藏；既以藏之，不可不行；既以行之，勿复明之。夫天地不自明，故能长生；圣人不自明，故能名彰。

"古之圣人，聚人而为家，聚家而为国，聚国而为天下，分封贤人以为万国，命之曰大纪[4]。陈其政教，顺其民俗，群曲[5]化直，变于形容[6]。万国不通[7]，各乐其所，人爱其上，命之曰大定[8]。呜呼！圣人务静之，贤人务正之。愚人不能正，故与人争。上劳则刑繁，刑繁则民忧，民忧则流亡。上下不安其生，累世不休，命之曰大失[9]。天下之人如流水，障之则止，启之则行，静之则清[10]。呜呼！神哉！圣人见其所始，则知其所终。"

文王曰："静之奈何？"

太公曰："天有常形[11]，民有常生[12]。与天下共其生，而天下静矣。太上[13]因[14]之，其次化[15]之。夫民化而从政，是以天无为而成事，民无与而自富，此圣人之德也。"

文王曰："公言乃协[16]予怀，夙夜[17]念之不忘，以用为常[18]。"

[注释]

1 喑（sè）：阻塞、闭塞，制止。

2 遒（qiú）：强劲、遒劲，指繁荣茂盛，一本作"费"，疑误。

3 优之游之：从容不迫、悠闲自得的样子。

4 纪：准则。

5 曲：奸邪不正。

6 变于形容：移风易俗，改变面貌。

7 通：即"同"。

8 定：安定。

9 失：失败，失误。

10 静之则清：使其保持安静则清澈。一本句前有"动之则浊"。

11 常形：四时运行的常规。

12 常生：生活生产的常态。

13 太上：最上，指最好的方法。

14 因：因循，顺从，不做过多的人为干扰。

15 化：德化，教化。

16 协：符合，融洽。

17 夙夜：朝夕，早晚。

18 常：常道，常规。

[译文]

周文王问太公说："圣人守成和治理天下时，应遵循什么样的原则呢？”

太公回答道：“无须任何忧虑，也无须做出任何制止，天下万物就能够做到各得其所；从不去制止什么，也不去忧虑什么，天下万物就会繁荣地生长。推行政令时，要使得民众在不知不觉之中受到感化，就像时间在不知不觉之中自然地消逝那样。圣人始终遵循这一原则，那么天下万物就会在潜移默化之中被感化，而且周而复始，永无尽头。这种从容而又悠闲、无为而治的执政方法，君主必须反复探求；如果已经探寻到了，那就一定要深藏于心；如果已经深藏于心，那就必须认真地贯彻执行；如果已经得到贯彻执行，那就不必将其中的奥秘告诉给世人。天地从不宣告自己的运行规律，万物自然会按照各自的自然规律自由地生长；圣人从不炫耀自己的英明，所以才能成就自己辉煌的功业。

“古代的圣人把众多的人聚集起来组成家庭，把众多的家庭聚集起来组成国家，把众多的国家聚集起来组成天下。分封贤人，使得他们成为各国的诸侯，并把这一切奉为治理国家的纲纪。实施政治教化时，也注意顺应民俗民情，很好地做到移风易俗，把各种邪僻巧妙地转化为正直。各国的风俗习惯虽然存在着不同，但始终能够使得民众安居乐业，人人都尊敬和爱戴自己的君主，这就叫作天下大定。呜呼！圣人致力于清静无为，贤君致力于端正身心。愚昧的君主因为不能端正自己的身心，所以才会与民众进行抗争。如果君主热衷于频繁发布政令，就会导致刑罚变得苛刻而且繁多；刑罚苛刻而且繁多，就会使得民众产生恐惧之心；民众如果感到恐惧，就会四处流散，寻找机会逃亡。如果上上下下不能安居乐业，社会长期动乱不休，这就叫作政治大失。天下人心的向背正如同流水：如果阻塞它，它就会停止；如果启动它，它就会流动；如果不触碰它，它就会清澈。呜呼！这真是神妙啊！只有圣人才能看到它的萌生，进而推断出它的结果。"

文王问："怎样才能使天下保持安静而又祥和呢？"

太公回答道："上天有着一定的变化规律，民众也有着各自的生活原则。君主如果能够同民众共同安守各项事业，天下就会变得安静而且祥和。所以说，最好的政治是顺应民心进行治理，其次才是宣扬政教以感化民众。民众一旦被感化，就会变得更加顺从，更好地服从政令。因此，天道无为就能使得万物生长，民众无须施与就能自给自足、丰衣足食，这就是圣人的德治。"

文王说："您的这番话深合我意，我一定会朝思夕念，时刻不忘，并把它确立为治理天下的根本原则。"

[解读]

和《发启》篇探讨如何击败对手不同，本篇讨论的是如何治理国家，集中体现了实施教化和无为而治的政治思想。因此，这两篇前后承接，倒是有着内在的逻辑联系。

作者认为，要想实现国家的长治久安，就需要对民众实行政治教化，同时也要顺乎民心，尊奉自然之道，注意因势利导，实现"无为而成事"。《六韬》中确实有不少反映道家思想的内容，这一篇也是如此。

在作者看来，天下万物本来就应各得其所，自由地生长。至于政令的推行，也要遵循这一原则，应努力使得民众在不知不觉之中受到感化。这种从容和悠闲，正是无为而治的方法，其中的奥秘，一定不可告诉世人。即便是建功立业，也不可四处炫耀。进行政治教化时，注意顺应民俗民情，执政者保持清静无为，也能保证天下人心的向背。而且，最好的政治就是顺应民心，民众自给自足、丰衣足食。

诸子关于治术的探讨非常丰富，道家的理念与该篇最为接近。在老子看来，统治者因为贪得无厌的欲望而驱使人们互相争夺，也会就此酿成战争的连绵不休，导致兵连祸结的种种"不道"现象出现。老子认为，消灭种种欲念，必须要做到清静无为，懂得节制欲望。因此老子指出，必须从根本上做到贵柔、守雌，确保清静和无为："清静为天下正。"（《老子·第四十五章》）老子幻想用"以静为下"的道理劝说各路诸侯，无论大国小国，都能够做到"各得其所欲"。这样一来就可以确保彼此相安无事，始终和平相处。那些高明的统治者都是致力于实现"无为"，所谓"损之又损，以至于无为"（《老子·第四十八章》）。很显然，这种"无为"也即"无不为"，是一种更高的境界追求。老子主张的"善胜敌者不与"这一作战指导思想，其实也是这一思路的延续。老子说："善为士者不武，善战者不怒，善胜敌者不与，善用人者为之下。"（《老子·第六十八章》）这里的"不武""不怒"和"不与"，都是秉持"无为"的理念，也与其"不以兵强于天下"的基本立场保持一致。所谓"不与"，也即"不争而善胜"，努力避免和对手展开正面冲突，而是通过"不争而争"的方式来追求胜利。这与孙子的"不战而屈人之兵"（《孙子兵法·谋攻篇》）的全胜战略，在基本主张上也有着几分接近之处。

另外，从《文启》等讨论政治治理之术的篇章，也可以更加充分地看出《六韬》思想的博大，因此也有学者称其为政兵书，并不是纯粹的兵书。也就是说，在探讨军事学之外，也大量讨论了政治学的内容。

文　伐

本篇论述了十二种"文伐"之法。作者认为，如果措施得当，采用非军事手段同样可以有效地打击和瓦解敌人。故此，作者所探讨的十二种"文伐"之法，皆为充满权谋和诡诈的隐蔽行动或间谍战手法，也可看作是为军事行动创造有利条件。

文王问太公曰："文伐[1]之法奈何？"

太公曰："凡文伐有十二节[2]：一曰，因其所喜，以顺其志，彼将生骄，必有好[3]事。苟能因[4]之，必能去之。二曰，亲其所爱，以分其威，一人两心，其中[5]必衰。廷无忠臣，社稷必危。三曰，阴赂左右，得情甚深，身

内情外 [6]，国将生害。四曰，辅其淫乐 [7]，以广 [8] 其志，厚赂珠玉，娱以美人，卑辞委听 [9]，顺命而合 [10]，彼将不争，奸节 [11] 乃定。五曰，严 [12] 其忠臣，而薄其赂，稽留 [13] 其使，勿听其事，亟 [14] 为置代 [15]，遗以诚事，亲而信之，其君将复合之，苟能严之，国乃可谋。六曰，收其内，间其外，才臣外相 [16]，敌国内侵，国鲜 [17] 不亡。七曰，欲锢 [18] 其心，必厚赂之，收其左右忠爱，阴示以利，令之轻业 [19]，而蓄积空虚。八曰，赂以重宝，因与之谋，谋而利之，利之必信，是谓重亲 [20]。重亲之积，必为我用，有国而外，其地大败。九曰，尊之以名，无难其身，示以大势，从之必信。致其大尊，先为之荣，微饰圣人，国乃大偷 [21]。十曰，下之必信，以得其情。承意应事，如与同生。既以 [22] 得之，乃微收之。时及将至，若天丧之。十一曰，塞 [23] 之以道，人臣无不重贵与富，恶死与咎 [24]，阴示大尊，而微输重宝，收其豪杰。内积甚厚，而外为乏。阴纳智士，使图 [25] 其计，纳勇士，使高其气。富贵甚足，而常有繁滋 [26]，徒党 [27] 已具，是谓塞之。有国而塞，安能有国？十二曰，养其乱臣以迷之，进美女淫声以惑之，遗良犬马以劳之，时与大势以诱之，上察而与天下图之。十二节备，乃成武事。所谓上察天，下察地，征 [28] 已见 [29]，乃伐之。”

[注释]

1 文伐：用非军事手段讨伐敌人。

2 节：项。

3 好：当作"奸"，奸邪。

4 因：利用。

5 中：同"忠"，指忠心。

6 身内情外：身处己方，却心向对方，指心生叛变之情。

7 淫乐：毫无节制地沉湎于享乐。

8 广：同"旷"，荒废。

9 委听：假意听从。

10 合：迎合。

11 奸节：邪恶的行为。

12 严：同"掩"，掩盖。

13 稽留：停留，这里是"使之停留"的意思，故意拖延时间。

14 亟（jí）：急切。

15 置代：置换代替。

16 相：辅助。

17 鲜：很少。

18 锢：禁锢，牢牢控制。

19 业：大业，事业。

20 重亲：亲上加亲。

21 偷：苟且偷安。

22 以：同"已"，已经。

23 塞：阻塞。

24 咎（jiù）：灾祸，祸患。

25 图：图谋。

26 繁滋：繁衍，滋长。

27 徒党：同类或同一派别的人。

28 征：征兆。

29 见，同"现"，出现，显现。

[译文]

周文王问太公说："如何巧妙地使用非军事手段来打击敌人？"

太公回答道："使用非军事手段打击敌人的方法一共有十二种：一是尽量按照敌军的喜好，尽量地顺从他们的意愿，等他们的傲气获得滋长，就会去做各种邪恶的事情。这时候我方就可以通过因势利导将其除掉。二是设法拉拢敌方君主亲近的大臣，趁机削弱国君的威信。一旦大臣怀有二心，他对国君的忠诚程度必然就会随之而降低。敌国的朝中一旦缺少了忠臣，国家就必然会面临危险。三是暗中贿赂和收买敌国君主的左右重臣，努力和他们建立深厚友情。这些人身居国内却心向国外，敌国必将发生祸害。四是促使敌国君主放纵享乐，促进其荒淫欲望不断增长，大量地使用珠宝来贿赂他，不断赠送美女供其淫乐，而且言辞谦卑，始终顺从他的命令，设法迎合他的心意。这样一来，他就会慢慢地忘记同我方进行斗争，而且更加放肆地放纵自己的邪恶行为。五是故意尊敬敌国的忠臣，送给他微薄的礼物，和他派出的使者进行交涉时故意拖延时间，对于所交涉的问题故意不予理睬，极力促使对方的国君改派其他使者，然后表示出诚意努力解决之前所交涉的问题，向对方表示亲近之意来努力换取信任，使得敌国弥合与我国的关系。用这种明显不同的态度区别对待敌国的忠臣和奸佞，就能够成功地离间敌国君臣的关系，便于我方继续推进谋取敌国的行动。六是收买敌国的大臣，离间敌国的外臣，使得他们当中那些有才干的大臣里通外国，造成敌国内部自相混乱的局面，这样一来，敌国很少有不会灭亡的。七是设法使得敌国君主对我方深信不疑，必须赠送大量礼物进行贿赂，同时重点收买左右大臣，暗中给他们各种好处，使得对方的君臣忽视生产，进而造成粮食匮乏和国库空虚。八是使用贵重的金银财宝贿赂敌国的君主，假装和他们同谋别国，计划的这些图谋对敌国有利，他们在得到一定的利益之后必然对我方非常信任，这就可以密切双方之间的关系。这种关系越是密切，敌国就越容易为我方所利用。本来自己拥有领地却被外国利用，最终必将遭到惨败。九是使用显赫的名号故意尊崇对手，不让他身陷危难，甚至给他以势倾天下的感觉，始终顺从他的意志以博取他的信任，使得他居于至高无上的地位，不仅是夸耀他的功绩无人可及，还恭维他的德行堪比圣人，这样一来，他就必然会产生狂妄自大的思想而就此荒废政事。十是对敌君假装卑微地表示屈从，设法获得他的信任和真情，顺从他的意志，满足他的各种要求，双方之间就像兄弟一般亲密无间。在获得他们的信任之后，就可以微妙地加以控制和利用，等到时机成熟之后，就可以如有神助地把它轻而易举地消灭。十一是使用各种方法闭塞敌国君主的视听，臣民极少有不爱好富贵、厌恶死亡和灾祸的，因此可以暗中许诺尊贵的官位，秘密地赠送其大量财宝，用来收买敌国的那些英雄豪杰。虽然本国的积蓄非常充实，但是要在外表上故意装成非常贫困的样子，同时也在暗中结交敌国的智谋之士，共同图谋大计。注意秘密结交敌国的勇士，借此提高我方的士气。要尽量满足这些人取得富贵的欲望，并设法使得这种欲望不断地滋长和蔓延。这样下去，敌国的豪杰之士和智能之士就会转而为我方效力，成为我们的党徒和助手。这样努力闭塞敌国君主的视听，他们的君主虽然还在名义上拥有国家，但视听已经遭到闭塞，自然无法再维持统治。十二是设法扶植敌国的奸臣，努力迷乱他们的心智，通过进献美女供其淫乐来迷惑他们的心志，通过赠送良犬骏马使得他们沉溺于声色犬马，导致身体疲惫而且困乏。经常营造出有利的形势去奉承，使得他们产生一种高枕无忧的感觉，注意随时观察各种有利时机，与天下人共同谋划如何消灭对手。以上十二种文伐的方法，如果能够正确使用，那才可以继续采取军事行动。这就是所谓上察天时、下观地利，等到各种有利的征兆都已经显现时，就可以兴兵讨伐敌人了。"

[解读]

本篇作者探讨和总结了十二种"文伐"之法，基本都是以权谋诡诈为核心的隐蔽行动或间谍战手法，可以依靠这些手法直接获胜，也可当成是在为军事行动创造有利条件。王鸣鹤曾说："孙武子所述五间，大都不出十二节。"（《登坛必究·间谍》）

《文伐》叙述了十二种运用间谍、外交等手腕征服敌人的方法。其中不少大致属于孙子所说的内间的工作范围，也有不少和今日所说的隐蔽行动相似，通过各种欺骗手段，影响对方的战争决策和行动方针等，达成己方的战略意图。因此，有人将这十二种"文伐"之法视为十二种间谍术，简称"十二间术"。

需要看到的是，这"十二间术"，在内容上也有重复和交叉之处。从文伐阴谋活动的对象上看，上至国君，下至智勇豪杰之士，是以官员为重点，凡忠臣乱臣、内臣外臣、心腹亲信，无所不包。从手段上看，注意因人而异、对症施策。比如对敌方的忠臣，宜用打击的方法，示之以威，多方刁难。在需要进行外事往来时，故意拖延时间，不予合作。一旦敌国改派他人替代其职，则对继任者以诚相待，从而使得敌国君主不相信原先那个忠臣，从而达到了疏远其君臣关系的目的。又如奉承的方法，"因其所喜，以顺其志"，用圣人的美德、无上尊贵的名号去曲意逢迎，从而使之骄满自得，麻痹懈怠。又如获取情报，采用以金钱财货收买君王左右亲信的办法，可以获得核心机密。采用卑身事之、礼贤下士的办法努力与对方人员建立情同手足的关系，可以搞到重要情报。在获得情报之后，再以此要挟控制对方，可以使之不断为我所用。再如腐蚀，同样是谋略之术的运用，具体方法是"淫之以色，啖之以利，养之以味，娱之以乐"，不断以此浇灌其淫乐之心，不愁其不糜烂。这种种方法，概括起来就是"养其乱臣以迷之，进美女淫声以惑之，遗良犬马以劳之，时与大势以诱之”。

　　《六韬》是一部兵书，重点探讨的是战争之法，但作者也重视这类文伐行动。作者认为，在文伐等各方面的工作完成之后，就可以进行武力讨伐，相对容易获胜。甚至可以通过文伐直接取得胜利，从而获得军事手段所无法达到的成果。

顺 启

本篇讨论了夺取政权和治理国家的原则和方法。作者认为，作为一国之君，首先应该具备大、信、仁、恩、权、事等六个方面的素质和能力，并且要遵守顺从民意的"道"，与人民的利益保持一致，这才是一个受欢迎的有道之君。

文王问太公曰："何如而可以为[1]天下？"

太公曰："大盖天下[2]，然后能容天下；信盖天下，然后能约[3]天下；仁盖天下，然后能怀[4]天下；恩盖天下，然后能保天下；权盖天下，然后能不失天下；事而不疑，则天运不能移，时变不能迁。此六者备，然后可以为天下政。故利天下者，天下启之；害天下者，天下闭之；生天下者，天下德之；杀天下者，天下贼[5]之；彻[6]天下者，天下通之；穷天下者，天下仇之；安天下者，天下恃之；危天下者，天下灾之[7]。天下者非一人之天下，唯有道者处[8]之。"

[注释]

1 为：治理。

2 大盖天下：胸怀宽广，器量能够包容天下。

3 约：约束、控制。

4 怀：怀柔，赢得。

5 贼：毁坏、杀害。

6 彻：遵从，顺从。

7 灾之：视之如灾星，避之唯恐不及。

8 处：处置，治理。

[译文]

周文王问太公道："请问如何才能够治理好天下呢？"

太公回答说："器量如果盖过天下，就能包容天下；诚信如果盖过天下，就能约束天下；仁义如果盖过天下，就能怀柔天下；恩惠如果盖过天下，就能保有天下；权势如果盖过天下，就能不失去天下；遇到事情时，需要果断而且毫不迟疑，就像是天体的运行那样无法改变，就像四时的更替那样无法变化。这六个条件都需要具备，然后才可以治理天下。因此，为天下人谋利的人，天下人都会欢迎他；使得天下人都跟着受害的人，天下人都会反对他；使天下人生存繁衍的人，天下人都会感恩戴德；使得天下人都遭受杀戮的人，天下人都仇视他；顺应天下人意愿的人，天下人都会归附他；造成天下人贫困的人，天下人都会憎恶他；让天下人都安居乐业的人，天下人都会把他当成依靠；给天下人带来危难的人，天下人都会把他看成灾星。天下不是哪一个人的天下，只有先成为有道之君，才能拥有治理天下的权利。"

[解读]

本篇继续讨论如何在夺取政权之后更好地治理国家。作者总结国君所应具备的能力和素质包括六个方面，即：大、信、仁、恩、权、事，并且要做到顺从民意，和天下民众的利益保持一致，做受欢迎的有道之君。具体到施政策略，就是要"利天下"，而"非害天下"；"生天下"，而非"杀天下"；"彻天下"，而非"穷天下"；"安天下"，而非"危天下"。只有做到这些，才是一位尊奉"道"

的有道之君，才能很好地治理天下。

在《顺启》篇中，作者强调了"天下者非一人之天下"的理念，要求统治者的治术，都要以是否符合天下人的利益来作为标准。所谓"利天下""生天下""彻天下"和"安天下"，都是以"天下"作为对象，而非强调某个个体。即便贵为国君，也需要遵循这一原则。

"天下"本来是虚指普天之下的万事万物，本应和谐共处。但在当时人眼中，这"天下"有时是争夺对象，有时是争取对象。

孔子对于战争并非一概否定，比如他对管仲所领导的争霸战争就曾给予了正面肯定，强调了其对保卫华夏文明的积极作用："管仲相桓公，霸诸侯，一匡天下，民到于今受其赐；微管仲，吾其被发左衽矣！岂若匹夫匹妇之为谅也，自经于沟渎而莫之知也。"（《论语·宪问》）。显然，"一匡天下"的说法，是强调将"天下"视为匡扶对象。《管子》等书则视天下为征服对象："征伐不能服天下，而求霸诸侯，不可得也。"（《管子·重令》）从简本《孙膑兵法》中可以看出，孙膑向齐威王更多灌输的是"战胜而强立，故天下服"等主张，强调的是"天下"是需要征服的对象，而且需要依靠强大的实力来战胜。孟子并且认为仁者无敌，借孔子之口强调只有仁者才能统一天下："国君好仁，天下无敌。"（《孟子·离娄上》）这里也是将"天下"视为各路对手争夺和盘踞之所。《黄帝四经》主张讨伐那些理应被灭亡的国家，即"因天时，伐天毁"（《经法·四度》），从而确保"令行天下而莫敢不听"（《经法·六分》），乃至实现天下一统。

将"天下"视为争夺对象的，还有《吴子》。《吴子·图国》中指出："天下战国，五胜者祸，四胜者弊，三胜者霸，二胜者王，一胜者帝。是以数胜得天下者稀，以亡者众。"《尉缭子》也以"天下"为争夺对象，且主张从制度入手，达成"用天下之用为用，吾制天下之制为制"（《制谈》）的目标。《文子》主张，只有推行仁义才能得人心、正天下，因此君子务德而不务兵："故云上德者天下归之，上仁者海内归之，上义者一国归之，上礼者一乡归之，无此四者，民不归也。"（《文子·上仁》）《吕氏春秋》则看到"天下"存在着"害"，而且也存在必须争夺之利："无道与不义者存，是长天下之害而止天下之利，虽欲幸而胜，祸且始长。"（《孟秋纪·禁塞》）

相比之下，《六韬》中"利天下""生天下""彻天下"和"安天下"等，是相对中性的表达，至少并不以"天下"为竞争对手。"天下"是大家共有的天下，如果想拥有并治理好，必须要遵循天道，做一个有道之君。

三　疑

本篇论述了攻击强敌、离间和瓦解敌军的策略。作者认为，如果因势利导，善于使用谋略，并且舍得花费钱财收买敌国的臣民，就一定能够实现"攻强、离亲、散众"的目标。

武王问太公曰："予欲立功[1]，有三疑：恐力不能攻强、离亲、散众[2]，为之奈何？"

太公曰："因之[3]，慎谋，用财。夫攻强，必养之使强，益之使张[4]。太强必折，太张必缺。攻强以强，离亲以亲，散众以众。凡谋之道，周密为宝。设之以事，玩之以利[5]，争心必起。欲离其亲，因其所爱，与[6]其宠人。与[7]之所欲，示之所利，因以疏之，无使得志。彼贪利甚喜，遗疑[8]乃止。凡攻之道，必先塞其明而后攻其强，毁其大[9]，除民之害。淫之以色，啖[10]之以利，养之以味，娱之以乐。既离其亲，必使远民，勿使知谋，扶而纳之[11]，莫觉其意，然后可成。惠施于民，必无爱财。民如牛马，数馁[12]食[13]之，从而爱之。心以启[14]智，智以启财，财以启众，众以启贤，贤之有启，以王天下。"

[注释]

1 立功：建立功业。

2 散众：分化瓦解敌众。

3 因之：因势利导。

4 张：张狂，嚣张。

5 玩之以利：以利诱惑对手。

6 与：结交，拉拢。

7 与：给予，赠送。

8 遗疑：遗留的疑虑。

9 大：指庞大的国家机器。

10 啖（dàn）：吃，引申为"引诱"。

11 扶而纳之：用各种手段引诱敌人进入我方所设圈套。

12 馁（něi）：饥饿。

13 食（sì）：喂养。

14 启：产生。

[译文]

周武王问太公说："我非常想建功立业，但是也存在着三点疑虑，怕自己的能力不足以进攻强敌、不能离间敌国君主的亲信、无法瓦解敌国的军队，您看采取哪些措施才可以实现呢？"

太公回答说："首先是做到因势利导，其次是注意慎用计谋，再次是舍得花费钱财。在进攻强敌之前，一定要首先示弱，纵容或是怂恿对方，使得对手变得更加恃强而骄横；故意放纵他，使得他变得更加猖狂而又自大。敌人一旦变得过于强横，就必然遭受重大挫折，一旦变得过于狂妄，就必然会招致重大失误。要想进攻强大的敌人，就必须首先助长他们强暴的一面；要想离间敌人的亲信人员，就必须首先收买敌人的心腹；要想瓦解敌人的军队，就必须首先争取收买敌国的民心。运用计谋，贵在周密。舍得送给敌人一些好处，给予对手一些利益，敌方内部必然会因此而变得你争我夺。要想离间敌国的君臣，就需要根据他们的爱好情况，给予其宠爱的佞臣一些好处，送给他们想要得到的东西，通过丰厚的利益使得他们逐渐疏远自己的君主，无法再有什么作为。他们因为得到我方给予的好处而高兴，就不会对我们的图谋产生疑虑了。通常情况，进攻强敌的方法是，首先蒙蔽敌国君主的耳目，然后再进攻对手所拥有的强大军队，摧毁对手庞大的国家，设法解除民众的痛苦。蒙蔽敌军耳目的方法是：使用女色去腐蚀他们，通过厚利去引诱他们，通过美味去娇养他们，使用淫乐去迷乱他们。既然已经离间了对方的亲信，还要使他慢慢疏远自己的民众，而且注意不要让他识破我们的计谋，还要设法引诱他进入我方精心设计的圈套，而对手却毫无察觉，这样就可以成就大事了。恩惠应当大量地施予民众，这时候就不要吝惜财物。民众如同牛马，经常注意喂养，他们就会顺从并且亲近自己。聪慧的心灵可以产生智慧，美妙的智慧可以产生财富，足够的财富可以养育民众，这样一来，民众之中可以大量涌现贤才。一旦等到大批贤才涌现，他们就可以很好地辅佐君主统治天下了。"

[解读]

本篇探讨的是面对强敌时的处置办法，作者主张采用离间策略瓦解敌军，并且因势利导，舍得花费钱财来收买敌国的臣民。就主题而言，这一篇是在《文伐》篇的基础上，就离间等策略而继续深入。

作者总结离间实施的要点，第一就是因势利导，第二是慎用计谋，第三是舍得使用钱财。面对强敌时，如果想要发起攻击，就一定要首先采取纵容和欺骗的手法，使得对手变得骄横而且猖狂自大。离间策略实施的关键，就是抓住敌方的亲信，从心腹之人入手，同时注意争取敌国的民心。一旦运用计谋，就必须注意确保周密。只有使得对手毫无察觉，才可以成就大事。而且要根据离间对手的爱好情况，给予其丰厚的利益。蒙蔽敌军耳目的方法很多，可以使用女色，可以使用厚利和美味，可以设法迷乱对手。

应该说，欺骗是古今战争理论的核心论题，同时也是《六韬》总结的"文伐十二法"的核心要义。孙子对此提倡最力，不少先秦兵家纷纷跟进，也都对此有所总结和阐发。《孙子兵法·计篇》的"诡道十二法"是欺骗谋略的集中展示，《势篇》的"奇正之术"、《虚实篇》的"虚实之术"及《用间篇》中的"用间之术"等，有不少都是围绕欺骗谋略而展开的。"诡道"之术也由此开始渐渐成为古代兵家的传统。《虚实篇》中的"形人之术"也非常重要。孙子主张通过多种手法来探知敌方虚实，通过欺骗手段来调动敌人，是改变敌我态势的重要手段。这些内容明显地为《六韬》所继承。

《尉缭子》也推崇使用谋略，强调"攻在于意表，守在于外饰"（《十二陵》），主张大量地使用欺骗术迷惑敌军，再寻找机会击败强敌。《三疑》篇则重点立足于离间之术，来分化瓦解对手，努力达成的则是"以众击寡"和"以实击虚"，或者是"我专而敌分"。这些策略，不仅与孙子有相通之处，而且也早已成为古代众多兵家的共识。在具体离间策略的实施过程中，《六韬》作者突出强调的是利益原则，这其实也是对孙子"反间不可不厚"思想的继承。当然，《三疑》篇也有深化的一面。比如，作者主张根据离间对手的爱好，因人施策，而不是单纯地使用厚利，这一点要较孙子立足于"爵禄百金"的方案，更具有针对性，更加灵活而又务实。

卷第三 龙韬

王 翼

本篇探讨了军队统帅部的构成，明确了各职能部门的人员组成和工作职责。这或许是我国古代最早的有关军队司令部建设的专论。当然，仔细分析该篇便可以看出，这个"司令部"与今天的"司令部"尚有差别。除了今日所云司令部的一般工作职责之外，其中还包含了政治部和后勤部的职责。

武王问太公曰："王者师师，必有股肱[1]羽翼，以成威神，为之奈何？"

太公曰："凡举兵师师，以将为命[2]，命在通达，不守一术，因[3]能受[4]职，各取所长，随时变化，以为纲纪，故将有股肱羽翼七十二人，以应天道[5]。备数如法，审[6]知命理[7]，殊能异技，万事毕矣。"

武王曰："请问其目[8]？"

太公曰："腹心一人，主潜谋应卒[9]，揆[10]天消变[11]，总揽计谋，保全民命；谋士五人，主图安危，虑未萌[12]，论行能[13]，明赏罚，授官位，决嫌疑，定可否；天文三人，主司星历[14]，候风气[15]，推时日，考符[16]验，校灾异[17]，知天心[18]去就之机；地利三人，主三军行止形势[19]，利害消息[20]，远近险易，水涸山阻，不失地利；兵法九人，主讲论异同，行事成败，简练[21]兵器，刺举[22]非法；通粮四人，主度[23]饮食，备蓄积，通粮道，致五谷，令三军不困乏；奋威四人，主择材力，论[24]兵革[25]，风驰电掣[26]，不知所由；伏鼓旗三人，主伏鼓旗，明耳目，诡符节[27]，谬号令，暗忽[28]往来，出入若神；股肱四人，主任重持难，修沟堑，治壁垒。以备守御；通材三人，主拾遗补过，应偶宾客，论议谈语，消患解结；权士三人，主行奇谲[29]，设殊异。非人所识，行无穷之变；耳目七人，主往来，听言视变，览[30]四方之事，军中之情；爪牙五人，主扬威武，激励三军，使冒难[31]攻锐，无所疑虑；羽翼四人，主扬名誉，震远方，摇动四境，以弱敌心：游士八人，主伺[32]奸候变，开阖[33]人情，观敌之意，以为间谍；术士二人，主为谲诈，依托鬼神，以惑众心；方士二人，主百药，以治金疮[34]，以痊万病；法算二人，主计会三军营壁、粮食、财用出入。"

[注释]

1 股肱（gōng）：股，大腿；肱，手臂从肘到腕的部分。人们常用"股肱"比喻帝王身边重要和得力的辅佐大臣。

2 命：命运，命脉，这里指主宰命运。

3 因：按照。

4 受：同"授"，授予。

5 天道：大自然运行的规律。

6 审：精审，审慎。

7 命理：为将之理。

8 目：条目，细目。

9 卒：同"猝"，突然，此处指突发事件。

10 揆（kuí）：揣测，考察。

11 变：灾变。

12 萌：萌发。

13 行能：品行和能力。

14 星历：星象历数。

15 候风气：观测风云和气象的变化。

16 符：符瑞征兆。

17 灾异：灾变与异常现象。

18 天心：天意，古人认为天有着自己的意志。

19 形势：地形地势。

20 消息：消失和增长。

21 简练：挑选和练习。

22 刺举：检举揭发。

23 度（duó）：计算，考虑。

24 论：同"抡"，挑选。

25 兵革：泛指各种武器装备。

26 风驰电掣（chè）：形容非常迅速，像风吹电闪一样。

27 符节：古代传达命令或征用军队的凭证。

28 暗（àn）忽：忽来忽往，模糊不清。

29 奇谲（jué）：诡诈，奇谋权谲。

30 览：考察。

31 冒难：迎难而上。

32 伺：窥伺，侦察。

33 开阖（hé）：或张或闭，任由控制。阖：关闭。

34 金疮：兵器留下的创伤。

[译文]

周武王问太公说:"君主想要统率军队,必须要有得力的辅佐,希望达成神秘莫测的威势,应该怎么样做才能办到呢?"

太公回答说:"举兵兴师,都是视将帅为全军的命脉。要想掌握好全军的命运,最重要的就是保持通达和变化,不能拘泥于一种方法。因此就需要根据各自的才能授予相应的职位,确保用人之所长,灵活地掌握各项原则,并使之成为一项制度。因此,将帅需要有各种辅佐人员共计七十二名,用来顺应天道和应付各种情况。按照这种方法来设置助手,领会并把握担任将帅的道理,充分发挥各种特殊人才的奇才异能,就可以圆满完成各项任务。"

武王问:"请问具体的配备方案是什么样的?"

太公回答说:"腹心一人,主要负责参谋和筹划,应付各种突发事件,负责观测天象,及时消除祸患,总揽军政大计,保全民众的性命;谋士五人,负责筹划涉及国家安危的大事,考虑可能萌发的情况,鉴别将士的品德和才能,申明各种赏罚原则,授予他们相对适当的官职,决断各种疑难问题,裁定方案的可行与否;天文三人,主要负责观察日月星辰的运行情况,测定风云走势和气象变化,推算出时日的吉凶,考察出吉凶的征兆,核查各种灾异现象，观察天意的向背情况；地利三人，负责观察军队行军和驻扎时的地形状况，分析其中的利弊，考察其中的消长变化，观察作战距离的远近、地形的险易、江河的水情和山势的险易等情况，确保军队在作战时能够通晓地理情况；兵法九人，主要负责分析和探讨敌我双方的形势，判断战争行动的胜负走向，检查和点验作战时的各种兵器和武器装备，检举揭发各种违法犯罪行为；通粮四人，主要负责筹备和给养，负责储备粮草，保证粮道的畅通，及时征集粮食，确保军队的补给不发生困乏；奋威四人，负责选拔出那些确有才能的勇士，配发武器装备，保障部队行动之时如同风驰电掣，能够迅猛而又快速地打击敌人，让敌人无从知晓我军的行动轨迹；伏鼓旗三人，主要负责掌管军队的旗鼓，确保军队的视听通畅，制造假符节、发布假命令来迷惑敌人，做到忽来忽往，神出鬼没；股肱四人，主要负责担负重要使命，从事艰巨任务，负责挖掘沟堑和构筑壁垒，做好守御和防备；通材三人，主要负责检查和完善将帅的缺点和不足之处，弥补他们的疏漏之处，接待外来宾客时和他们商议问题，力争提前消除祸患，并能及时地解除各种纠纷；权士三人，主要负责实施奇谋诡计，设置异术和奇技，力争做到变化无穷，不让敌人识破；耳目七人，主要负责与外界交往，探听风声，观察动静，知晓天下形势，努力掌握军情；爪牙五人，主要负责宣扬军威，激励三军斗志，使得他们敢于冒险犯难，能够攻坚破锐而且无所畏惧；羽翼四人，主要负责宣扬将帅的威名和美誉，力求震慑远方并能动摇四境邻国，最大限度地削弱敌军的斗志；游士八人，主要负责察明敌方的奸佞之臣，刺探敌国的变化和动乱情况，认真地观察敌人的意图，并适时展开间谍活动；术士二人，主要负责使用诡诈之术，借助于鬼神来迷惑士众和稳定军心；方士二人，主要负责掌管各种药物，用以治疗士兵身上的创伤，及时医治各种疾病；法算二人，主要负责计算军队的营垒、粮食和财用的收支情况。"

[解读]

本篇重点探讨军队统帅部的构成，并对各部门的人员组成和工作职责进行明确。作者所设计的统帅部，担负的职能较多，除了现代司令部的一般工作职责之外，还包含了政治部和后勤部的职责。

作者指出，将帅是全军的命脉所系，因此需要具备杰出的领导才能，与此同时，也需有辅佐人员，这就是"王翼"，能够处置各种情况，出色地完成各种任务。这种统帅部总计有七十二人，其中包括腹心一人、谋士五人、天文三人、地利三人、兵法九人、通粮四人、奋威四人、伏鼓旗三人、通材三人、权士三人、耳目七人、爪牙五人、羽翼四人、游士八人、术士二人、方士二人、法算二人。这些人员，各自担负着特殊的任务，有的负责参赞谋划；有的鉴别将士的品德和才能，做好赏罚；有的负责观察日月星辰的运行，推算吉凶；有的负责观察军队行军和驻扎时的地形状况，观察作战距离远近、地形险易、江河水情和山势险阻等情况；有的负责分析探讨敌我形势，战争的胜负走向；有的负责筹备粮草，征集粮食；等等。其中，"腹心"一人，职责也许和今日参谋长相当，地位最高，是将帅的最重要辅佐。其他各类人员也都非常重要，最高将帅对他们需要尽可能做到"因能授职，各取所长"。

也许是出于对情报工作的高要求，王翼中有关人员配置最为庞大，显示出无可替代的重视程度。七十二人之中，有天文（三人）、地利（三人）、伏鼓旗（三人）、耳目（七人）、羽翼（四人）、术士（二人）等多种参谋人员与情报工作有关。主管天文和地利的参谋负责气象和地理情报，而其他参谋人员也各有情报职守：或伪造证件，制造假情报；或充当侦探，专事搜集情报；或进行间谍活动，掌握动态，等待事变；或负责对外宣传，制造舆论；或造谣惑众，涣散敌军之心。这类专职人员共计达三十人，占总数约五分之二。从组织建制和职责分工中，可以看出《六韬》对情报工作的重视程度。尽管这种组织建制还仅仅是落实在兵书之中，但也是对特定时期情报工作实践的折射，我们也可以由此推想先秦时期有关情报体制建设的一般情况。

论　将

本篇讨论了将帅所应具备的五种品德：勇、智、仁、信、忠，同时也指出了将帅所应避免十种缺陷，即：勇而轻死、急而心速、贪而好利、仁而不忍、智而心怯、信而喜信、廉而不爱人、智而心缓、刚而自用、懦而任人。

武王问太公曰："论将之道奈何？"

太公曰："将有五材[1]十过[2]。"

武王曰："敢问其目？"

太公曰："所谓五材者：勇、智、仁、信、忠也。勇则不可犯，智则不可乱，仁则爱人，信则不欺，忠则无二心。

“所谓十过者：有勇而轻死者，有急而心速[3]者，有贪而好利者，有仁而不忍[4]者，有智而心怯者，有信而喜信人者，有廉洁而不爱人者，有智而心缓[5]者，有刚毅而自用[6]者，有懦而喜任人[7]者。勇而轻死者，可暴也；急而心速者，可久也；贪而好利者，可遗[8]也；仁而不忍人者，可劳也；智而心怯者，可窘[9]也；信而喜信人者，可诳也；廉洁而不爱人者，可侮也；智而心缓者，可袭也；刚毅而自用者，可事[10]也；懦而喜任人者，可欺也。

“故兵者，国之大事，存亡之道，命在于将。将者，国之辅，先王之所重也。故置将不可不察也。故曰，兵不两胜[11]，亦不两败。兵出逾境，期不十日，不有亡国，必有破军杀将。”

武王曰：“善哉！”

[注释]

1 材：优秀的品质。

2 过：过失。

3 心速：思虑不周，过于急切。

4 不忍：不忍心伤害别人，对军中违纪行为姑息迁就。

5 心缓：运思迟缓。

6 自用：自以为是。

7 任人：任由别人摆布。

8 遗（wèi）：赠送财货。此处意指贿赂。

9 窘（jiǒng）：窘迫，困窘。

10 事：侍奉、供奉，抓住或利用刚愎自用的缺点。

11 两胜：战争双方都获胜。

[译文]

周武王问太公说："评价将帅时所应遵循的原则是什么？"

太公回答说："将帅应该具备五种美德并避免十种过失。"

武王说："请问它们的具体内容是什么？"

太公说："将帅应该具备的五种美德包括：勇敢、智慧、仁慈、诚信和忠诚。勇敢就不会被侵犯，智慧就不会被迷惑，仁慈就会爱护部下，诚信就不会欺骗别人，忠诚就不会怀有二心。

"所谓十种过失包括：因为勇敢而轻率地赴死，因为急躁而变得急于求成，因为贪婪而变得爱好私利，因为仁慈而变得姑息纵容，因为聪明而变得胆小怕事，因为守信而容易轻信别人，因为廉洁而变得苛刻严厉，因为多谋而变得优柔寡断，因为坚强而变得刚愎自用，因为懦弱而变得过于依赖别人。勇敢而且轻率赴死的，就可以设法激怒他；急躁而且急于求成的，就可以设法慢慢地拖垮他；贪婪而且爱好私利的，就可以设法从暗中进行贿赂；仁慈而且流于姑息纵容的，就可以不停地前往骚扰他；聪明而且胆小怕事的，就可以不停地对其进行威胁和逼迫；守信而且轻信别人的，就可以设计对其进行欺骗；廉洁而且苛刻部下的，就可以设法使用言语进行侮辱；多谋而且优柔寡断的，就可以对其突然发起袭击；坚强而且刚愎自用的，就可以巧妙使用诡计来对其进行算计；懦弱而且过于依赖别人的，就可以设法对其进行欺侮和愚弄。

“战争始终是国家的头等大事，它关系着国家的安危和存亡。国家的命运就掌握在将帅手中。将帅始终是国家的重要辅佐，历来受到君王的重视，因此任命将帅时必须要认真地进行考察。所以说，战争双方不可能同时获得胜利，也不可能同时都遭到失败。只要军队跨出国境，不超过十天，就会产生结果。不是一方亡国，就是另一方破军杀将。”

武王说：“说得真好啊！”

[解读]

《论将》篇总结将帅应有"五材"：即"勇、智、仁、信、忠"，此外还应力避"十过"，即"勇而轻死""急而心速""贪而好利""仁而不忍"等。这些论述，与孙子有相似之处，也有不同之处，可对孙子的将帅论形成很好的补充。

《六韬》总结之"五材"与孙子"五德"，在要求和排序上都存在着差别，但主体内容仍存有一定的相似性。比如《六韬》所论"勇而轻死"，与孙子所论"必死"几无差别。总体而言，《六韬》的总结相对更加系统而完整，对将帅的要求也更加严格，在表现出对孙子的继承一面的同时，也明显有所发展。银雀山出土文献也有这个特点。四篇论将简文，从不同侧面诠释和发展了孙子以"五德"和"五危"为中心的将帅论。

《吴子》对于将帅给予特别重视，对于"良将"的标准，作者也有较为明晰的辨别。《吴子》主张以"五慎"作为择将标准："故将之所慎者五：一曰理，二曰备，三曰果，四曰戒，五曰约。"（《论将》）对于"五慎"各自的具体内容，作者也有进一步明确："理者，治众如治寡。备者，出门如见敌。果者，临敌不怀生。戒者，虽克如始战。约者，法令省而不烦。"在这"五慎"之外，作者另外提出以"信"作为标准，要求将帅受领任务之后就必须坚决执行，等到破敌之后才能返回："受命而不辞，敌破而后言返。"与此同时，作者也认可"勇"的作用，要求将帅出征之后就努力完成任务，甚至具备必死之信念："师出之日，有死之荣，无生之辱。"

将帅的选拔和任用，同样也是《尉缭子》重点关注的内容。《兵谈》总结了将帅需要注意的事项，尤其要求将帅始终保持头脑冷静："上不制于天，下不制于地，中不制于人。宽不可激而怒；清不可事以财。"《武议》则要求做到"举贤用能"和"明法审令"，平时能够一贯坚持"贵功养劳"。《十二陵》中总结了将帅统军所应具备的品德修养，包括十二种经验，此外也有应避免的十二种缺陷。这些其实都是和《六韬》及《孙子兵法》的论将思路是一致的。总之，将帅要想担当大任，必须既具备舍生忘死的勇敢精神，又要掌握灵活机动的指挥能力，具备较为全面的军事素质。至于国君，就需要对将帅进行细致考察，既看到优点，同时也看到缺点，能够用人之所长。

当然，从排序可以看出军事家们对将帅的要求存在着差异。《六韬》将"勇"排在第一位，《孙子兵法》将"智"排在第一位，《吴子》则最重视"理"。先秦兵典的治军理论系统而完备，从治军原则到教育训练、从军纪军法到选将任将等，均有不同程度的阐述，至今仍具启示价值。《六韬》中，关于将帅论的探讨非常珍贵，似为其余兵书所不及。治军主要是依靠将帅来完成，而且其中的关键就在于将帅，因此《六韬》有多篇以将帅论作为主题。银雀山出土文献中有不少有关将帅论的简文，似乎可与《六韬》形成呼应。

选　将

本篇阐述了选拔将领的原则方法和注意事项。作者认为，要想选拔出真正合格的人才担任将领，就必须进行多方考察，多种方法并用，尤其要注意鉴别那些表里不一、名不副实之人。

武王问太公曰："王者举兵，欲简练英雄，知士之高下，为之奈何？"

太公曰："夫士外貌不与中情相应者十五：有严而不肖者，有温良而为盗者，有貌恭敬而心慢[1]者，有外廉谨而内无至诚者，有精精[2]而无情者，有湛湛[3]而无诚者，有好谋而不决者，有如果敢而不能者，有悾悾[4]

而不信者，有恍恍惚惚[5]而反忠实者，有诡激[6]而有功效者，有外勇而内怯者，有肃肃[7]而反易[8]人者，有嗃嗃[9]而反静悫[10]者，有势虚形劣而外出无所不至、无所不遂[11]者。天下所贱，圣人所贵，凡人莫知，非有大明不见其际[12]，此士之外貌不与中情相应者也。”

武王曰："何以知之？"

太公曰："知之有八征[13]：一曰问之以言，以观其辞；二曰穷之以辞，以观其变；三曰与之间谍[14]，以观其诚；四曰明白显问，以观其德；五曰使之以财，以观其廉；六曰试之以色，以观其贞[15]；七曰告之以难，以观其勇；八曰醉之以酒，以观其态。八征皆备，则贤不肖别矣。"

[注释]

1 慢：怠慢，无礼。

2 精精：精而又精，意思是精明强干。

3 湛湛：为人敦厚的样子。

4 悾（kōng）悾：诚恳而又真挚的样子。

5 恍恍惚惚：神志不清，精神恍惚，这里指犹豫动摇。

6 诡激：奇异而有悖常理的辩论。

7 肃肃：严正的样子。

8 易：轻视。

9 嗃（hè）嗃：严酷的样子。

10 悫（què）：诚恳，诚实。

11 遂：完成，实现。

12 际：边际，这里指事物的实情。

13 征：征兆，征验。

14 谋：底本作"谋"，疑误。

15 贞：操守，贞节。

[译文]

周武王问太公说："君王决定兴师动兵时，需要选拔那些智勇兼备之人担任将帅，因此需要知道他的德才高低，应该怎么办才好？"

太公回答道："士的外表和他的真实情况会出现不相符合的情况，共计有十五种：有的是外表贤明，实则非常不肖；有的是貌似善良，实则堪为盗贼；有的是外表恭敬，实则内心非常傲慢；有的是貌似谦谨，实则内心非常虚伪；有的是看似精干，实则并无真才实学；有的是表面敦厚，实则内心毫无诚信可言；有的是貌似多谋，实则遇事优柔寡断；有的是貌似果断，实则毫无作为；有的是外表老实，实则做事毫无信用；有的是外表摇摆，实则内心忠诚而且敦厚；有的是言行过激，实则办事富有成效；有的是外表勇敢，实则内心胆怯；有的是外表严肃，实则平易近人；有的是外表严厉，实则温和厚道；有的是外表虚弱、形体丑陋，却能成功受命出使、办事。那些平常被普通人瞧不起的，反倒往往被圣人器重。这些情况是一般人所不能了解的。如果没有高明的识见，就无法看清其中的奥秘。以上就是士的外表和其实际情况不相一致的各种情况。"

武王问："使用什么办法才能真正地了解他们呢？"

太公说："想要了解他们，共有八种方法：一是提出针对性的问题，看他是否能够解释得清楚；二是详细进行盘问，考察他的临场应变能力；三是通过间谍进行考察，看他是否能够做到忠诚不贰；四是明知故问，看他是否心存隐瞒，借以考察他的品德；五是让他掌管财物，考验他是否能够做到廉洁奉公；六是使用女色进行试探，考察他的操守如何；七是让他处理危难的事情，看他是否具备勇敢精神；八是让他纵情喝酒，看他能否能够依旧保持常态。使用这八种方法之后，这个人到底是贤还是不肖，就可以辨别清楚了。"

［解读］

本篇重点探讨选拔将领的方法和注意事项，强调了多方考察、多法并用的原则，尤其要注意避免名不副实之人担任要职。

身为国君，显然是希望将智勇兼备之人选拔出来担任将帅，但实际操作过程中经常会遇到困难。作者对此提供了甄别表里不一的方法多达十五种，考察的内容分别是贤明与否、恭敬与否、精干与否等。与此同时，也提供了进一步了解判断的八种方法，如提问题、细盘问、间谍考察、财物考验等。

作者总结的考察方法虽多，但有时候也只是一种理想而已。事实上，经常还是会有那些滥竽充数之人，成功混进将帅之列，能够巧妙地躲避各种考察，最终担任要职。有些貌似普通之人，实则身怀绝学，因为经常被瞧不起而错过受到重用的机会。因此，高明的国君，始终要有高明的识见，能看清外表和实际是否一致，最终找到能够辅佐自己的得力干将。

《选将》的核心是循名责实，这确实是国君选人用人的首要任务。在《六韬》之外，当时还有不少哲人注意到这一问题并进行了深入探讨，名家的讨论尤其精彩。《邓析子·无厚》中说，"循名责实，君之事也；奉法宣令，臣之职也"，又说，"循名责实，察法立威，是明王也"，将选拔良臣的关键确定为循名责实。在名家之外，也有政治家关注这一论题。比如《管子·九守》中说："修名而督实，按实而定名。名实相生，反相为情。名实当则治，不当则乱。"这其实也是就选拔文臣而谈的。《六韬·选将》中所探讨的，则是针对将帅的选拔，但就思想方法和核心要义而言，都和当时的名家是一致的，重点考察的是名、实是否相符的问题。

立　将

　　本篇讲述的是古代君主任命将帅的仪式和方法，同时也提出观点认为，君主应该充分信任将帅，给予其足够的权力："军中之事，不闻君命，皆由将出。"

　　武王问太公曰："立将之道奈何？"

　　太公曰："凡国有难[1]，君避正殿[2]，召将而诏之曰：'社稷安危，一在将军，今某国不臣[3]，愿将军帅师应之。

　　"将既受命，乃命太史卜，斋三日，之太庙[4]，钻灵龟[5]，卜吉日，以授斧钺[6]。君入庙门，西面而立；将入庙门，北面而立。君亲操钺持首，授将其柄，曰：'从此上至天者，将军制[7]之。'复操斧持柄，授将其刃，曰：'从此下至渊者，将军制之。''见其虚则进，见其实则止，勿以三军为众而轻敌，勿以受命为重而必死，勿以身贵而贱人，勿以独见而违众，勿以辩说为必然。士未坐勿坐，士未食勿食，寒暑必同。如此则士众必尽死力。'

"将已受命，拜而报君曰：'臣闻国不可从外治，军不可从中御[8]。贰心[9]不可以事君，疑志[10]不可以应敌。臣既受命专斧钺之威，臣不敢生还。愿君亦垂[11]一言之命于臣。君不许臣，臣不敢将。君许之，乃辞而行。'

"军中之事，不闻君命，皆由将出。临敌决战，无有贰心。若此则无天于上，无地于下，无敌于前，无君于后。是故智者为之谋，勇者为之斗，气厉青云，疾若驰骛[12]，兵不接刃，而敌降服。战胜于外，功立于内，吏迁士赏，百姓欢悦，将无咎殃[13]。是故风雨时节，五谷丰熟，社稷安宁。"

武王曰："善哉！"

[注释]

1 难：灾难，危难。

2 正殿：国君朝会和发布政令的殿堂，居于正中。但是，遇到有灾变之日，国君则不在正殿理政，而是选择在偏殿处理事务，所以才有"避正殿"这一说法。

3 臣：臣服。

4 太庙：国君的祖庙。

5 钻灵龟：古代用龟占卜。占卜之前，挑选出他们认为灵验的龟甲，钻凿之后，再用火烧，依照龟甲所出现的裂纹来判断吉凶。

6 钺（yuè）：一种大斧。斧钺都是古代军中行刑的兵器，故而也是军权的象征。

7 制：裁制，处理。

8 从中御：指将在外，朝廷不便对其多加控制和驾驭。

9 贰心：怀有异心，不是忠心事主。

10 疑志：心存疑虑。

11 垂：赐予。

12 驰骛（wù）：奔驰的骏马。

13 咎殃：灾祸，罪过。

[译文]

周武王问太公说："任命将帅的具体仪式和具体情形是什么样的？"

太公回答道："一旦国家面临着危难，国君就会避开正殿，选择在偏殿召见主将，向他下达诏令说：‘国家的安危，完全系于将军的身上。现在有某国反叛，希望将军能够统率大军前往征讨。’”

“主将接受命令之后，国君命令太史占卜吉凶，在斋戒三天之后前往太庙，钻凿灵龟，选择吉日授予将帅斧钺。到了吉日，国君进入太庙门，面向西方站立；随后主将进入太庙门，面向北方站立。国君亲自手持斧钺的上部，然后将钺柄交给主将，当众宣告说：‘从此之后，军中上至于天的一切事务全由将军处置。’然后又亲自手拿斧柄，将斧刃授予主将，当众宣告说：‘自此以后，军中下至深渊的一切事务全由将军裁决。’接着申明道：‘见到敌人虚弱就前进，见到敌人强大就停止，不要认为我军兵将众多就轻敌而冒进，不要因为任务重大就贸然地拼死作战，不要因为身份尊贵就轻视部下，不要认为自己见解独到就违背众意，不要由于能言善辩而自以为是。士卒没有坐下，你就不要坐下；士卒还没有进餐，你就不要进餐。无论寒暑，都要做到和士卒同甘共苦。这样一来，士卒就会在战场上拼死作战。’

“主将接受任命之后，向国君跪拜，并且回答说：‘我听说国事不可受到外部的干预，作战时不能依靠君主在朝廷上遥控指挥。主将一旦怀有贰心，就不能忠心地侍奉君主；将帅一旦受到君主的牵制，就会变得顾虑重重，从此不能专心致志地对付敌人。我既然已经奉命执掌军事大权，不获胜则不敢生还。请允许我按照前面的宣誓全权处置一切，若是不予准许，我就不敢承担如此重任。在获得国君的允许之后，主将辞别君主，率军出征。'

"从此之后，军中的一切事务，不再听命于国君，而是全部听命于主将。主将则是专心负责对敌作战，不会存有贰心。这样一来，主将就能上不受天时限制，下不受地形牵制，前无敌人敢来抵挡，后无君主从中掣肘。这样一来，就能促使智谋之士加盟，心甘情愿地主动帮助出谋划策，勇武之人也都心甘情愿地拼死作战，全军上下士气高昂，行动迅速如同快马奔驰，两军尚未交锋，敌人就已经降服，从而能够做到取胜于境外，建功于朝廷。将吏会由此而得到提拔，士卒也会因此获得奖赏，百姓对此都欢欣鼓舞，主将也不会有任何祸殃。国家自此变得风调雨顺，五谷丰登，呈现出一片安宁而祥和的局面。"

武王说："说得真好啊！"

[解读]

本篇记录了古代君主任命将帅的仪式和方法，也讨论了将帅的指挥权问题。作者认为，君主应该充分信任将帅，给予其足够大的权力，正所谓"军中之事，不闻君命，皆由将出"。

春秋时期著名军事家司马穰苴，也叫田穰苴，为了树立权威，斩杀了监军庄贾。面对国君派来的使者，他不卑不亢地回答说："将在军，君令有所不受。"自此之后，田穰苴在军中就树立起了威信。晋国的军队在得知这些情况后，随即指挥军队后撤。燕国军队也迅速向北撤退。看到时机成熟，田穰苴指挥齐国军队趁势追击，收复了所有失地并凯旋而归。使者打小报告，齐景公不仅没有追责，还将田穰苴封为大司马。司马穰苴的称呼，也就是这么得来的。人们纷纷夸赞司马穰苴能够领会兵法的真谛，申明古《司马兵法》的重任，也非他莫属。

著名军事家孙武也提出了类似观点，只不过和司马穰苴有着一字之差。司马穰苴说的是"将在军，君令有所不受"，孙子说的是"将在军，君命有所不受"，一个是"命"，一个是"令"，意思其实是一样的。司马穰苴在前，孙子在后。这么说起来，孙子打着"君命有所不受"的旗号，严格执行军法，是学司马穰苴的。司马穰苴为了整肃军纪，杀的是庄贾。孙武为了严明军法，杀的是吴王的两位妃子。他们为了维护军法的权威性，都敢于把国君的命令置于脑后。

当然，这其中也有一个重要前提条件，就是"将在军"，不是说任何场合都能挑战君主的权威，而是只限定在特定场合，是出于维护军纪和军法的需要。《立将》篇强调了是"军中之事"，这其实也是做了很好的限定。在细柳治军期间，西汉名将周亚夫传令三军说"军中但闻将军令，不闻天子诏"，这其实也不是要挑战天子的权威，而是为了更好地完成成边重任。其中也有一个重要的前提："军中"。

从《立将》篇中可以看出，作者所持主张，该是春秋战国时期较为普遍的诉求。《六韬》中提出的"闻君命，皆由将出"，其实也是为将帅争取指挥权，并且强调国君不应过多干涉。一旦得到任命，军中一切事务，不再听命于国君，而是全部听命于主将。将帅也由此而可以专心地对敌作战，上不受天时限制，下不受地形牵制，前无敌人抵挡，后无君主掣肘。一旦得到足够的发挥空间，将帅就能够充分发挥聪明才智，积极地出谋划策，甘愿与敌人殊死作战，建功立业。

将　威

本篇讨论的是将帅如何树立威信的问题。作者认为，"诛大"和"赏小"，以及严格做到令行禁止，是将帅树立威信的最好方法。

武王问太公曰："将何以为威？何以为明[1]？何以为禁止而令行？"

太公曰："将以诛大[2]为威，以赏小[3]为明，以罚审[4]为禁止而令行。故杀一人而三军震者，杀之；赏一人而万人说[5]者，赏之。杀贵大，赏贵小。杀其当路[6]贵重之臣，是刑上极也；赏及牛竖[7]、马洗[8]、厩养之徒[9]，是赏下通也。刑上极，赏下通，是将威之所行也。"

[注释]

1 明：英明，开明。

2 诛大：诛杀地位尊贵的人。

3 赏小：奖赏地位卑微的人。

4 审：审慎，此处意指恰当，适当。

5 说：同"悦"。

6 当路：指身居要职，执掌大权。

7 牛竖：牧牛的僮仆。

8 马洗：马夫。

9 厩（jiù）养之徒：饲养马匹的仆人。厩：马棚。

[译文]

周武王问太公说："将帅通过什么办法可以很好地树立起威信？使用什么方法可以更好地体现圣明？使用什么办法可以有效地做到有禁必止、有令必行？"

太公回答道："将帅可以通过诛杀地位高的人来树立自己的威信，通过奖赏地位低下的人来体现圣明，通过审慎而严明的赏罚来做到有禁必止、有令必行。因此，如果杀掉一人而能够使得全军震骇，就应当杀掉他；奖赏一人而能够使得全军受到鼓舞，就应该奖赏他。处罚贵在处罚地位高的人，奖赏重在奖赏地位低下的人。能诛杀那些地位高而且担当重要职务的人，就可以使得刑罚能触及最上层；能奖赏诸如牛僮、马夫、饲养人员等地位低下的人，就可以确保奖赏能够惠及最下层。刑罚如果能够触及最上层，奖赏如果能够惠及最下层，那么将帅的威信就可以得以树立，所有的命令就能够顺畅地得到贯彻执行。"

[解读]

本篇探讨的是将帅如何进一步树立威信，认为"诛大"和"赏小"以及令行禁止，是树立威信的最好方法。

作者首先强调的是有禁必止和有令必行，接着就方法层面继续进行探讨，认为杀掉一人而能使得全军震骇，就可以杀掉；奖赏一人而能使得全军受到鼓舞，就应该奖赏。简单概括，就是遵循"诛大"和"赏小"的原则。本着这一原则，处罚时就处罚那些地位高的，奖赏就应奖赏地位低下的。一旦刑罚触及最上层，奖赏惠及最下层，将帅的威信就可以得以树立。

先秦兵典中，《尉缭子》主张罚贵赏贱，与《六韬》颇有相似之处。作者指出："杀一人而三军震者，杀之。赏一人而万人喜者，赏之。杀之贵大，赏之贵小。当杀而虽贵重，必杀之，是刑上究也；赏及牛童马圉者，是赏下流也。夫能刑上究，赏下流，此将之武也。"（《武议》）在作者看来，严格的管理制度，尤其是"杀之贵大，赏之贵小"的赏罚制度，可以最大限度地激励士气，军队一旦进入战争状态就可以确保"独出独入"，成为那种无法抵挡的"王霸之兵"。

其他典籍，如《管子》等，同样强调赏罚一定要确立明确的导向原则，而且不可滥用赏罚，更不可以赏及无功或罚及无罪："故禁不胜于亲贵，罚不行于便辟，法禁不诛于严重而害于疏远，庆赏不施于卑贱而求令之必行，不可得也。"（《重令》）禁胜于亲贵、罚行于便辟以及庆赏施于卑贱等主张，其实也与《六韬》有相通之处。

就树立威严来说，《尉缭子》等兵书更多地主张使用严厉的处罚，甚至不惜动用重刑。与此同时也强调公正，在确保官兵关系和谐的基础上树立威信，而且认为这也是一条重要途径。因为官兵之间的关系，正像心与四肢那样互相依存："将帅者心也，群下者支节也。其心动以诚，则支节必力，其心动以疑，则支节必背。"（《攻权》）将帅必须要对士卒做到坦诚相待，真正以"心诚"的态度来对待部下，才能逐步确立将帅的威严。因此，作者一面强调"卒畏将甚于敌者胜，卒畏敌甚于将者败"，一面要求将帅与士卒保持亲近，与士卒同甘共苦："暑不张盖，寒不重衣，险必下步，军井成而后饮，军食熟而后饭，军垒成而后舍，劳佚必以身同之。"（《战威》）二者之间虽然看似矛盾，却是将帅始终需要面对的现实问题。也就是说，《尉缭子》可以对《六韬》形成补充。

励　军

　　本篇论述了将帅鼓舞士气的方法。作者认为，将帅只有以身作则，与士卒同寒暑、共劳苦，才能很好地激励士卒为国效命。

　　武王问太公曰："吾欲令三军之众，攻城争先登，野战争先赴，闻金声[1]而怒，闻鼓声[2]而喜，为之奈何？"

　　太公曰："将有三胜。"

　　武王曰："敢问其目？"

　　太公曰："将，冬不服裘，夏不操扇，雨不张盖，名曰礼将；将不身服礼[3]，无以知士卒之寒暑。出隘塞，犯泥涂[4]，将必先下步，名曰力将；将不身服力[5]，无以知士卒之劳苦。军皆定次[6]，将乃就舍[7]。炊者皆熟，将乃就食。军不举火[8]，将亦不举，名曰止欲将。将不身服止欲，无以知士卒之饥饱。将与士卒共寒暑、劳苦、饥饱，故三军之众闻鼓声则喜，闻金声则怒。高城深池，矢石繁下，士争先登。白刃始合[9]，士争先赴。士非好死而乐伤[10]也，为其将知寒暑、饥饱之审，而见劳苦之明也。"

[注释]

1 金声：古时作战，鸣金表示退兵。

2 鼓声：古时作战，击鼓表示进攻。

3 不身服礼：意为不能亲身执行礼法，即不能以身作则。服：执行。

4 泥涂：泥泞的道路。

5 不身服力：意为不能身体力行。力：劳力，勤劳。

6 定次：驻扎宿营。

7 就舍：安营休息。

8 举火：生火照明。

9 合：合战、交锋。

10 好（hào）死而乐（yào）伤：喜欢死亡，乐于受伤。

［译文］

周武王问太公说："我想使得全军将士在攻城时就会奋勇登城，发起野战时就会争先攻击，听到停止的号令就会感到无比愤怒，听到前进的号令就会变得非常高兴，应该怎么做才能实现这些目标呢？"

太公回答道："想实现这些目标，就需要将帅做好三个方面的事情。"

武王说："可以请您再具体地谈谈吗？"

太公说："将帅冬天不穿皮衣，夏天不用扇子，雨天不张伞篷遮雨，这样的将帅叫礼将；将帅如果不能做到以身作则，就无从体会士卒的冷暖。当行军需要穿越险要地带或通过泥泞道路时，将帅必须先下车马步行，这样的将帅叫力将；将帅如果不能做到身体力行，就无从体会士卒的劳苦。等到军队全体宿营完毕之后，将帅才进入自己的宿舍，全军的饭菜都做好之后，将帅才开始就餐，三军没有举火照明时，将帅也不举火照明，这样的将帅叫止欲将。将帅如果不能很好地克制自己的欲望，就不能深切地体察士卒的饥饱。将帅如果能同士卒同寒暑、共劳苦、同饥饱，那么全军官兵在听到前进的号令时就会感到欢喜，在听到停止的号令时就会感到无比愤怒。在攻打高城深池之时，即便是面临着箭矢如雨的危险，士卒也会争先恐后，奋勇攻城；在进行野战时，敌我双方刚一交锋，士卒就会前仆后继，勇往直前。广大士卒并不是天生就喜欢死亡并乐于被别人打成伤残，而是由于将帅长期地关心他们的冷暖和饥饱，能够始终如一地体恤他们的劳苦和艰辛，因此士卒才会心甘情愿地尽力做出回报的举动。"

[解读]

本篇探讨的是鼓舞士气的方法，认为将帅以身作则，与士卒同甘共苦，就能很好地激励士卒。

作者总结了行事风格不同的将帅，分别有礼将、力将、止欲将等，都因为能够很好地以身作则，从而能够成功地激励士气。将帅冬天不穿皮衣，夏天不用扇子，雨天不张伞篷遮雨，这样的将帅放在今天，多少也显得不合时宜，但在当时却被叫礼将，因为他能做到与士卒同甘共苦。行军途中一旦需要穿越险阻或通过泥泞道路时，将帅必须先下车马步行，这叫力将，能够身体力行，体会士卒的劳苦。军队宿营就绪之后，才进入宿舍，全军饭菜做好之后才开始就餐，这样的将帅叫止欲将。他能很好地克制自己的欲望，深切地体会士卒的饥饱，因此受到士卒的拥戴。这样的军队才会士气高涨，才会有战斗力，即便是面临危险，也会争先恐后，勇往直前。

　　吴起是战国时期著名的军事家，也很会治军，懂得如何激励士气。吴起治军有一个非常突出的特点，就是爱兵如子，因此深得人心。身为主将，吴起始终与最下等的士兵同吃同住，穿一样的衣服，吃一样的伙食，甚至睡觉的时候不铺垫褥，行军的时候不乘车骑马，因为他要和普通士兵都保持一样的标准。有时候，他还亲自背粮食，就是要和士兵同甘共苦。因此他的队伍一直都很有战斗力。

　　不仅如此，在他身上还流传有帮士兵吸吮毒疮的故事，也正是体现他的爱兵如子。吴起的军中有士兵身上长了毒疮，痛得满地打滚。当时医疗水平落后，毒疮里的脓血如果不排出来，就好不了。要想排出脓血，就只能用嘴巴去吸。为了解除士兵的痛苦，让他早点康复，吴起顾不得毒疮又脏又臭，亲自用嘴去吸，脓血被吸掉了，士兵也就得救了。士兵，包括周围的人，都感动得热泪盈眶。将军为士兵吸吮毒疮的事，很快就被传为佳话，都夸赞他们的将军体贴部下、爱护士卒。吴起的军队也因此而特别有战斗力。魏文侯因为吴起善于用兵打仗，廉洁公平，能获得将士的欢心，就任命他为西河地区的长官，用来抵挡秦国和韩国的进攻。

　　当然，就吴起治军的方法，也有不同的解读。士兵的老母亲在听说吸吮毒疮这件事之后，立即就放声大哭。有人就感到好奇，上前问道："你儿子只是个无名小卒，有将军亲自替他吸吮毒疮，你怎么还哭泣呢？"只见那位母亲回答说："不要怪我在这里哭泣，这其中的道理你是不会明白的。往年吴将军曾替他父亲吸吮毒疮，他父亲受到感召后，在战场上勇往直前，不久之后就死在敌人手里。如今，吴将军又来给我的儿子吸吮毒疮，我知道儿子也会同样受到感召，但他会在什么时候死去、死在什么地方，我却不知道。因此我才会情不自禁地放声痛哭。"

从母亲所表现的痛苦中也可以看出，吴起使用的这种激励士卒的办法，确实能在特定场合起到很好的效果。在《励军》篇中，作者总结的这些方法，其实也可以见到当年吴起治军的影子，可以明显地看出那种与士卒同甘共苦的方法。

阴　符

本篇介绍了阴符这种秘密通信工具，具体阐述了阴符的不同形制和各自作用，以及使用方法。

武王问太公曰：“引兵深入诸侯之地，三军卒[1]有缓急[2]，或利或害。吾将以近通远，从中应外，以给[3]三军之用，为之奈何？”

太公曰：“主与将，有阴符[4]，凡八等：有大胜克敌之符，长一尺；破军擒将之符，长九寸；降城得邑之符，长八寸；却敌报远之符，长七寸；警众坚守之符，长六寸；请粮益兵之符，长五寸；败军亡将之符，长四寸；

失利亡士之符，长三寸。诸奉使行符稽留[5]者，若符事闻、泄、告者皆诛之。八符者，主将秘闻，所以阴通言语，不泄中外相知之术。敌虽圣智，莫之能识。"

武王曰："善哉！"

[注释]

1 卒：同"猝"，突然，意想不到。

2 缓急：情势缓急、军情安危。这里是用作偏义复词，意思是"急"，指紧急情况。

3 给：供给，保障。

4 阴符：古代军队使用的一种秘密通信工具。符以铜板或竹木板制成，一分为二，花纹不同，长短各异，以此作为秘密通信之用。

5 稽留：停留，耽搁。

[译文]

周武王问太公说："率领大军已经深入敌国境内，却突然遭遇到紧急情况，有的对我方有利，有的对我方有害，我军想保持三军上下的联络，以便从近处通知远方，并能做好内外策应，以保障三军上下的指挥之需，应该怎么做才行？"

太公回答道："君主授予将帅的秘密兵符，一共可分为八种：有的阴符是代表我军大获全胜并全歼敌军，长为一尺；有的阴符是代表击溃敌军、擒获敌将，长为九寸；有的阴符是代表迫使敌军投降、占领敌方城邑，长为八寸；有的阴符是代表击退敌人、通报远处战况，长为七寸；有的阴符是代表激励士卒誓死防守，长为六寸；有的阴符是代表请求补给粮草、增兵支援，长为五寸；有的阴符是报告我军战败、将领阵亡，长为四寸；有的阴符是报告战斗失利和士卒伤亡，长为三寸。凡是奉命传递阴符的，需要遵守相关的规定。如果发生延误时限和泄露机密的情况，那么听到的人和随意转告机密的都一律处死。这八种阴符都是由君主和将帅秘密掌握，可以暗中传递消息，使得朝廷和战场机密信息得以秘密传输。依靠这些传递手段，即便敌人有着非常高深的智慧，也无法识破其中的奥秘。"

武王说："确实是非常高明啊！"

[解读]

阴符是古代的一种秘密通信工具，为的是实现情报的秘密传递。该篇介绍了阴符的不同形制和各自作用，以及使用方法等。

古代社会，情报多依赖人马传递，速度受交通制约较多，并不容易取得效率。为了保证高效安全的情报传递，先祖们想了不少办法，阴符就是其中的一种。至于这种传递手段何时产生并得到广泛运用，已经难以考证。

根据《孙子兵法》等典籍记载，姜太公曾经有做"间谍"的经历。商、周在西线作战之时，东夷乘机起而叛之，可知东夷与周曾经联络并进行联盟行动，古史专家考证说，这些都是姜太公行使间谍活动的结果。在担任间谍期间，姜太公和周王之间必有情报来往，以做协调和沟通。东夷与姬周，分处东西，其间正好隔着殷商。必经之地就是敌国，情报传递必然遭到严密的盘查，互相之间的协调和联络也就此产生极大的不便。这个问题事关重大，又是潜伏东夷的吕尚所必须解决的。据说"阴符"和"阴书"这两种情报传递方式就是太公吕尚发明的，专为传递秘密情报和机密文件之用。所谓"阴符"，是用铜、木或竹板制成，以板之长短为秘密通信的信号。而"阴书"则是将秘密文书一分为三，派三人分别传送，敌人如果不能将三部分内容全部截获则无法了解文书内容。想必是因为有了这种安全保密的情报传递方式，东西盟友之间的沟通才能获得保证。

为了确保情报信息在传递过程中的安全保密，《六韬》还对传递情报的信使规定了严格纪律：传达兵符的信使不得随意停留。如果符事泄露出去，"闻者告者皆诛之"。这一条纪律要求与孙子有关间谍行动的纪律要求完全一样。在《六韬》看来，阴符、阴书是用来"阴通言语"，不能让任何人知道秘闻的谍报术，"敌虽圣智，莫之能识"，因此必须给予高度重视。

阴　书

阴书是中国古代另一种秘密通信工具，能比阴符传递更为丰富的信息。本篇介绍了阴书的作用和使用方法。

武王问太公曰："引兵深入诸侯之地，主将欲合兵[1]，行无穷之变，图不测之利，其事烦多，符不能明，相去辽远[2]，言语不通，为之奈何？"

太公曰："诸有阴事大虑[3]，当用书不用符。主以书遗将，将以书问主，书皆一合而再离，三发而一知。再离者，分书为三部；三发而一知者，言三人，人操一分，相参而不相知情也，此谓阴书[4]。敌虽圣智，莫之能识。"

武王曰："善哉！"

[注释]

1 合兵：集结兵力。

2 辽远：遥远。

3 大虑：重大的计谋和谋虑。

4 阴书：古代另一种秘密通信工具，设计巧妙，能比阴符传递更多信息。

[译文]

周武王问太公说："率领军队已经深入敌国境内，主将想要集中兵力，并根据敌情变化进行灵活的机动，进而谋求出其不意的胜利。但是，由于事情相对繁杂，用阴符已经难以清楚地表达问题，彼此之间又相距遥远，言语难以保持相通，这种情况下应该怎么办？"

太公回答道："在这种情况下，所有的密谋大计都应当改用阴书传递，而不是阴符。国君应该用阴书向主将下达指示，主将应该用阴书向国君请示问题。这种阴书一般都是'一合而再离''三发而一知'。所谓'一合而再离'，就是把一封书信拆分为三个部分；所谓'三发而一知'，就是派出三个人分头进行传递，每人只负责传递其中的一部分，负责传递的人虽然都参与其中，却不知道书信所写的具体内容，这就叫作阴书。如果能做到这样，无论敌人如何聪明，也无法识破我方的秘密。"

武王说："真是高明啊！"

[解读]

阴书是我国古代另一种秘密通信工具，能比阴符传递更多的信息。当然，阴书的形制和使用方法等，人们一直无法彻底搞清楚，《六韬》中记载的这些内容，能够稍微弥补一些缺憾。

在中国古代，曾长期依靠烽火台传递军情。点上灯笼或者狼烟，可以用来报警，或是传递军事信息，以维护边境地区安全。到了战国时期，这种制度趋于完善。《史记·魏公子列传》中就记载有魏国烽火传递军情的情形。秦国完成统一之后，加固和修缮各国边境城墙，同时对烽燧进行了进一步完善。具体做法是，沿边境线在边境各级边防指挥部之间，选择地势较高之处修建烽燧，各烽燧之间一般相距数十里。当然，各烽火台之间的距离也会根据具体视界情况进行适当调整。每个烽燧，设有燧长一人和燧卒数人，均由边防戍守部队派出。烽燧本设在高地，再向上筑楼数尺，楼上再架设木杆，点燃烽烟的器具就架设在木杆之上。木杆悬挂笼子，里面装有芦苇、狼粪等。发现敌情之后，便立即按照规定点燃烽烟，相邻烽燧的瞭望哨看见之后，便开始依次传递，直至指挥所。至于来犯之敌的多寡、距离边境的远近等，均可通过使用不同的信号进行识别，以便指挥人员及时采取各种相应的防范措施。进入汉代，烽燧仍然是边塞地区一个重要的通信设施。万里边境线上，凡是重要关隘和边防要点都普遍设置烽燧。白天举烟，夜间举火，一直是传递军情和边防预警的重要手段。为了确保传递情报的准确性，在举火或发烟的同时，还需要按照预定的信号规定擂鼓。这样一来，戍守部队在收到信号之后，便可以迅速做出反应，按预定方案做好战斗准备。

在科学技术不够发达的古代社会，烽燧制度充分利用和放大了视、听功能，成为信号传递情报的有效手段，对保卫边境安全起到了非常重要的作用，但也存在着一些缺点，比如受到气候条件限制，尤其是传递信息的安全，无法得到根本保障。邮驿制度起始于周代，虽说也逐渐成熟和完善，但也存在着一些不足。《阴书》中的方法，如"相参而不相知情"，将重要信息进行拆分，分别由多人传送，相当于当时的密码技术，可以在一定程度上解决上述问题。

到了宋代，《武经总要》中还记载了"符契""传信牌"　"字验"等情报传递手段。其中"字验"，应该是在阴书的基础上发展而来的，已经达到相当高的水平，可以更好地保证军事信息的安全传递。

军　势

本篇论述了指挥作战的一般原则。作者认为，最高明的战略是"不战而屈人之兵"，即"善战者，不待张军"，最高明的战术是为了实现"上战，无与战"。善于指挥作战的将领，一定要善于因敌变化，灵活机动，努力夺取战场主动权。同时也要把握好作战指挥的关键环节，搞好敌情研判。当战机出现时，一定不能犹豫不决，而应果断把握战机，神速用兵，这样才能"当之者破，近之者亡"，战无不胜，无可抵挡。

武王问太公曰："攻伐之道奈何？"

太公曰："势[1]因于敌家之动，变生于两陈之间[2]，奇正[3]发于无穷之源。故至事不语，用兵不言。且事之至者，其言不足听也；兵之用者，其状不足见也。倏[4]而往，忽而来，能独专而不制者，兵也。夫兵，闻则议，见则图，知则困，辨则危。故善战者，不待张军[5]；善除患者，理于未生[6]；善胜敌者，胜于无形；上战，无与战[7]。故争胜于白刃之前者，非良将也；设备[8]于已失之后者，非上圣也；智与众同，非国师也；技与众同，非国工[9]也。事莫大于必克，用莫大于玄默[10]，动莫神于不意，谋莫善于不识。夫先胜者，先见弱于敌，而后战者也，故事半而功倍焉。

"圣人征[11]于天地之动，孰知其纪，循阴阳之道而从其候[12]，当天地盈缩[13]因以为常[14]。物有死生，因天地之形。故曰，未见形而战，虽众必败。善战者，居之不扰[15]，见胜则起，不胜则止。故曰：无恐惧，无犹豫。用兵之害，犹豫最大。三军之灾，莫过狐疑。善者，见利不失，遇时不疑。失利后时，反受其殃。故智者从之而不释[16]，巧者一决而不犹豫。是以疾雷不及掩耳，迅电不及瞑目[17]。赴之若惊，用之若狂，当之者破，近之者亡，孰能御之？夫将，有所不言而守[18]者，神也；有所不见而视者，明也。故知神明之道者，野无衡[19]敌，对无立国。"

武王曰："善哉！"

［注释］

1 势：底本作“资”，疑误。

2 两陈之间：两军对阵之际。陈，同“阵”。

3 奇正：古代的军事术语。简而言之，“奇”指设兵埋伏，发动奇袭，“正”指两军正面的对阵交锋。

4 倏（shū）：忽然。

5 张军：展开军队，摆开阵势。张，伸展，展开。

6 理于未生：意为防患于未然。理，治理，处理。

7 上战，无与战：最高明的战略，是不和敌人在战场上交锋。

8 设备：设置防卫，布置防御。

9 国工：意指国家级的工匠。

10 玄默：缄默不语，即保守秘密，不暴露己方意图。

11 征：征候，这里用的是引申义，意为观察，揣度。

12 候：征兆，契机。

13 天地盈缩：指自然界的盛衰变化，如四季更迭、日月盈亏等。

14 常：常法，常规。

15 扰：一本作“挠”。

16 释：放开，放过。

17 瞑目：闭上眼睛。

18 守：静守，指老谋深算。

19 衡：同"横"，强横。

[译文]

周武王问太公说："攻打敌国的方法有哪些？"

太公回答道："作战态势要根据敌人的行动变化而不断地做出调整，战术变化则需要根据敌我双方的对阵情况灵活地加以运用，奇正运用法则来源于将帅的智慧和思考。因此，最重要的机密一定不能泄露出去，用兵谋略同样不可以对外言说。而且，极为机密的事情，也一定不可以和别人述说，用兵谋略切不可暴露于外。倏然而去，忽然来到，独断专行而且不受制于人，这就是用兵的基本原则。军事行动一旦泄露，敌人就会商议并找到应对之策；作战计划一旦外露，敌人就会针锋相对地设计和谋害我军；敌人如果探知我军的作战安排，那么我军自然会立即陷入困境；敌人如果辨清我军的行动方向，大军就会立即遭遇危险。因此，善于用兵的将帅，无须动用军队就可以取胜；善于消除祸患的将帅，始终能够做到防患于未然；善于打胜仗的将帅，能够取胜于无形之中。最高明的战法，是让敌人无法与我军进行作战。因此，那些在战场上与敌军经过白刃相交这种殊死拼搏才能取胜的，并不能算是良将；

如果失败之后才想起来布置防守策略，算不上是智士；如果智慧与一般人相同，那就算不上是国师；如果技艺与普通人无异，就不能被称为国工。用兵作战，最重要的莫过于攻必克、战必胜。对敌作战时最重要的注意事项，莫过于保守己方的机密；军事行动最重要的法则，莫过于出其不意；筹划战争计谋时最重要的原则，莫过于神妙莫测。凡是未经战争就能取胜的，都是先向对方示弱，然后再与敌人进行决战，这样便可达到事半而功倍的效果。

"圣人注意观察天地的变化，努力探求其运行规律，然后墨守日月运行的规律，始终注意遵循季节和天候的变化，视天地的盈亏和盛衰之理为事物运行的普遍规律。万物的生死，取决于天地的变化。所以说，如果没有弄清楚战争的形势，就贸然地发动战争，虽然手下士卒众多，也必定会遭遇失败。善于指挥作战的将军，始终能够安然处之，不会被一些假象干扰。看到获胜的把握，才会发起进攻；一旦没有获胜的可能，就立即停止战争。因此，在战争面前不要恐惧，也不要犹豫。用兵的各种祸害中，最大的祸害就是犹豫不决；军队遭遇的各种灾难中，最大的灾难就是用兵时狐疑难决。善于打仗的将帅，看到有利的战机决不会轻易放过，遇到有利的战机决不会犹豫不决。如果失去有利的战机，自己就会遭受祸殃。因此，明智的将帅一旦看到战机出现就抓住不放，机智的将帅一旦做出决定，就决不会迟疑。因此，投入战斗就应像迅雷，使人来不及掩耳；应该像闪电，使人来不及闭眼。前进之时，有如惊马那样疯狂地奔驰；作战之时，如同狂风席卷过来。阻挡它的，都只能被迅速击破；靠近它的，也都将陆续被消灭，这样的军队，谁还能有能力抵挡呢？将帅在用兵时，虽已胸有成竹，却能做到不动声色的，叫作神；情况并未全部看见，却已经洞若观火的，叫作明。所以，掌握了神明的道理，作战时就找不到可与之匹敌的对手，天下也没有敢于与之作对的国家。"

武王说："您说得真好啊！"

[解读]

本篇总结了作战指挥的一般原则，虽说希望达成"善战者，不待张军"或"上战，无与战"，但也立足于战场情况，对如何击败敌军进行了深入探讨，并总结了若干要诀，比如因敌变化、灵活机动、掌握敌情、果断出击等。

作者指出，战场态势不断地发生变化，所以要根据敌情变化而及时做出改变，善于运用奇正之术来夺取主动权。为确保胜机，一定要注意保密，作战计划和用兵方略等，一定不能泄露出去。最高明的战法，是让敌人无法与我作战，因此一定不要和敌人打消耗战，避免给己方带来重大的人员和物资损失。既然发起进攻，就应做到出其不意，遇到有利的战机，就不能犹豫不决。而应该采取迅雷不及掩耳之势，如同闪电或惊马一样迅速。

上述要诀中，"因敌变化"最为重要。其中既有立足于情报的一面（强调的是情报工作的可靠保障和及时支援），同时更重视战术的变化，及时地使用各种变术。战争始终是敌我双方不断进行角力的过程。我方求变，敌方同样也会想方设法地求变，都想着使用出其不意的战法击败对手。既然如此，要想击败对手，就必须要识破对方的变术，而且需要破解对方的变术。孙子强调"无穷之变"，也是这个原因。既然是"变"，便需要学会"无穷之变"。只有这样，才能打败对手。如果只是像程咬金那样，只会"三板斧"，很快就会被对手识破。最多也只是唬对手一次两次。时间一长，就会慢慢地失灵，没有了战斗力。猪八戒只会三十六变，所以打不过孙悟空。遇到妖精，还得请求猴哥出面。当然，孙悟空也只会七十二变，所以和二郎神较量时就会比较吃力。如果遇到大魔头，他只能去这山那山求神拜佛。因此，"变招"还是要多多益善，让敌人摸不着头脑。"无穷之变"，虽说只是一种境界追求，也许始终无法触及，但也应该努力达成更多的变化。

如果学会"因敌变化"，能够随机应变，就达到了用兵的神妙之境。所以，用兵的最高境界正是在于变化，这就是孙子所说的"能因敌变化而取胜者，谓之神"（《孙子兵法·虚实篇》）。大概在孙子眼中，要想真正掌握奇正之法，就必须要学会"变"，学会无穷之变。《军势》篇中首先强调"势因于敌家之动，变生于两陈之间"，也是强调这一层道理。历史上著名的失败将军赵括，正是太过拘泥于兵书，不懂得权变。当赵括面对白起这样的战神，遇到对手不停地使用"奇"法时，就会变得不知所措，立即败下阵来。历史上还有一位纸上谈兵、不懂得权变的名人，他的名字叫马谡。这位仁兄和赵括一样，也读过不少兵书，平时也非常喜欢谈论兵法，就连诸葛亮也被他"忽悠"了，认为他很有本事，对他非常器重。结果，在街亭之战中，马谡也因为迷信兵书上那一套东西，不知道权变，结果被魏军打败。诸葛亮精心准备的作战计划，也由此而统统作废，只得指挥大军后撤。耽误了军机大事，马谡随即被捕下狱，之后就被处以死刑。在处决他时，诸葛亮还忍不住流下了眼泪，内心终究还是有点舍不得。因此，《军势》篇不仅重视变术，而且强调"发于无穷之源"，这一观点非常重要，也经过了无数战争实践的检验。

奇　兵

本篇论述了在战场上塑造有利态势的二十余种方法，同时也总结了将帅所应具备的诸如"仁""勇""智"等七种基本素质。作者认为，用兵的关键是掌握并营造有利于己的战争态势，并力求以奇兵制胜。

武王问太公曰："凡用兵之道，大要[1]何如？"

太公曰："古之善战者，非能战于天上，非能战于地下，其成与败，皆由神势[2]。得之者昌，失之者亡。夫两陈之间，出甲陈兵，纵卒乱行者，所以为变也；深草蓊翳[3]者，所以逃遁也；溪谷险阻者，所以止车御骑也；

隘塞山林者，所以少击众也；坳泽[4]窈冥[5]者，所以匿其形也；清明无隐者，所以战勇力也；疾如流矢如发机者，所以破精微[6]也；诡伏设奇，远张诳诱者，所以破军擒将也；四分五裂[7]者，所以击圆破方也；因[8]其惊骇者，所以一击十也；因[9]其劳倦暮舍者，所以十击百也；奇伎[10]者，所以越深水、渡江河也；强弩长兵者，所以逾水战也；长关远候[11]，暴疾谬遁[12]者，所以降城服邑也；鼓行喧嚣者，所以行奇谋也；大风甚雨[13]者，所以搏前擒后也；伪称敌使者，所以绝粮道也；谬[14]号令，与敌同服者，所以备走北[15]也；战必以义者，所以励众胜敌也；尊爵重赏者，所以劝用命也；严刑重罚者，所以进罢怠[16]也；一喜一怒，一与一夺，一文一武，一徐一疾者，所以调和三军，制一[17]臣下也；处高敞者，所以警守也；保阻险者，所以为固也；山林茂秽[18]者，所以默往来也；深沟高垒，粮多者，所以持久也。

"故曰，不知战攻之策，不可以语敌；不能分移[19]，不可以语奇；不通治乱，不可以语变。故曰，将不仁，则三军不亲；将不勇，则三军不锐；将不智，则三军大疑；将不明，则三军大倾[20]；将不精微，则三军失其机；将不常戒，则三军失其备；将不强力[21]，则三军失其职。故将者，人之司[22]命，三军与之俱治，与之俱乱。得贤将者，兵强国昌；不得贤将者，兵弱国亡。”

武王曰：“善哉！”

［注释］

1 大要：重要的方法、原则。

2 神势：神妙的态势。

3 蓊（wěng）翳（yì）：草木茂盛的样子。

4 坳（ào）泽：低洼之地。

5 窈（yǎo）冥（míng）：幽暗，幽深。

6 精微：精妙周密。

7 四分五裂：这里指把军队分散编组，分成若干支分队。

8 因：一本作“困”，当为形近而致误。

9 因：乘。

10 伎：同“技”，技艺。

11 长关远候：在远方设立关卡，派出斥候（间谍）。

12 暴疾谬遁：行动迅速，进退诡诈。

13 甚雨：急骤的暴雨。

14 谬（miù）：欺诈，盗用。

15 走北：败退。

16 罢（pí）怠：疲乏而又倦怠。

17 制一：极力控制而使得上下一致。

18 秽（huì）：杂草多。

19 分移：意为灵活机动地使用兵力。分：分开。移：挪动。

20 倾：倒下，倾覆，引申为失败，崩溃。

21 强力：坚强而有魄力。

22 司：掌管，掌控。

[译文]

周武王问太公说："用兵的关键性要领有哪些？"

太公回答道："古代那些善于用兵打仗的将军，并不是因为能够做到通天入地，能在天上和地下随时和任何对手展开作战。他们取得成功或遭到失败，全看能否造成那种神妙莫测的态势。能够造成这种态势的，就可以取胜；不能造成的，就必然会失败。当两军对阵和即将交锋之时，无论是卸下铠甲还是放下武器，无论是放纵士卒还是混乱行列，都是为了求得变化，以便诱敌深入；占领那些草木茂盛的地区，是为了便于隐蔽地撤退；占领那些溪谷险要地带，是为了阻止敌人的车兵和骑兵展开军事行动；占领那些险隘的山林地带，是为了实现以少击众；占领那些低洼的潮湿地区，是为了更好地隐蔽军队的军事行动；占领那些平坦的开阔地带，是为了同敌人更好地比勇斗力；展开行动时快如飞箭或猛如发机，都是希望以迅雷不及掩耳之势击破敌人的深谋妙计；巧妙地设伏，布置好奇兵，虚张声势是为了诱骗敌人，就此击破敌军、擒获敌将；四面出击，朝着多个方向展开进攻，是为了攻破敌军所布设的方圆之阵；乘着敌军惊慌失措之时发起进攻，是为了更好地达到以一击十的效果；乘着敌人疲劳不堪或是夜晚宿营之时实施突然袭击，是为了更好地达成以十击百的作战效果；利用奇技架桥造船，是为了确保三军越过深水，快速地渡过大江大河；使用强弩和长兵器，是为了便于军队越过河水与敌作战；在边远地区设置关卡，不断地派出侦察人员，展开行动非常快速、军队进退非常诡秘，是为了尽快地占领敌军的城池和土地；故意地大声鼓噪、喧嚣着前行，是为了扰乱敌军的耳目，更好地使用奇计和妙策；冒着大风和暴雨的天气展开行动，是为了既攻击敌人前军又力擒敌人后军；冒充敌军的使者潜入敌后，是为了准确地切断敌人的粮道；诈用敌军的号令、穿上敌军的服装，是为了便于我军组织撤退；作战中对官兵晓以大义，是为了激励士气，确保能够战胜敌人；加封官爵、加重奖赏，是为了激励官兵奋勇杀敌；使用严刑重罚，是为了促使疲惫的官兵坚持战斗；有喜有怒，有赏有罚，有文有武，有慢有快，是为了使进攻富有节奏，全军上下协调一致地展开行动；占领高大而又视野开阔的地形，是为了便于警戒和守备；守住险隘要地，是为了做好稳固防守；占领深山之中的密林地带，是为了更好地隐蔽军队的行动；深挖壕沟、高筑壁垒，大量地储备粮食，是为了做好持久作战的准备。

"因此，如果不懂得攻战策略，就谈不上对敌作战；如果不会机动地使用兵力，就谈不上出奇制胜；如果不通晓治乱之变，就谈不上善于随机应变。所以说，将帅如果不够仁慈，士卒就不会与之亲近；将帅如果不够勇敢，军队就会变得没有锐气；将帅如果不够机智，军队就会产生疑惧；将帅如果不够精明，军队就会遭到惨败；将帅如果考虑问题不够仔细或是不够慎重，军队就会失掉战机；将帅如果缺乏警惕之心，军队就会疏于戒备；将帅如果领导不够坚强有力，军队就会容易出现玩忽职守的情况。所以人们说，将帅始终是军队的主宰。将帅严整，军队就会随之而变得严整；将帅无能，军队就会随之而发生混乱。得到了贤明的将帅，军队就会强大，国家就会变得繁荣昌盛；得不到贤明的将帅，就会导致军队灭亡和国家衰弱。"

武王说："您说得真好啊！"

[解读]

本篇总结了战场上塑造有利态势的方法，总共有二十余种，可谓不厌其烦。与此同时，也对将帅所应具备的基本素质进行了总结。

作者所总结的用兵要诀，核心是掌握并营造有利于己的战争态势，力求以奇兵制胜，并且把成败归结于能否造成神妙莫测的态势——作者称之为"神势"。能够达成的就可以取胜，不能达成的就会失败。从作者不厌其烦罗列的战法中，我们可以看出其试图就如何达成这一"神势"进行方法上的总结。求变诱敌、占领有利地形、设伏破敌等，都是冷兵器时代富有成效的战法。对于战场上的治军问题，作者也非常重视。临时加封官爵和加重奖赏，以及使用严刑重罚等，都是为了努力使得全军上下协调一致地展开行动。在对出奇制胜的战法展开探讨之外，本篇还点明了将帅素质，可对前面的《选将》篇等形成很好的补充。

《奇兵》篇是对《孙子兵法》的奇正理论和用兵之术的继承和发展。众所周知，孙子高举诡诈之术，提出了"兵者，诡道"这一著名论断，进而推出"能而示之不能，用而示之不用"等"诡道十二法"。"示形""造势""虚实之术"和"用兵变法"等，几乎都是围绕诡道之法而展开的。《用间》篇论述"五间俱起"的用间之术等，同样都是诡诈之术的重要内容。"奇正"是孙子兵学思想体系中非常重要的范畴。孙子说："三军之众，可使必受敌而无败者，奇正是也。"（《孙子兵法·势篇》）军队即便遭到敌军攻击也不会败北，就是因为巧妙运用了奇正之法。因此，《势》篇重点论述奇正，基于既有条件进行最优化配置，以此来有效地提升部队的战斗力，创造一切有利条件战胜对手。在孙子看来，"奇正"是"任势"的核心环节，因此在《势》篇集中加以探讨，而且指出"战势不过奇正"，意思是说战术单元的组合和变化无外乎"奇正"。就战法来说，"奇"是非常规战法，也即"变法"；"正"是指常规战法，也即"常法"。

孙子有关"奇正"的这些理论主张，得到了很多军事家的继承和发扬。银雀山出土的简文《奇正》是一篇讨论奇正的专题论文，与孙子兵学的关系非常密切。该篇简文大体可以判定为在齐地诞生，它和孙子及《六韬》的关系等，都有待深入考察。集中反映齐兵家思想的《管子》强调"定依（正）奇胜"的突然性，在选择进攻时机或决战地点时，必须做到"发乎不意"，努力达成进攻时的突然性。《唐太宗李卫公问对》用大量笔墨探讨"奇正"，几占全书五分之一。作者认为，奇正的奥秘在于分合变术，尤其要注意反向思维："吾之正，使敌视以为奇；吾之奇，使敌视以为正。"善于用兵之将，一定会努力打破正兵和奇兵之间的界限，最终做到"无不正，无不奇，使敌莫测”，这样达成的效果是："正亦胜，奇亦胜。三军之士，止知其胜，莫知其所以胜。"（《唐太宗李卫公问对》卷上）宋明兵书中，也有不少对孙子的奇正理论有所继承和发展，都可以和《奇兵》篇互相参照阅读。

五　音

本篇介绍了通过五音配合五行来判断敌情的方法。这是兵阴阳的理论，不免充斥着荒诞色彩和迷信思想。当然，作者主张从事物的萌芽状态和一些蛛丝马迹出发，来分析和研判敌情，多少具有一些启示意义。从这个角度来看，我们似乎不能全盘否定该篇的价值。

武王问太公曰："律音之声，可以知三军之消息[1]，胜负之决乎？"

太公曰："深哉！王之问也。夫律管十二[2]，其要有五音：宫、商、角、徵、羽[3]，此其正声也，万代不易。

五行[4]之神，道之常也，可以知敌。金、木、水、火、土，各以其胜攻之。

"古者三皇[5]之世，虚无之情，以制刚强。无有文字，皆由五行。五行之道，天地自然。六甲[6]之分，微妙之神。其法；以天清净，无阴云风雨，夜半，遣轻骑往至敌人之垒，去九百步外，偏持律管当耳，大呼惊之，有声应管，其来甚微。角声应管，当以白虎[7]；徵声应管，当以玄武[8]；商声应管，当以朱雀[9]；羽声应管，当以勾陈[10]；五管声尽不应者，宫也，当以青龙[11]。此五行之符，佐胜之征，成败之机。"

武王曰："善哉！"

太公曰："微妙之音，皆有外候[12]。"

武王曰："何以知之？"

太公曰："敌人惊动则听之。闻枹[13]鼓之音者，角也；见火光者，徵也；闻金铁矛戟之音者，商也；闻人啸呼之音者，羽也；寂寞无闻者，宫也。此五者，声色之符也。"

[注释]

1 消息：消长，盛衰。

2 律管十二：古代正音的乐器，用竹、玉或铜制成，共十二管。各管按音阶由低到高依次为黄钟、大吕、太簇、夹钟、姑洗、仲吕、蕤宾、林钟、夷则、南吕、无射、应钟。

3 宫、商、角（jué）、徵（zhǐ）、羽：古代的五个音阶。阴阳家以五音配五行，宫属土，商属金，角属木，徵属火，羽属水。

4 五行：古人认为天地间的万物都是由金、木、水、火、土这五种物质构成，并且这五者之间互相依存，相生相克。

5 三皇：古代传说中的帝王，但是具体到哪三位人物，则说法不一。

6 六甲：古代用天干和地支相配计算时日，其中甲子、甲戌、甲申、甲午、甲辰、甲寅六个以"甲"字为首的干支被称为"六甲"。所以，六甲之分可以指代诸如时日、律历、天干、地支等问题。

7 白虎：古代神话中的西方之神。

8 玄武：古代神话中的北方之神。

9 朱雀：古代神话中的南方之神。

10 勾陈：古代神话中的中央之神。

11 青龙：古代神话中的东方之神。

12 外候：显露在外的征兆。

13 枹（fú）：击鼓用的小锤。

［译文］

周武王问太公说："从律管所发出的乐音中，可以判断军队力量的消长情况并预知战争的胜负吗？"

太公回答道："君王所问的这个问题，可真是深奥啊！律管一共有十二个音阶，其中主要的音阶有五个，即宫、商、角、徵、羽。这些是最基本的声音，而且千秋万代都不会发生改变。五行相生相克，无比神妙，这正是天地万物发生变化的规律，依靠这些方法，就可以预测和探知敌情。金、木、水、火、土，这五行之间，一直都是以其各自优胜之处来克制和战胜对方。

"古代三皇崇尚的是虚静无为，并以此实现克制刚强的目标。当时没有文字，一切都是按照五行相生相克的规律来行事。这五行相互生克的道理，正是天地演变的自然规律。六甲的分合，其中所体现的精神十分微妙。运用五音五行的具体方法是：当天气清静晴朗，没有阴云风雨之时，在半夜时分，派遣轻骑前往敌军营垒，在距离敌营九百步以外的地方，手拿着律管对着自己的耳朵，然后向敌人大声呼叫，通过这种方式惊动他们。这时候，自然就会收到来自敌军的回声反应。这种回声在律管中听起来，显得非常微弱。如果是角声反应于律管之中，就应当根据白虎所代表的方位，从西方攻击敌人；如果是徵声反应在律管之中，就应当根据玄武所代表的方位，从北边攻打敌人；如果是商声反应于律管之中，就应当根据朱雀所代表的方位，从南边进攻敌人；如果是羽声反应于律管之中，就应当根据勾陈所代表的方位，从中央攻打敌人；所有律管都没有回声时，这是宫声的反应，应当根据青龙所代表的方位，从东边攻打敌人。所有这些都是五行相生相克的征兆，是辅佐我军制胜的征兆，也是胜败的关键所在。"

武王说："太妙了！"

太公说："那些微妙的音律，都有外在的征候。"

武王问："如何才能知道呢？"

太公说："当敌人被惊动时，就需要仔细进行倾听。如果听到鼓声，这是角声的反应；如果见到火光，这是徵声的反应；如果听到金铁矛戟各种兵器声，这是商声的反应；如果听到敌人的呼叫声，这是羽声的反应；如果寂静无声，这是宫声的反应。这五种音律与外界的动静始终保持着一一对应，而且都是代表声色的符号。"

[解读]

本篇总结的是依靠五音等判断敌情的方法，其中充满阴阳五行思想，是古代兵阴阳家的理论。作者主张考察事物发展的萌芽状态，留心那些不被发现的蛛丝马迹，并用来分析和研判敌情，这一道理倒是与军事预测学基本相通。

古代"兵阴阳"理论虽说我们不能全盘否定，但最大特点就是"假鬼神而为助"，所构建军事理论与神鬼论有着紧密勾连，其中充斥着不少封建迷信思想。有意思的是，兵阴阳的过度泛滥，导致有些将领即便明知阴阳术数为迷信，也曾建议不可偏废。这也成为中国古代军事史中一个颇为有趣的话题。《孙子兵法》则坚决反对"取于鬼神"，始终与"假鬼神而为助"的兵阴阳家划清界限，这正是孙子的伟大和高明之处。至于《六韬》，则与兵阴阳有不少联系，后面还会有所涉及，《五音》篇只是其中之一。

集中体现齐地兵家思想的《管子》书中，同样也有不少"兵阴阳"的内容，与《孙子兵法》不同，却与《六韬》相近。《管子》中，至少有《幼官》《幼官图》《四时》《五行》等篇早已被公认为阴阳家理论，其中的论兵内容同样充斥着阴阳五行思想，尤其是《幼官》和《幼官图》等篇，作者将治军和作战等与五方附图及五行思想等结合起来，同样也属荒诞不经。《六韬》与《管子》仍然存有差别，《五音》篇等结合战法讨论的较少，而是更多尝试与军事预测和情报分析建立联系。

兵 征

本篇讨论的是战争胜败的征兆。作者认为，通过观察部队的士气盛衰、阵势治乱、军纪严弛等，可以判断敌军的强弱和胜败之迹。这些从情报和预测学的角度来看，无疑具有一定的道理。当然，作者同时认为，通过"望气"可以判断城邑是否可攻等，则是兵阴阳的理论，显得较为荒诞且不可信。

武王问太公曰："吾欲未战先知敌人之强弱，豫[1]见胜负之征，为之奈何？"

太公曰："胜负之征，精神先见[2]。明将察之，其败在人。谨候敌人出入进退，察其动静，言语妖祥[3]，士卒所告。凡三军说怿[4]，士卒畏法，敬其将命，相喜以破敌，相陈[5]以勇猛，相贤以威武，此强征也；三军数惊，士卒不齐。相恐以敌强，相语以不利，耳目相属[6]，妖言不止，众口相惑，不畏法令，不重其将，此弱征也；三军齐整，陈[7]势已固，深沟高垒，又有大风甚雨之利，三军无故[8]，旌旗前指，金铎[9]之声扬以清，鼙鼓[10]之声宛以鸣，此得神明之助，大胜之征也；行陈不固，旌旗乱而相绕，逆大风甚雨之利，士卒恐惧，气绝而不属[11]，戎马惊奔，兵车折轴，金铎之声下以浊，鼙鼓之声湿如沐，此大败之征也。

"凡攻城围邑，城之气[12]色如死灰[13]，城可屠；城之气出而北，城可克；城之气出而西，城必降；城之气出而南，城不可拔；城气出而东，城不可攻；城之气出而复入，城主逃北；城之气出而覆我军之上，军必病[14]；城之气出高而无所止，用兵长久。凡攻城围邑，过旬不雷不雨，必亟[15]去之，城必有大辅。此所以知可攻而攻，不可攻而止。"

武王曰："善哉！"

[注释]

1 豫：同"预"。

2 见：同"现"。

3 妖祥：吉凶。妖：怪异，凶恶。祥：吉祥。

4 说（yuè）怿（yì）：欢喜，喜悦。说：同"悦"，指喜欢。怿：喜悦。

5 陈：陈说。

6 属（zhǔ）：连属。

7 陈：同"阵"。

8 无故：没有事故，平静安定。

9 金铎（duó）：指挥军队进退的金属乐器。

10 鼙（pí）鼓：指挥军队进退的鼓。

11 不属：不相连接，意为涣散。

12 气：云气。古代的兵阴阳家认为，通过观察云气可以判断敌情，由此发展出一套"望气"理论。

13 死灰：灰白色。

14 病：疲病。

15 亟（jí）：急。

[译文]

周武王问太公说："我想在两军尚未交战之前就能预先知道敌军的强弱情况，由此而预见战争胜负的征兆，应该怎么样才能做到？"

太公回答道："战争胜败的征兆，首先会在敌人的精神上表现出来。明智的将帅能够察觉，但能否利用这一点打败敌人，要看个人的主观努力情况。需要周密地侦察敌人的出入和进退情况，仔细地观察敌军的动静，关注他们言语的吉凶预兆和士卒们相互议论之事。如果全军上下欢欣鼓舞，士卒都畏惧法令，并严格遵守将帅的命令，相互之间以攻破敌军为喜，以勇猛作战为荣，以威武无敌为誉，这些都是军队战斗力强大的征兆；如果全军上下互相惊扰，士卒非常散乱，行列不够整齐，相互之间在谈论敌情时，会被敌人的强悍恐吓到，而且都在传播着作战不利的消息，虽然议论纷纷、谣言四起，却不能及时地加以制止，互相之间在煽动着蛊惑之风，既不畏惧法令，也不尊重将帅，这些都是军队战斗力衰弱的征兆；如果全军上下保持步调一致，阵势非常坚固，又有深沟高垒，还可以借助大风、大雨等有利的气候条件，三军无须等待命令就已经将旌旗指向前方，金铎之声高扬而又清越，鼙鼓之声婉转而又嘹亮，这是军队得到神明之助，必将取得大胜的征兆；如果行阵并不稳固，旌旗非常纷乱，方向不够明确，又是逆着大风大雨，处于不利的气候条件之下，士卒感到震骇而又恐惧，士气衰弱不振，战马受到惊骇，不断地四处乱跑，战车的轴木忽然折断，金铎之声低沉而且混浊，鼙鼓之声沉闷而又压抑，这些都是军队必将大败的征兆。

"凡是攻打和包围城池，都应注意望气。如果城池上空的气呈现死灰之色，这说明城池可以被毁灭；如果城池上空的气向北流动，说明城池可以被攻克；如果城池上空的气向西流动，说明城池可以被降服：如果城池上空的气向南流动，说明城池坚不可拔；如果城池上空的气向东流动，说明城池不能进攻；如果城池上空的气出而又入，说明守城的主将准备逃亡；如果城池上空的气出来之后覆盖我军，预示着我军必遭不利；如果城池上空的气高升而且不会停止，预示着战斗一定会历时较长。凡是攻城围邑，过了十天仍然不打雷不下雨，这是提醒我们必须迅速撤退，因为城中一定有贤能之士辅佐。能做到这些，就算是知道了可攻就攻、不可攻就停止的道理。"

武王说："说得真好啊！"

[解读]

本篇通过观察和总结士气盛衰、阵势治乱、军纪严弛等来判断战争的胜败。其中不少都可以从情报学和预测学的角度来找到判断依据，但是，通过"望气"判断城邑是否可以进攻，则显得较为荒诞。

作者认为，胜败的征兆首先可从敌军的精神进行判断，如果是欢欣鼓舞、上下一心，就说明战斗力强大，反之则证明战斗力衰弱。如果行阵稳固，则证明军队有战斗力，反之，如果旌旗纷乱，则是必将大败的征兆。这些判断显然是有一定道理的，这也是古往今来分析和研判敌情的常用手法。当然，接下来那些判断城池上空云气的做法，则显得殊不可信。

《孙子兵法·行军》篇探讨总结了三十余种"相敌之法"，主张通过仔细侦察敌情，进而为指挥员判断战场情况、下定决心和指导战争提供基本依据。比如，在前线阵地的接敌侦察行动中，执行任务的侦察分队，同样也会遇到诸如"鸟集"和"扬尘"等现象，根据孙子所总结的各种方法，可以相对快速地判断敌情，固然有些方法显得非常原始，但仍有实际运用价值。其中"扬尘"现象和《兵征》篇的"望气"并不一样。判断"扬尘"现象，其实仍然需要根据敌方行动展开，因此可以对判断敌情和制订作战计划等，起到一定的参考作用。

孙子在《谋攻》篇中总结了五条"知胜之道"："故知胜有五：知可以战与不可以战者胜，识众寡之用者胜，上下同欲者胜，以虞待不虞者胜，将能而君不御者胜。此五者，知胜之道也。"与《六韬》的有关论述对比之后可以看出，《兵征》篇其实是重点考察了"识众寡之用者胜"

和"上下同欲者胜"等内容，同样遵循的是由"知"到"胜"的逻辑。

春秋时期，曹刿曾将上下同心和作战士气等视为战争取胜的重要筹码，也将取信于民作为战争发起的基础条件，这是尊重战争规律的结果。面对齐人的多次挑战，曹刿选择避其锋芒，等到"齐人三鼓"之后才指挥军队迎战并击败了齐军。在追击齐军时，曹刿先是下车"视其辙"，继而登车"轼而望之"（《左传·庄公十年》），等确定时机已经成熟之后才指挥军队发起追击。在总结获胜经验时，曹刿指出："夫战，勇气也。一鼓作气，再而衰，三而竭。彼竭我盈，故克之。"（《左传·庄公十年》）注意考察部队的士气，曹刿研究战争和设计战法的思路可谓独辟蹊径，也会对《六韬》作战产生影响。因此《兵征》篇才会提到依据对方士气情况等，判断是否能够顺利地战而胜之。

农 器

本篇讨论的是寓兵于农、兵农合一的问题。作者认为，平时的生产和劳动，都可以和备战结合在一起：农用器具可以在战时转化为武器装备；乡村组织可在战时转化为军事组织；农业设施可在战时转化为军事工程。所以，国家在平时就需有意识地抓好农业生产，并视其为富国强兵之道。

武王问太公曰："天下安定，国家无事，战攻之具可无修乎？守御之备可无设乎？"

太公曰："战攻守御之具尽在于人事[1]。耒耜[2]者，其行马[3]蒺藜[4]也；马牛车舆者，其营垒蔽橹也；锄耰[5]

之具，其矛戟也；蓑薜簦笠[6]者，其甲胄干楯也；镢[7]锸[8]斧锯杵[9]臼[10]，其攻城器也；牛马，所以转输粮用也；鸡犬，其伺候也；妇人织纴[11]，其旌旗也；丈夫平壤、其攻城也；春铩[12]草棘，其战车骑也；夏耨[13]田畴[14]，其战步兵也；秋刈[15]禾薪，其粮食储备也；冬实仓廪，其坚守也；田里相伍，其约束符信[16]也；里有吏，官有长，其将帅也；里有周垣[17]，不得相过，其队分也；输粟收刍[18]，其廪库也；春秋治城郭[19]，修沟渠，其堑垒也。故用兵之具，尽在于人事也。善为国者，取于人事。故必使遂其六畜，辟其田野，安其处所，丈夫治田有亩数，妇人织纴有尺度，是富国强兵之道也。"

武王曰："善哉！"

[注释]

1 人事：这里指的是农事。

2 耒（lěi）耜（sì）：古代翻耕土地用的农具。

3 行马：即拒马，用以堵塞道路的障碍器材。

4 蒺藜：一种带有尖刺的障碍物，小叶长椭圆形。

5 耰（yōu）：古代一种碎土平田的农具。

6 蓑（suō）薜簦（dēng）笠：蓑薜：草编的雨衣。簦：古时有柄的笠，即雨伞。笠：斗笠，戴在头上。这些都是遮雨用的器具。

7 镢（jué）：一种形似镐的刨土农具。

8 锸（chā）：铁锹，一种用来掘土的农具。

9 杵（chǔ）：舂米或捶衣的木棒。

10 臼（jiù）：舂米的器具，用石头或木头制成，中间凹下。

11 纴（rèn）：织布帛的丝缕，这里指布帛。

12 铍（pō）：古代农具，形似镰刀，有刃，用于割草。此处作芟除解。

13 耨（nòu）：锄草。

14 畴（chóu）：田地。

15 刈（yì）：古代割草的农具，这里指割除。

16 符信：凭证。

17 周垣：即为四周的墙垣。

18 刍：喂养牛马的草料。

19 城郭：泛指城邑。

[译文]

周武王问太公说："天下已经获得安定，国家不再有战事，野战、攻城的器械，可以不用再做准备吗？防守御敌的各种设施，也可以不必再建吗？"

太公回答道："战时所使用的那些攻战和守御的器材，实际上全都可用在平时百姓的生产和生活之中。耕作用的耒耜，可以用作行马、蒺藜等障碍器材；马车和牛车，可以用作营垒和蔽橹等设障器材；锄耰等农具，可以用作战斗的矛戟；蓑衣、雨伞和斗笠，可以当作防身的盔甲和盾牌；镢、锸、斧、锯、杵、臼，可以用作攻城器械；牛、马等牲畜，可以用来运输军粮；鸡、狗等，可以用来报时和警戒；妇女纺织的布帛，可以用来制作战旗；男子那些平整耕耘土地的技术，可以用于攻城；春季那些割草和除棘的方法，可以转化为同敌军战车或骑兵作战的技术；那些夏季耘田锄草的方法，可以用来同敌军的步兵作战；秋季收割的庄稼和柴草，可以用作备战的粮草；冬季粮食堆满仓库，就是在为战时的长期坚守做准备；同村同里的乡亲，平时可以编为什伍之类的组织，就可以用战时军队编组和管理方法对其进行约束；里设长吏，府有长官，可以充任战时军队的各级将帅；里与里之间修筑围墙，不得逾越，可以作战时军队的驻地区划之用；运输粮食，收割饲料，就是战时军队的后勤准备；春秋两季修筑城郭，疏浚沟渠，就像是战时修治壁垒沟壕。所以说，作战的器具，都寓于平时的生产生活之中。善于治理国家的人，都会极度重视农事，设法使得人民大力发展六畜，大量开垦田地，安居各自住所，使得男子所种之田都达到一定的亩数，妇女纺织布匹都有一定的尺数，这就是富国强兵的方法。"

武王说："您说得太好了！"

[解读]

本篇探讨了兵农合一问题，认为平时的生产和劳动，都可以和备战结合在一起，农器可以转化为武器，乡村组织可转化为军事组织。因此，平时抓好农业生产，不仅是可以做好粮食储备，也是富国强兵之道。

按照兵农合一的设计，一旦生产组织得到确定之后，一定方圆之内的户数和一定数目的人口都要供给国家相应数量的物资，军备物品和武器装备赖此而源源不断地得到补充。应该说，将武器装备供应与地方行政组织以及赋税制度相结合，是管仲在齐国的创见，在先秦军事学术中极富特色。齐兵家对此有所继承，集中体现在《管子》中。《六韬》中也有部分折射，《农器》篇，乃至后面的几篇对此都有所体现。

在先秦兵家中，孙子重视谋略胜人，于作战器械研究显得缺乏热情。后世兵家对于用兵技巧也较少关注，这当然是一件憾事。中国封建社会长期的重道轻器的思想方法以及生产力的长期停滞不前，或许是兵技巧不能流传和不能提高的根本原因。直至清末，当中国落后挨打的局面已无可挽回时，西方列强用坚船利炮击碎了这个古老帝国的国门，才终于使得国人有所警醒，洋务派及魏源等逐渐认识到"师夷长技"的重要性和紧迫性。从这个角度来看，《六韬》中设立专章讨论兵器，非常值得珍视。这一思路与《管子》中"耕器具则战器备"的思路及寓兵于农的国防体系构建保持一致，或许也可算作今天"民用"转"军工"的一个源头。如果"民用"有了一个整体上的提高，则"军工"也可水涨船高，从而必然带动国防整体实力的提升。因此，《六韬》和《管子》的这些国防观念，虽说是诞生于遥远的冷兵器时代，却仍然可以启迪后世。

齐桓公与管仲曾在齐国大力推行"作内政而寓军令"的社会组织改革，把居民的乡里组织与军队的组织编制结合起来，设计出一套别具齐国特色的社会组织结构，亦即通常所说的"什伍"结构。这一设计，应当也是《农器》篇相关设计的久远的源头。"作内政而寓军令"的最大特点是："卒伍政定于里，军旅政定于郊，内教既成，令不得迁徙。"（《管子·小匡》）这种通过地域和宗族血缘为纽带组建起来的部队非常团结，他们在战场上能够互相帮助、同仇敌忾，从而能够最大限度地发挥战斗力。

卷第四　虎韬

军　用

本篇讨论的是战时武器装备的供应问题。作者以出兵万人为例，详细说明了所需兵器的种类、数量、配置原则和使用方法等。

武王问太公曰："王者举兵，三军器用，攻守之具，科品[1]众寡，岂有法乎？"

太公曰："大哉！王之问也。夫攻守之具，各有科品，此兵之大威也。"

武王曰："愿闻之。"

太公曰："凡用兵之大数，将甲士万人，法用武冲大扶胥[2]三十六乘，材士[3]强弩矛戟为翼[4]，一车二十四人推之。以八尺车轮，车上立旗鼓[5]。兵法谓之震骇，陷坚陈，败强敌。武翼大橹矛戟扶胥[6]七十二具，材士强弩矛戟为翼。以五尺车轮，绞车连弩[7]自副[8]，陷坚陈，败强敌。提翼小橹扶胥[9]一百四十四具，绞车连弩自副，以鹿车[10]轮，陷坚陈，败强敌。大黄参连弩大扶胥[11]三十六乘，材士强弩矛戟为翼。飞凫电影[12]自副。飞凫赤茎白羽，以铜为首；电影青茎赤羽，以铁为首。昼则以绛缟[13]，长六尺，广六寸，为光耀；夜则以白缟，长六尺，广六寸，为流星，陷坚陈，败步骑。大扶胥冲车三十六乘，螳螂武士[14]共载，可以击纵横，可以败敌。辎车骑寇[15]，一名电车[16]，兵法谓之电击，陷坚陈，败步骑。寇夜来前，矛戟扶胥轻车[17]一百六千乘。螳螂武士三人共载，兵法谓之霆击，陷坚陈，败步骑。

“方首铁棓维肦[18]，重十二斤，柄长五尺以上，千二百枚，一名天棓。大柯斧[19]，刃长八寸，重八斤，柄长五尺以上，千二百枚，一名天钺。方首铁锤，重八斤，柄长五尺以上；千二百枚，一名天锤。败步骑群寇。飞钩[20]长八寸，钩芒长四寸，柄长六尺以上，千二百枚，以投其众。

“三军拒守，木螳螂剑刃扶胥[21]，广二丈，百二十具，一名行马。平易地，以步兵败车骑。木蒺藜[22]，去地二尺五寸，百二十具。败步骑，要穷寇，遮走北。轴旋短冲矛戟扶胥[23]百二十具，黄帝所以败蚩尤氏[24]。败步骑，要[25]穷寇，遮走北。狭路微径，张铁蒺藜，芒高四寸，广八寸；长六尺以上，千二百具，败步骑。突瞑[26]来前促战，白刃接，张地罗[27]，铺两镞蒺藜，参连织女[28]，芒间相去二寸，万二千具。旷野草中，方胸铤矛[29]，千二百具，张铤矛法，高一尺五寸。败步骑，要穷寇，遮走北。狭路、微径、地陷，铁械锁参连，百二十具。败步骑，要穷寇，遮走北。

　　"垒门拒守，矛戟小橹十二具，绞车连弩自副。三军拒守，天罗虎落[30]锁连[31]一部，广一丈五尺，高八尺，百二十具。虎落剑刃扶胥[32]，广一丈五尺，高八尺，五百二十具。

　　"渡沟堑飞桥[33]一间，广一丈五尺，长二丈以上，着转关辘轳，八具，以环利通索张之。渡大水，飞江[34]广一丈五尺，长二丈以上，八具，以环利通索张之。天浮[35]铁螳螂，矩内圆外，径四尺以上，环络自副，三十二具。以天浮张飞江，济大海，谓之天潢，一名天舡[36]。

　　"山林野居，结虎落柴营[37]，环利铁锁，长二丈以上，千二百枚。环利大通索大四寸，长四丈以上，六百枚。环利中通索大二寸，长四丈以上，二百枚。环利小徽缧[38]长二丈以上，万二千枚。天雨盖重车上板，结枲钼锯[39]，广四尺，长四丈以上，车一具，以铁杙[40]张之。

　　"伐木大斧，重八斤，柄长三尺以上，三百枚。棨钁[41]，刃广六寸，柄长五尺以上，三百枚。铜筑固为垂，长五尺以上，三百枚。鹰爪方胸铁耙，柄长七尺以上，三百枚。方胸铁叉，柄长七尺以上，三百枚。方胸两枝铁叉，柄长七尺以上，三百枚。芟[42]草木大镰，柄长七尺以上，三百枚。大橹刀，重八斤，柄长六尺，三百枚。委环铁杙，长三尺以上，三百枚。椓[43]杙大锤，重五斤，柄长二尺以上，百二十具。甲士万人，强弩六千，戟楯二千，矛楯二千。修治攻具，砥砺[44]兵器巧手三百人。此举兵军用之大数也。"

　　武王曰："允哉！"

[**注释**]

1 科品：种类。

2 武冲大扶胥：装备有大盾的大型战车。扶胥，战车的别名，一说是防御用的武器。

3 材士：武艺高强而又勇猛的士卒。

4 翼：护卫。

5 旗鼓：古代传递信号之用，通常是指挥车上配备。

6 武翼大橹矛戟扶胥：一种装备有大盾牌和矛戟的战车。

7 绞车连弩：一种用绞车张弓，能够连续发射箭矢的强弩。

8 副：辅助。

9 提翼小橹扶胥：装备有小盾牌的小型战车。

10 鹿车：一种人力小推车。

11 大黄参连弩大扶胥：装备有大黄参连弩的战车。

12 飞凫（fú）电影：两种箭名，一说为旗帜名。

13 绛缟：大红的丝绢。

14 螳螂武士：指骁勇善战的武士。

15 辎车骑寇：轻快迅捷的战车。

16 电车：快如闪电的战车。

17 矛戟扶胥轻车：一种配备有矛戟的轻型战车。

18 方首铁棓（bàng）维朌：一种大方头的铁棒。棓：通"棒"。朌：同"颁"，大头。

19 大柯斧：长柄斧头。

20 飞钩：古代兵器，有刃而且弯曲，战斗中用来钩取敌人。

21 木螳螂剑刃扶胥：一种用以拒守的木制战车，形似螳螂，配有向外的尖刃。

22 木蒺藜：用木料制成的形如蒺藜的有刺障碍物。

23 轴旋短冲矛戟扶胥：一种配备有冲角矛戟且可以旋转的战车。

24 蚩尤氏：传说中九黎族的首领，有兄弟九十一人，均兽身人头，能呼风唤雨，勇猛善战，曾与黄帝争夺中原，失败后被杀。

25 要（yāo）：拦截，阻拦。

26 突瞑：在天色黑暗时进行突袭。

27 地罗：地网。

28 参连织女：将蒺藜连缀在一起的障碍物。织女，本为一种类似蒺藜的草，此处指带有尖刺的障碍物。

29 方胸铤（chán）矛：齐胸高的矛。铤，短柄小矛。

30 天罗虎落：一种障碍物。天罗：缀有蒺藜的网；虎落：竹篱。

31 连：同"链"。

32 虎落剑刃扶胥：一种配备虎落和剑刃的战车。

33 飞桥：古代一种可临时架设的桥。

34 飞江：一种可临时搭建，用以渡江的浮桥。

35 天浮：一种浮桥。

36 天釭：一种大船。

37 柴营：营寨。柴：同"寨"。

38 徽缧：形状较细的绳索。

39 结枲（xǐ）钼（jǔ）铻（yǔ）：指在木板上锲刻齿槽，使之与战车吻合。枲：麻；钼铻：排列成锯齿状。

40 铁杙（yì）：铁桩或钉子一类的东西。杙，橛，桩子。

41 棨（qǐ）钁（jué）：一种大锄头。

42 芟（shān）：割除。

43 椓（zhuó）：敲打，捶击。

44 砥（dǐ）砺（lì）：磨刀石，此处意为磨快、磨利。

[译文]

周武王问太公道："君王出兵作战，军队需要准备武器装备和攻守器械，种类和数量难道都有着一定的标准吗？"

太公回答道："您所问的，确是一个大问题啊！攻守器械种类很多，数量上也各有不同，这是直接关系到军队实力强弱的大问题。"

武王说："我希望能听听详细内容。"

太公说："凡是用兵作战，武器装备都有一个大致的标准。如果是统率甲士万人，所需武器装备的标准是：武冲大扶胥三十六辆，由勇猛的专业武士使用强弩、矛、戟在两旁护卫，每车用二十四人推行，车轮的高度为八尺，车上竖旗立鼓，兵法上把这种战车叫作震骇，可以用它攻陷坚固的阵地，击败强敌。武翼大橹矛戟扶胥七十二辆，以勇猛的专业武士使用强弩、矛、戟作为两翼护卫，其车轮高五尺，并附设用绞车发射的连弩，可用它攻破坚固的阵地，击败强敌。提翼小橹扶胥一百四十四辆，附设绞车、连弩，战车装有独轮，可用它攻破对方坚固的阵地，击败强敌。大黄参连弩大扶胥三十六辆，以勇猛的专业武士使用强弩、矛、戟在两旁担任护卫，附设飞凫和电影两种射杀类武器，飞凫是红色的竿、白色的羽，用铜做箭头；电影用青色的竿、红色的羽，用铁做箭头。白天用深红色的绢做旗子，长六尺，宽六寸，名曰光耀；夜间用白色的绢做旗子，长六尺，宽六寸，名曰流星。这种战车可用来攻破坚固的阵地，击败强敌。大扶胥冲车三十六辆，车上乘载螳螂武士，可以用来纵横冲击，击败强大的敌军。辎车寇骑，也叫电车，兵法上称为电击，可以用来攻破坚固的阵地，击败乘黑夜前来突袭的敌军步兵和骑兵。矛戟扶胥轻车一百六十辆，每车载乘螳螂武士三人，兵法上其被称为霆击，可用来攻破坚阵，击败敌人步兵和骑兵。

"方形大头的铁棒，重十二斤，柄长五尺以上，共置办一千二百把，这种武器也叫天棓；长柄大斧，刃长八寸，重八斤，柄长五尺以上，共置办一千二百把，这种武器也叫天钺；方头铁锤，重八斤，柄长五尺以上，共置办一千二百把，也叫天锤，这些武器都可以用来击败敌人的步兵和骑兵。飞钩，长八寸，钩尖长四寸，柄长六尺以上，共准备一千二百枚，可以用来投掷和钩伤敌人。

　　"军队在防守时，应使用木螳螂剑刃扶胥，每具宽两丈，共一百二十具，也叫行马，在平坦开阔地带，步兵可以用它来阻挡敌军车骑的行动；木蒺藜，高于地面二尺五寸，共一百二十具，可以用来阻碍敌军步骑兵的行动，拦阻势穷力竭的敌人，堵截狼狈逃跑的敌人；轴旋短冲矛戟扶胥一百二十辆，黄帝曾用它打败蚩尤，可以用来击败敌人的步骑，拦阻势穷力竭的敌人，堵截逃跑之敌；在狭隘小道上，可以布设铁蒺藜，铁蒺藜刺长四寸，宽八寸，每具长六尺以上，共一千二百具，可用来阻挡敌人步骑兵的行动；敌人乘着黑夜突然前来逼战，白刃相接，这时应张设地罗，布置两镞蒺藜和名为参连织女的障碍物，每具的芒尖之间相距二寸，共一万二千具；在旷野深草地区作战，设置名为方胸铤矛的障碍物共一千二百具。布设铤矛的方法是，使它高出地面一尺五寸。以上这些器具，可以用来击败敌人步骑，拦阻势穷力竭的敌人，堵截逃跑的敌人。在隘路、小道和低洼的地形上，可以张设名为铁械锁参链的障碍物，共一百二十具，可以用来击败敌人的步兵和骑兵，阻挡势穷力竭的敌人，堵截试图逃跑的敌人。

"守卫营门，使用矛、戟、小橹十二具，并附设绞车连弩；军队进行守御时，设置名为天罗虎落锁链的障碍物，每部宽一丈五尺，高八尺，共一百二十具；设置虎落剑刃扶胥，每部宽一丈五尺，高八尺，共五百二十具。

"渡越沟堑，要设置飞桥，其间隔宽为一丈五尺，长两丈以上，飞桥上装备转关辘轳，共八具，用铁环和长绳架设；横渡江河，要使用名为飞江的浮桥，宽一丈五尺，长两丈以上，共八具，用铁环和长绳把它们进行连接；天浮铁螳螂，内呈矩形，外径四尺以上，并用铁环和绳索进行连接，共三十二具，用天浮架设飞江，可以横渡大河。这种渡河工具叫作天潢，也叫天舡。

"军队在山林旷野地区扎营，使用木材结成虎落柴营，用铁环长绳锁链固定，每条长两丈以上，共需一千二百条；带铁环的粗大绳索，铁环四寸大，绳长四丈以上，共六百条；带铁环的中等绳索，铁环两寸大小，绳长四丈以上，共二百条；小号绳索，每条长两丈以上，共一万二千条。天下雨时，辎重车要盖上顶板，板上锲刻齿槽，使得它能与车子吻合，每副木板宽四尺，长四丈以上，每辆车配置一副铁杙加以固定。

"砍伐树木用的大斧，重八斤，柄长三尺以上，共

三百把；名为棨镶的大锄，刃宽六寸，柄长五尺以上，共
三百把；名叫铜筑固的大锤，长五尺以上，共三百把；鹰
爪方胸铁耙，柄长七尺以上，共三百把；方胸铁叉，柄长
七尺以上，共三百把；剪除草木用的大镰刀，柄长七尺以
上，共三百把；大橹刀，重八斤，柄长六尺，共三百把；
带环的铁杙，长三尺以上，共三百个；打桩用的大铁锤，
重五斤，柄长二尺以上，共一百二十把。一万甲士需要装
备强弩六千张，戟和大盾两千套，矛和盾两千套，修理作
战器具和打造、磨砺兵器的能工巧匠共三百人。以上就是
按照出兵一万人起兵作战时，计算得出的有关装备器材的
大致数目。"

武王说："真是允当之论啊！"

[解读]

本篇继续围绕兵技巧而展开讨论，重点是战时武器装
备的供应问题，并以出兵万人为基数，说明所需兵器的种
类、数量、配置原则和使用方法等。

《汉书·艺文志》将先秦兵家分为"权谋""阴阳""形
势"和"技巧"四类。所谓"技巧"，《汉书·艺文志》
的解释是："习手足，便器械，积机关，以立攻守之胜者也。"

《军用》篇中富含有关"兵技巧"的探讨，显得弥足

珍贵。出于种种原因，"技巧"和"阴阳"两类，亡佚最多，而保存最多的是"权谋"和"形势"，尤其是"权谋"。《孙子兵法》即是"权谋"一派的杰出代表。吕思勉曾说："兵技巧家言，最切实用，然今古异宜，故不传于后……至兵权谋则专论用兵之理，凡无今古之异。"李零也说："技术性的东西主要靠职业传统来流传，因为内容过于具体，书的代谢速度极快，最难保存；相反，理论性的东西是靠思想本身的感染力，愈是抽象概括，反而愈是能够长久保存。""最切实用"和"今古异宜"，"内容过于具体"和"书的代谢速度极快"，或许只是难以流传和保存的部分原因。"技巧"的不见流传和不受重视，我们还可以追寻到一些别的原因：其一，封建社会生产力和科学技术长期停滞不前；其二，战争长期处于冷兵器作战样式；其三，中国封建社会思想界长期的重道轻器的传统；等等。

出于种种历史原因，兵技巧类的著作先后失传。我们今天只能从《管子》《墨子》以及《六韬》等书的吉光片羽中，隐约窥见一些当年兵技巧一派的风采。从《军用》篇中我们可以看到，当时门类齐全的战车和花样繁多的兵器，就连安营扎寨也设计有相对专门的器械。从该篇中还可以看出，当时的用兵作战，武器装备都会根据人员数量或编制数量有大概的标准设定，各个门类的武器装备都会有相应的定额，这其实标志着当时战术理论已经取得了飞速发展。

遗憾的是，因为时光太过久远，其中有些兵器的具体情状，我们今天已经无从知晓，因此也较难判定其具体作战效能。至于为什么要配置不同的数量，也已经较难推测其中缘由。

三　阵

　　本篇认为战争中应排列阵法，简要总结天阵、地阵和人阵的组成情况及排列方法。

　　武王问太公曰："凡用兵为天陈[1]、地陈[2]、人陈[3]，奈何？"

　　太公曰："日月、星辰、斗杓[4]，一左一右，一向一背，此为天陈；丘陵水泉，亦有前后左右之利，此为地陈；用车用马，用文用武，此为人陈。"

　　武王曰："善哉！

［注释］

1 天陈：依照天象布列阵势。陈：同"阵"。

2 地陈：依照地形地势布列阵势。

3 人陈：根据部队兵马情况布列阵势。

4 杓（biāo）：即北斗七星中的斗柄。北斗七星是今天所称大熊星座中七颗较亮的星，其中四星组成斗身，三星组成斗柄。

［译文］

周武王问太公说："用兵作战时需要设置所谓天阵、地阵、人阵，分别是什么情形？"

太公回答说："如果根据日月、星辰、北斗星在我军前后左右的具体位置来进行布阵，就是所谓天阵，但丘陵水泉在我军的前与后还是左与右，利弊有所不同；如果利用丘陵、水泽等地形条件来进行布阵，就是所谓地阵；如果根据所使用的战车、骑兵等兵种以及文武等不同战法进行布阵，就是所谓人阵。"

武王说："您说得真好啊！"

［解读］

本篇探讨的是如何排列阵法，其中主要是天阵、地阵和人阵的组成情况及排列方法。所谓天阵，就是根据日月、星辰、北斗星在我军前后左右的具体位置来布阵；所谓地阵，就是利用丘陵、水泽等地形条件来布阵；所谓人阵，就是根据所使用的战车、骑兵等兵种以及文武等不同战法来布阵。

中国古代用兵作战，非常讲究阵法，据说有不少古老的阵法都留下了创作者的姓名，包括伏羲氏的师卦阵、轩辕氏的握奇阵、姜太公的三才五行阵、郑子元的鱼丽阵、楚武王的荆尸阵、管仲的内政阵、阖闾的鸡父阵等，其中不少都是托名，而且因为时间久远，已经较难获知各自的实际情形。《三阵》篇的天阵、地阵和人阵，应该是消失在历史长河中的几种阵法，也不知道是否曾经在战争中发挥过作用。其实，天阵的设计有点难以捉摸，但地阵等，都是依据地形条件及使用战车及战术设计等情况展开。这应该也是古时用兵的常识。

阵法变化无外乎方圆和奇正，首先要做到"内外方圆，左右顾应"，并确保奇正之术得到运用，军队能够从容进退。历史上也有很多著名的阵法，曾在历史长河中留下威名，但也有不少出自伪托。何良臣就曾指出："孙武之方阵、圆阵、牝阵、牡阵、雁行阵、罘置阵、车轮阵、冲方阵、常山阵者，皆唐人裴绪所作。"（《阵纪·阵宜》）因此，对于有些名阵，不必过于迷信。

据说汉初名将韩信曾将三十万人分为五军列阵，以孔将军居东南而为左，费将军居西南而为右，自将前军居汉王之先锋，绛侯、柴将军又居汉王之后，依照此法排列垓下阵，并大破楚军。韩信之所以使用这种阵法获得成功，是因为他正好遇到了自恃过高的项羽。如果是换了一个交战对手，韩信就未必能够依靠此阵破敌。

明代著名军事家戚继光曾设计"鸳鸯阵"，是步兵战术的进步。依据这一阵法，位列最前的是队长，后排则是二人手执长牌和藤牌掩护，再后排则是士兵手持狼筅和长短兵器，利用各种长短兵器杀伤敌人，掩护队伍向前。"鸳鸯阵"的设计理念，是尽量求得矛与盾、长与短等各种兵器的密切配合，在充分发挥各种兵器效能的同时，也有效地将全体士卒捏合在一起，使之成为更加牢固的整体，能够像鸳鸯那样始终做到生死相依。戚继光就曾使用"鸳鸯阵"成功地挫败倭寇，使得戚家军从此声威大震，也令这一阵法渐渐为人们所熟知。

疾　战

本篇论述了部队突围作战的方法。作者认为，当部队被敌人包围后，一定要以最快的速度冲出包围圈，在跳出敌人的包围圈之后，还要注意对尾追之敌设伏，力争败中取胜。

武王问太公曰："敌人围我，断我前后，绝我粮道，为之奈何？"

太公曰："此天下之困兵[1]也。暴[2]用之则胜，徐[3]用之则败。如此者，为四武冲陈[4]，以武车骁骑[5]惊乱其军而疾击之，可以横行。"

武王曰："若已出围地，欲因以为胜，为之奈何？"

太公曰："左军疾左，右军疾右，无与敌人争道，中军迭[6]前迭后。敌人虽众，其将可走。"

[注释]

1 困兵：处于困境中的军队。

2 暴：勇猛而迅捷。

3 徐：缓慢。

4 四武冲陈：四面都用战车部队进行警戒的阵型。

5 骁（xiāo）骑：骁勇善战的骑兵。

6 迭（dié）：交替，轮流。

[译文]

周武王问太公道："如果敌人已经包围了我军，切断我军的前后联系，断绝了我军的粮道，这种情况下应该怎么办？"

太公回答道："这样的军队，处境已经空前困难。在这种情况下，如果急速突围就可以取得胜利，如果行动迟疑就会招致失败。一旦遇到这种情况，就要把部队布成四面都有警戒的'四武冲阵'的战斗阵型，再使用强大的战车和骁勇的骑兵打击和震慑敌军，使得对方很快就陷入混乱，然后就可以迅速组织部队进行突击，就可以横行无阻地突围出去了。"

武王问："如果我军已成功地突出重围，还想乘势击败敌军，又该怎么办呢？"

太公回答道："应该以我左翼部队迅速向敌左翼发起攻击，以我右翼部队迅速向敌右翼发起攻击，不要和敌人争夺通行的道路，同时以我中军轮番向敌人的前后各部发起袭击。这样一来，敌军虽然人数众多，但也能将其打败。"

[解读]

本篇探讨了部队被敌人包围之后的突围战法，其要领就是合理布阵，并以最快的速度冲出包围圈，同时注意应对尾追之敌。

《六韬》中，作者设想了部队面临的各种困难局面，《疾战》篇提到的只是其中一种。敌人包围了我军，切断我军的前后联系，断绝我军的粮道，处境其实非常凶险。因此，只有急速突围，而且要快速行动，切不可犹豫和迟疑。其中，组织"四武冲阵"也非常关键，作者描述此阵四面都有警戒，虽是防守的战斗阵型，但因为有战车和骑兵打击敌军，因而能掩护突击行动的展开。在撤退过程中，也要注意不能恋战，不去和敌军争夺道路，而是组织规模适当的攻击行动，争取胜机。

在《孙子兵法·九地篇》中，作者总结了"九地"，即散地、轻地、争地、交地、衢地、重地、圮地、围地和死地，实则是带有兵要地理的性质。孙子说，"围地则谋"，围地确实需要巧设奇谋才能赢得转机。孙子又说，"背固前隘"是围地，指的是背后地势险要，前面道路狭窄。这种作战环境下，敌人可以以少击众，军队处境同样非常凶险。陷于围地，孙子又主张堵塞缺口，目的是激发士卒决战和突围的决心，否则就会陷入更大的困境。相比之下，《疾战》篇提出的急速突围，是更加合理的选择。孙子所说的"围地"是针对特定地理条件，《六韬》中所说的军队被围，而且己方军队的前后联系被切断，这两种情形还是有差别的，处置方法也会因此而有所不同。

在孙子眼中，会打仗的将帅也必须懂得防败，尤其是要懂得如何避免军队在战场上失控。孙子将作战过程中经常出现的败象总结为"六败"，分别是"走、弛、陷、崩、乱、北"（《孙子兵法·地形篇》）这些都是针对容易导致部队吃败仗的混乱情况进行的梳理和总结。但是，从总体上看，《孙子兵法》中对困难或失败的讨论还有欠深入。对于如何"防败"，《六韬》的探讨要相对充分一些。这些"防败"理论的探讨和总结，极大地丰富了中国古代的战争理论。

必 出

本篇论述了夜间突围作战以及大军渡河的方法，强调了战斗精神和武器装备的重要性。作者指出，展开军事行动一定要把握好时机，只有力争达成突然性，变被动为主动，才能取得良好的作战效果。

武王问太公曰："引兵深入诸侯[1]之地。敌人四合而围我，断我归道，绝我粮食。敌人既众，粮食甚多，险阻又固。我欲必出，为之奈何？"

太公曰："必出之道，器械为宝[2]，勇斗为首。审知敌人空虚之地，无人之处，可以必出。将士人持玄旗[3]，操器械，设衔枚[4]夜出。勇力、飞足[5]、冒将之士[6]居前，平垒[7]为军开道，材士、强弩为伏兵居后，弱卒车骑居中。陈毕徐行，慎无惊骇。以武冲扶胥前后拒守，武翼大橹[8]以备左右，敌人若惊，勇力、冒将之士疾击而前，弱卒车骑以属其后，材士强弩隐伏而处。审候敌人追我，伏兵疾击其后，多其火鼓[9]，若从地出，若从天下，三军勇斗，莫我能御[10]。”

武王曰：“前有大水、广堑、深坑，我欲逾渡，无舟楫[11]之备，敌人屯垒[12]，限[13]我军前，塞我归道，斥候[14]常戒，险塞尽中[15]。车骑要[16]我前，勇士击我后，为之奈何？”

太公曰：“大水、广堑、深坑，敌人所不守，或能守之，其卒必寡。若此者，以飞江、转关与天潢以济吾军，勇力材士从我所指，冲敌绝陈[17]，皆致其死。先燔[18]吾辎重[19]，烧吾粮食，明告吏士，勇斗则生，不勇则死。已出者，令我踵[20]军设云火[21]远候，必依草木、丘[22]墓、险阻，敌人车骑必不敢远追长驱。因以火为记，先出者令至火而止，为四武冲陈。如此，则吾三军皆精锐勇斗，莫我能止。”

武王曰：“善哉！”

[**注释**]

1 诸侯：古代对中央政权所分封的各个封国国君的统称，此处指敌对国家。

2 宝：宝贵，意为重要。

3 玄旗：黑色的旗帜。

4 衔枚：古代行军时，为防止士兵喧哗，令士卒口中衔着竹木片。

5 飞足：行军速度极快。

6 冒将之士：冒死突击的突击人员。

7 平垒：攻占敌军营垒。

8 武翼大橹：一种用于防卫的战车。

9 火鼓：火把和战鼓。

10 莫我能御：即“莫能御我”，意思是没有谁能抵挡我军。

11 舟楫：泛指各种战船。

12 屯垒：占据和据守营垒。

13 限：限制，阻挡。

14 斥候：侦察兵。

15 中：疑为“守”字之误。

16 要：拦截。

17 绝陈：冲过敌阵。

18 燔：焚烧。

19 辎重：泛指各种军用物资。

20 踵：脚后跟，意思是跟随。

21 云火：烟火。

22 丘：较大的坟墓。

[译文]

周武王问太公说："主将率领军队深入敌国境内，敌人从四面对我军展开合围，切断我军的退路，断绝我军的粮道。敌军不仅数量众多，粮食也非常充足，并且占据着险要地形，守备非常坚固。我军想要突围出去，应该怎么办才行？"

太公回答道："要想突出敌人的包围，兵器和器械都至关重要，士卒的勇敢战斗精神最为重要。应当仔细查明敌人兵力薄弱之处和无人防守的处所，然后乘虚发起进攻，就可以突出包围。突围的时候，将士们都拿着黑色的旗帜，手持器械，口中衔枚，乘着黑夜展开行动。行动中，要让那些勇敢有力、行动轻捷、敢于冒险犯难的将士担任先锋，扫平敌人设置的壁垒，为大军打开一条通道；让勇敢的专业武士使用强弩作为伏兵，隐藏在后方掩护大部队行动；让老弱的士卒和车骑居于队伍中间行进。一切部署完毕之后，还需要沉着行动，谨慎行事，不要惊慌。要让武冲扶胥在前后护卫，用武翼大橹在左右掩护。如果敌军发觉我军的突围行动，需要立即命令勇敢有力、敢于冒险犯难的先锋部队迅速发起冲击，向前推进，老弱士卒和车骑随之跟进，配备有强弩的武士则隐蔽地埋伏起来。当敌人前来追击我军时，我军预先设置的伏兵就迅速地攻击它的侧后，并大量使用火光、鼓声迷惑敌军耳目，要让他们感到我军仿佛是从地下忽然之间冒出的，仿佛是从天上突然地降下的。全军奋勇战斗，敌人就无法阻止我军组织的突围行动了。"

武王问："如果前面有大河、宽堑、深坑阻碍，我军需要立即逾越，却没有准备好船只，敌人又屯兵筑垒，阻止我军前进，堵截我军的退路，他们的斥候又戒备森严，险要地形全被敌人占据，敌人的战车、骑兵又在前面阻截，勇士在后面袭击，这种情况下，我们应该怎么办？"

太公回答道："凡是有着大河、宽堑、深沟的地带，敌人一般不会设防。即使设防，兵力也一定不会很多。这样就可以用飞江、转关和天潢等渡河器械将我军将士渡过去。派遣勇敢的武士按照指定的方向，冲锋陷阵，拼死搏斗。与此同时，抢先焚毁军队的辎重，并烧掉粮草，明确地告诉全军将士，只有奋勇作战才能生存，畏缩怯战就只有面临死亡。已经脱离危险的部队，让我军后续部队设置烟火作为信号，向远方派出斥候担任警戒，抢先占领丛林、坟墓和险要地形。这样，敌人的战车和骑兵就必定不敢长驱远追。设置烟火信号的目的，是指示先期突围的部队找到合理地点进行集结，并布成四面都有警戒的"四武冲阵"战斗队形，这样一来，全军将士都精神集中，锐气十足，勇猛战斗，敌人就无法阻止我军突围。"

武王说："您说得真好啊！"

［解读］

《必出》篇的主题有两个：一是夜间突围作战的方法，二是困难情况下组织大军渡河的方法。作者认为，把握战机和快速突然，是取得成功的关键。与此同时，战斗精神和武器装备也非常重要。

第一种情况，似乎比《疾战》篇所遇到的情形更加危险，是率领军队深入敌国境内，而且遭到敌军四面合围，己方退路和粮道已被切断，而且敌军数量众多，粮食充足，并占据着险要地形……在这种情况下，军队几乎是处于绝境了，自然面临空前危险。

在《孙子兵法》中，这种情形是"死地"，既是客场作战，又非常困难。孙子总结的九种作战地理环境，最后一个是"死地"，全体将士只有疾速奋战才能存活。身处

"死地"，求生艰难，只有拼尽力气，向死求生。《九地篇》重点论述的就是死地作战，是长途奔袭的"为客之道"。孙子认为，死地作战，可以最大限度地激发士兵的作战潜能，从而成功地击败敌军，并创造了一场以少胜多、以弱胜强的经典战例。这就是"陷之死地然后生"的道理。围绕死地作战，需要注意的问题更多，因此《九地篇》花费了很多笔墨探讨这一主题，就兵力投送、互相呼应、物资保障、治军问题、外交原则等，都有不同程度的论及。

就篇幅和历史影响而言，《必出》篇无法和《孙子兵法·九地篇》相提并论，但也对关键要点进行了揭示，包括武器装备、士卒的战斗精神、寻找敌人兵力薄弱之处等。此外，也注意选择敢于冒险犯难、战斗力强的将士担任先锋，趁着黑夜发起突围行动……虽然有些要点和孙子有趋同的一面，但也有作者自己的创见，甚至在一定程度上弥补孙子的不足。比如，选拔得力的先锋队趁着黑夜展开袭击，就是《九地篇》中没有谈到的，而这一点其实非常重要。

《必出》篇另外一个主题是在困境中渡河。这也是战争中经常遇到的棘手难题。大河、宽堑、深坑阻碍，需要逾越，却没有船只，而且有敌人堵截我军，大概这种困境和孙子所说的"死地"差不多，《六韬》作者干脆将其放在一起进行讨论。《必出》篇认为，凡是有大河、宽堑、深沟的，一般不会有重兵设防，因此就有机会成功渡河。在具体的组织实施过程中，也有很多的注意事项，作者对此也进行了简要总结。首先是派遣敢死队按照指定的方向冲锋陷阵，其次是焚毁辎重和粮草，让士卒懂得只有奋勇作战才能生存。此外，也注意抢占有利地形，保持军队的前后呼应，形成"四武冲阵"的战斗队形。由此可见，对于孙子所说的"死地求生"战法，《六韬》明显有所学习，但并未止步于孙子，而是继续进行了不少有益的探索。

军　略

本篇讨论在极度困难地带作战时的注意事项，尤其是需准备的各种装备和器材，借此强调了"虑先设，器械备，教素信，士卒习"等治军思想。

武王问太公曰："引兵深入诸侯之地，遇深溪、大谷、险阻之水，吾三军未得毕济[1]，而天暴雨，流水大至，后不得属于前，无有舟梁[2]之备，又无水草[3]之资。吾欲毕济，使三军不稽留，为之奈何？"

太公曰："凡帅师将众，虑不先设，器械不备；教不素信，士卒不习。若此，不可以为王者之兵也。凡三军有大事，莫不习用器械。攻城围邑，则有轒辒[4]、临冲[5]；视城中则有云梯[6]、飞楼[7]；三军行止，则有武冲[8]、大橹，前后拒守；绝道遮街，则有材士强弩卫[9]其两旁；设营垒，则有天罗、武落[10]、行马、蒺藜；昼则登云梯远望，立五色旌旗；夜则设云火[11]万炬，击雷鼓，振鼙铎[12]，吹鸣笳[13]；越沟堑，则有飞桥、转关、辘轳、钅昆钅吾[14]；济大水，则有天潢、飞江[15]；逆波上流，则有浮海、绝江[16]。三军用[17]备，主将何忧？”

[注释]

1 济：渡河。

2 梁：桥梁。

3 水草：这里指用以堵住水流的草捆子。

4 轒（fén）辒（wēn）：古代用于攻城的一种战车。车下设有四轮，车体蒙以皮革，可容纳甲士十人左右。

5 临冲：攻城器械的名称。“临”是一种用于观察敌情的战车，“冲”是冲撞城门的战车。

6 云梯：古代攻城之时用来攀登城墙的长梯。

7 飞楼：攻城器械，用以登高观察城中敌情。

8 武冲：一种战车。

9 卫：底本作“冲”，疑误。

10 武落：即虎落，绳索和木桩。

11 云火：大的火把。

12 鼙（pí）铎：指挥军队进退的鼓和铃。

13 笳：古代北方的一种乐器，类似笛子。

14 钼（jǔ）锯（yǔ）：指带有齿状的作战器具。

15 天潢、飞江：均为古代的渡河器械。

16 浮海、绝江：均为古代的渡河器械。

17 用：器材，用具。

[译文]

周武王问太公说：“主将领兵深入敌国境内，遇到深溪大谷和难以通过的河流，我军尚未完全渡过，忽然天降暴雨，洪水突然涌来，水位瞬间大涨，后面的军队被水隔断，既没有船只、桥梁，也没有堵水用的草料物资。在这种情况下，要使全军顺利渡河，军队不至于滞留不前，应当怎么办？”

太公回答道：“大凡率领军队作战，应该提前做好各种预案。如果不预先拟订好计划，不事先准备好器械，平时的训练没有抓实，士卒的技术不够熟练，就不能算是成就王者之业的军队。凡是军队展开大规模的军事行动，就要着力狠抓训练，尤其注意训练士兵熟练使用各种器械的能力。如果攻城围邑，就使用轒辒、临车和冲车等各种攻城战车；如果观察城内敌情，就使用登高的云梯和瞭望敌人动静的飞楼；如果是三军前进和驻扎，就用武冲、大橹等战车在前后实施掩护；如果需要断绝交通，或隔断街道，就使用勇敢的专业士卒通过强弩控制道路两侧；如果是设置营垒，就在四周布设天罗、武落、行马、蒺藜等障碍器材；白天就登上云梯瞭望远方，并设置五色旌旗报告敌情；夜晚就点燃烟火，并击响雷鼓、敲动鼙鼓、擂动大铎、吹响鸣笳，以此作为指挥信号；跨越沟堑，就用飞桥、转关、辘轳、钳锯等器械；渡越大河，就用天潢、飞江等船只；逆流而行，就用浮海、绝江等器材。三军所需器材用具都已准备齐全，主将还有什么可忧虑的呢？"

[解读]

本篇同样是讨论极度困难的条件下的作战方法，同时交代所需准备的装备和器材，认为"虑不先设，器械不备；教不素信，士卒不习"，则无法保证军队的战斗力，因此需要在平时注意抓好军事训练和作风养成。

与前一篇相似，这里讨论的仍然是领兵深入敌境作战，而且设想的困难增多了，遇到的是深溪大谷和难以通过的河流，而且大军尚未完全渡过，又遇到暴雨，接应困难，而且缺少船只和桥梁。在这种情况下，要想确保全军顺利渡过，非常不容易。作者认为，既然是领军深入敌境作战，就应该预先拟订计划，准备好器械，而且平时就抓好训练。除此之外，重点强调的是物资准备，诸如各种攻城战车、各种障碍器材以及飞桥、转关、辘轳、钼锯等渡越大河的器械，都应该一一准备齐全。既然如此，遇到上述困难局面，就能够从容处置。

众所周知，打仗就是打后勤。《孙子兵法·作战篇》重点强调的是战前的后勤工作，就人、财、物等做好充分准备，尤其注意备足粮草，确保三军足食。在粮食之外，孙子大致列出"内外之费""宾客之用""胶漆之材""车甲之奉"等几个大项，需要制作和维修弓矢等作战武器，包括战车和铠甲的维修、补给等，都需要高度重视，而且在战争开始之前就要想到，制订周密的计划，做好充分的保障。《军略》篇花费不少笔墨介绍这些内容，实则突出的是战前后勤工作，既与孙子的理念保持一致，也与众多军事家的理念相通。

此外，作者也强调了平时训练，必须要处处留心于实战，需要多做应付突发情况的训练。事实上，战争中各种突发情况都经常遇到。所谓"教不素信，士卒不习"，就是对日常训练的重视。对此最具心得而且强调最突出的军事家，莫过于明代的戚继光。戚继光始终主张训练贴近实战，并努力避免花架子，他曾总结说："教兵之法，美观则不实用，实用则不美观。"基于这一理念，他要求平时训练需做到"件件都是对大敌实用之物"（《练兵实纪·练营阵》）。戚继光一贯强调训练贴近实战，为此曾在《练兵实纪·手足篇》专门写了《忌花法》一节，再次强调"练为战"。戚继光还说："开大阵，对大敌，比场中较艺，捕小贼不同……（长枪）所谓单舞者，此是花法，不可学也……钩镰，叉钯，如转身跳打之类，皆是花法，不惟无益，且学熟误人第一。"（《练兵实纪·手足篇》）戚家军在战场上特别具有战斗力，令倭寇闻风丧胆，与平时扎实的训练有着直接联系。《军略》篇一面强调物资准备，一面强调平时训练，遵从的是战争基本原理。如果做到"教素信"，即便是战场上遇到了困难局面，也可以从容应对。

临　境

本篇探讨的是如何在两军对垒之时袭扰和击败敌人。作者认为，如果战术得当，合理分兵，就可以在势均力敌的情况下，打败敌人，取得胜利。此外，作者还介绍了骚扰敌军，伺机偷袭敌人的战法。

武王问太公曰："吾与敌人临境相拒，彼可以来，我可以往，陈皆坚固，莫敢先举。我欲往而袭之，彼亦可来，为之奈何？"

太公曰："分兵三处，令我[1]前军深沟增垒而无出，列旌旗，击鼙鼓，完为守备；令我后军多积粮食，无使敌人知我意；发我锐士，潜袭其中[2]，击其不意，攻其无备。敌人不知我情，则止不来矣。”

武王曰：“敌人知我之情，通我之谋，动而得我事，其锐士伏于深草，要隘路，击我便处[3]，为之奈何？”

太公曰：“令我前军，日出挑战，以劳其意；令我老弱，曳[4]柴扬尘，鼓呼[5]而往来，或出其左，或出其右，去敌无过百步，其将必劳，其卒必骇。如此，则敌人不敢来，吾往者不止，或袭其内，或击其外，三军疾战，敌人必败。”

[注释]

1 我：底本作“军”，参照后文“令我后军”一句，疑为抄误。

2 中：指敌人内部。

3 便处：薄弱之处。

4 曳（yè）：拖，拉。

5 鼓呼：擂鼓呐喊。

[译文]

周武王问太公说：“我军与敌人在国境线上形成相互对峙的局面，敌人可以攻击我军，我军也可以攻击敌军，双方的阵势都很坚固，谁也不敢率先采取行动，我军想去袭击敌人，但又担心遭到敌人的袭击，应该怎么处理才好？”

太公回答道：“在这种情况下，就应当把我军分为前、中、后三个部分。命令前军深挖沟堑，高筑壁垒，一定不要轻易出战，布列大大小小的旌旗，敲击各种鼙鼓，做好守卫准备；命令后军大量储备粮食，不要让敌人察觉我军意图；派遣我中军精锐部队偷袭敌军内部，确保做到击其不意和攻其无备。敌人一旦无法了解我军的真实情况，就会停止行动，不敢贸然前来进攻。”

武王问道：“如果敌军已经侦知我方情况，洞察我军的谋划，我军一旦有行动，敌人就知道，因而派出他们的精锐部队埋伏在深草地区，在我军必经之路对我军薄弱之处实施袭击，应该怎么处置才好呢？”

太公回答说：“命令前军每天都去向敌人挑战，以疲惫敌军，懈怠敌人士卒的斗志；命令老弱士卒，拖动树枝，扬起尘土，击鼓呐喊，来回奔跑，以壮声势，或出击敌人左边，或出击敌人右边，距离敌人不超过百步，敌将必定疲于应付，敌人士卒必定惊慌而又恐骇。这样一来，敌人就不敢前来进攻了。我军如此不停地袭扰敌军，或袭击其内部，或攻击其外部，全军主力部队随即便迅捷投入战斗，敌人一定会被打败。”

[**解读**]

本篇探讨的是双方均势情况下如何努力击败敌人，强调的是战术得当，合理分兵，在运用正兵之外，充分运用奇兵，不断地骚扰敌军，伺机偷袭敌人。

所谓均势，是两军在国境线上形成对峙，而且双方阵势都很坚固，都不敢贸然行动。在这种情况下，一定要合理分兵，比如将军队分为前、中、后三个部分，各自赋予不同的任务。前军负责与敌军形成对峙，旌旗招展，鼓声震天，却只是虚张声势，始终不要轻易出战；后军则大量储备粮食，随时待命，并且注意做好隐蔽，不要让敌军察觉出我军的意图；中军则为精锐部队，一旦发现战机，则发起偷袭，攻其无备。如此一来，就能有效地吓阻敌军，赢得主动。为防止敌军发起袭击，需要注意做好佯动，每天假装挑战敌军，却又虚张声势，令敌军疲惫而又懈怠。老弱士卒可以击鼓呐喊，帮助营造气势，令对方士卒惊恐。

作者总结的这些战法应该是对战争经验的总结，先秦军事家大多都主张合理分兵，至少有正兵与奇兵的不同职能区分。“三军”这种称谓至今流行，与常备军的建制有关，也可能是战时的临时编组。无论是上、中、下三军，或者是前、中、后三军，抑或是其他形式的建制，都不影响奇正战术的使用，因此孙子会说："三军之众，可使必受敌而无败者，奇正是也。"（《孙子兵法·势篇》）春秋时期，周、郑两军发生冲突，周桓王将周王室的联军分为左、中、右三军。中军由周桓王亲自指挥，是主力部队，战斗力最强。根据对手的布阵特点，郑庄公进行了针锋相对的部署，将郑军也编组为三个部分。公子元建议郑军避实击虚，首先攻击对手相对薄弱的左军和右军，然后集中兵力攻击周桓王亲自率领的中军。另一位大夫高渠弥建议将郑军编成"鱼丽之阵"，其特点是"先偏后伍，伍承弥缝"，是将战车列最前，步卒疏散配置战车侧后，并且做好步兵和车兵的协同。郑庄公欣然采纳这一建议，也在战场上取得了很好的作战效果。郑国军队在战术编组上费尽心思的目的，其实是求得变化，即奇正变化，从而令对手做出错误判断，更好地打击对手。

动　静

本篇主要探讨的是如何在两军对垒时，巧妙地运用迂回、伪装和伏击等手法，击败与己方实力相当的敌人。作者认为，如果地形条件有利，就应该充分加以利用，虚张声势，设伏破敌。如果地形条件不利，就要采取佯败之策，诱敌进入伏击圈，再寻找机会击败敌人。

武王问太公曰："引兵深入诸侯之地，与敌之军相当，两陈相望，众寡强弱相等，未敢先举。吾欲令敌人将帅恐惧，士卒心伤，行陈不固，后陈欲走，前陈数顾[1]，鼓噪[2]而乘之，敌人遂走，为之奈何？"

太公曰："如此者，发我兵去[3]寇十里而伏其两旁，车骑百里而越其前后，多其旌旗，益其金鼓。战合[4]，鼓噪而俱起，敌将必恐，其军惊骇，众寡不相救，贵贱不相待，敌军必败。"

武王曰："敌之地势，不可以伏其两旁，车骑又无以越其前后，敌知我虑，先施其备[5]，我士卒心伤，将帅恐惧，战则不胜，为之奈何？"

太公曰："微哉！王之问也。如此者，先战五日，发我远候，往视其动静，审候其来，设伏而待之。必于死地[6]，与敌相遇[7]，远我旌旗，疏我行陈[8]，必奔其前，与敌相当[9]。战合而走，击金无止[10]，三里而还，伏兵乃起，或陷[11]其两旁，或击其前后，三军疾战，敌人必走。"

武王曰："善哉！"

[注释]

1 数顾：屡次回头看，指军心动摇。顾：回头看。

2 鼓噪：擂鼓呐喊。

3 去：距离。

4 合：两军对垒，交锋。

5 先施其备：预先有了防备。

6 死地：绝地。

7 遇：底本作"避"，疑误。

8 疏我行陈：疏散我方的阵型，给对手造成假象，以为我方兵力强盛，不敢轻举妄动。

9 相当：对峙。

10 击金无止：连续击锣，发出退兵的命令，目的是诱敌深入。

11 陷：攻击，击破。

[译文]

周武王问太公说："领兵已经深入敌国境内，敌我势均力敌，双方形成对峙，双方众寡强弱大致相同，谁也不敢轻易地率先发起进攻。在这种情况下，要想使敌军将帅心怀恐惧，而且士卒情绪低落，行阵也无法稳固，后阵士卒都会想着逃跑，前阵士卒则摇摆不定，我军可以擂鼓呐喊，乘势发起攻击，争取敌人溃败逃走，具体应该如何展开？"

太公回答道："要想实现这一目标，就需要派遣部队绕到距离敌人后方十里左右的地带，在道路两旁埋伏下来，另外再派遣战车和骑兵行军百里以上，迂回到敌军深远的后方，同时命令部队多备旌旗并增加金鼓，等双方战斗发起之后，一起擂鼓呐喊，各军同时向敌人发起进攻。这样一来，敌军将士必然心生恐惧，以致各个分队之间无法互相实施救援，官兵之间只能各自为战，因此必然会遭到失败。"

武王问道："敌人占据有利地势，无法在他们的两旁设伏，我军的战车和骑兵又无法迂回到敌人深远后方，同时敌人也察觉到了我军的行动计划，并且预先有了准备，我军士卒因此变得悲观而且沮丧，将帅也心怀恐惧，与敌交战自然是难以取胜。这种情况下，应该怎么办？"

太公回答道："君王提出的问题非常微妙啊！这种情况下，应当在交战的前五天就派出斥候不断地进行侦察，跟踪和窥探敌人的动静，审视敌人发起进攻的征兆。一定要预先设下埋伏，预防敌人前来进犯，必须是在对敌最为不利的地形上，同敌军展开交战。交战时，要及时疏散我军的旌旗，尽量拉开我军各个行列之间的距离，并且用与敌人相当的兵力向敌人展开攻击，刚一接触，就立即撤退，而且鸣金不止，等到后退三里之后再回头对敌实施反击，伏兵也要乘机而起，或攻击敌人的两侧，或抄袭敌军的前后，全军上下奋力作战，敌军必然失败。"

武王说："您说得真好啊！"

[解读]

与《临境》篇在边境形成均势不同，本篇探讨的是在敌境内形成均势及相应的处理办法。两军对垒时，虽然实力相当，但对方毕竟是在本土作战，因此可能会有后勤保障等方面的优势。因此，如果化解对方的这种优势，进而一举击败敌军，也是一件颇费思量的事情，需要在战术编组及战法设计上多下功夫。

作者认为，在这种均势情况下，就应该巧妙地运用军队迂回战术，通过巧妙伪装和设伏袭击等战法，击败与己实力相当的敌人。如果地形条件有利，就应该充分加以利用，虚张声势，获得更加有利的战争态势，争取破敌之机。敌军将士一旦心生恐惧，各个分队被分割进而各自为战，就会遭到失败。但是，一旦敌方占据了有利地势，不仅无法在其两旁设伏，就连战车和骑兵也不能迂回到敌人后方，而且行动计划遭到暴露，那就需要另作筹划。作者总结的脱困方法是，派出斥候不断地进行侦察，及时地跟踪敌情，然后预先设下埋伏，寻找对敌最为不利的地形展开决战。为了设法引诱敌军进入伏击地点，需要派出一支分队作为诱饵，引诱敌军向前，使得伏兵能够充分发挥战力。

在对方境内寻找有利地形设伏，这其实也是反客为主的战法，重要的是找到合适的决战地点。兵圣孙武辅佐决策的吴楚之战，遵循的正是这一思路。战争初始阶段，吴军按照孙武"以迂为直"的策略，实施大规模的战略迂回，神不知鬼不觉地向前穿插，一直挺进到楚国腹地，两军遂隔着汉水形成对峙。没想到囊瓦因为贪功，冒险求战，指挥军队抢先渡过汉水。吴王和孙武则始终注意观察敌情，看到战机出现，便立即指挥军队后撤。在大别山一带，吴军开始组织伏击，又在柏举地区抢先占据有利地形，计划与楚军展开生死决斗。虽然楚军是在本土作战，但也只能狼狈地四处溃逃。此后，吴王、孙武等人挥师深入，势如破竹，五战五胜，长驱直入，很快就攻占郢都。伐楚之战，吴军就此取得决定性的胜利。从这一战的获胜中可以看出，即便在客场作战，如果能进行巧妙设计并占据有利地形，就可以实现反客为主的目标，成功地击败对手。也就是说，《动静》篇所总结的变客为主的战法，有着付诸实践的可能。而且，既然是以"动静"作为篇名，说明连续观察敌情也是其中关键。拿吴楚之战来说，吴军如果不注意跟踪敌情，就无法做到"因敌变化"，就无法找到合适的决战时机和决战地点，更遑论击败对手。

金 鼓

本篇讨论的是在他国境内防止敌人趁夜袭击的方法，同时探讨了如何在追击敌军时防止被敌军伏击。

武王问太公曰："引兵深入诸侯之地，与敌相当[1]，而天大寒甚暑[2]，日夜霖雨[3]，旬日[4]不止，沟垒悉坏，隘塞不守，斥候懈怠，士卒不戒，敌人夜来，三军无备，上下惑乱，为之奈何？"

太公曰："凡三军以戒为固，以怠为败。令我垒上，谁何[5]不绝，人执旌旗，外内相望，以号相命，勿令乏音，而皆外向。三千人为一屯[6]，诫而约之，各慎其处。敌人若来，视[7]我军之警戒，至而必还。力尽气怠，发我锐士，随而击之。"

武王曰："敌人知我随之，而伏其锐士，佯北[8]不止，过伏而还，或击我前，或击我后，或薄[9]我垒，吾三军大恐，扰乱失次，离其处所，为之奈何？"

太公曰："分为三队，随而追之，勿越其伏。三队俱至，或击其前后，或陷其两旁，明号审令，疾击而前，敌人必败。"

[注释]

1 相当：对垒。

2 甚暑：酷暑。

3 霖雨：连绵不断的雨。

4 旬日：十天，也指较短的时日。

5 谁何：指以口令相问答。

6 屯：聚集，这里指一个驻军单位。

7 视：底本作"亲"，疑误。

8 佯北：假装逃跑。

9 薄：逼近、迫近，此处指发起进攻。

[译文]

周武王问太公说："率领军队已经深入他国境内，敌我双方兵力大体相当，正好遇上严寒或酷暑，又是夜以继日地连续下着倾盆大雨，十天都无法停歇，沟堑营垒全部毁坏，山险关隘已经无法守备，侦察哨兵麻痹懈怠，士兵也疏于戒备，敌人乘夜前来袭击，三军也都毫无准备，官兵都是疑惑而混乱，这种情况下，应该如何处置才好？"

太公回答道："军队如果有所戒备，那么守备就会坚固；如果精神懈怠，那就会遭到失败。因此，需要命令我军的营垒之上保持口令的问答之声通畅，哨兵则需要手持旗帜，始终保持着内外的联络，相互之间以号令保持传递，不要让金鼓之声断绝，士卒则始终面向敌方，随时做好准备投入战斗。每三千人就可编为一屯，严格加以约束，告诫他们始终保持警惕，慎重防守。如果敌人胆敢前来进犯，看到我军戒备森严的样子，即使来到了阵前，也会知趣地退回。这时候，我军可以趁着敌人力气衰竭之际，派遣精锐部队紧随敌人后方，寻找机会对敌人发起攻击。"

武王又问："敌人察觉我军将会跟踪追击，事先埋伏好精锐部队，然后假装败退，当我军进入敌人的伏击圈时，敌人就会掉转头来联合其伏兵一起向我军发起反击。有的攻击我军前部，有的袭击我军后部，有的迫近我军营垒，从而使得我军将士大为恐慌，互相之间行列混乱，各自擅离职守。这种情况下，应该如何处置？”

太公回答道："可以把我军分为三队，分头跟踪敌人进行追击。需要注意的是，一定不能进入敌人的伏击地点。在进入敌人的伏击圈之前，三个分队需要同时追击敌人。有的攻击敌人的前后方，有的攻击敌人的两侧部队，同时要做到号令严明，命令士兵迅猛地向前出击。这样一来，敌人必定会被打败。"

[**解读**]

与《动静》篇相似，本篇仍然探讨的是变客为主的战法；与《动静》篇不同的是，本篇设想的情况更加糟糕，遭遇到了不良气候的干扰，因此更需要防止敌人趁夜袭击。

作者首先强调的是精神和士气，所谓"以戒为固，以怠为败"。此外，还需要做好各部分之间始终通过手持旗帜等手段，保持内外联络通畅，确保全员警惕，随时投入战斗的准备。与此同时，需要进行合理编组，每三千人编为一个作战单元，一旦联络出现问题，就要各自做好守备，等到敌人气衰之际，再发起反击。为了跟踪追击敌人，也可以将军队分为三队，注意不要进入敌人伏击地点，随时骚扰和袭击对手。如果寻求决战，则三个分队同时攻击，确保作为一个整体进行作战。

《金鼓》篇的主题是反客为主的战法讨论，但更多强调的是部队各个作战单元之间的呼应，尽量保证军队作为一个整体，不被敌人冲垮、不被敌军伏击。也许这就是作者以"金鼓"作为篇题的用意所在。古代作战，金鼓的作用正是确保军队的指挥通畅。闻鼓而进，鸣金收兵，说的正是这层意思。孙子设计的死地作战之法，同样要求不停地变换战术，更强调军队各部分之间始终要做好互相呼应。就战术运用问题，孙武也进行了认真探索，提出的中心思想就是"践墨随敌，以决战事"，即根据敌情变化，灵活机动地决定自己的战术运用。为做好呼应，布列阵势要如同"常山之蛇"，必须做到灵活自如、反应敏捷，而且保持互相策应。各个作战队伍之间，一定要很好地呼应起来，不能顾此失彼，否则就会被楚军分割包围，给他们各个击破的机会。这一点同样也是《金鼓》篇突出强调的内容。

孙子将死地作战能实时做好良好呼应的部队比喻为"常山之蛇"："击其首则尾至，击其尾则首至，击其中则首尾俱至。"（《孙子兵法·九地篇》）常山这里出产的这种蛇，非常灵巧而且敏捷，无论打它哪里，都非常不容易，都会遭到它的反击。以蛇为喻，正是强调互相照应，避免被动。因为这是在客场作战，可不能马虎大意。稍有不慎，就会遭到对手的切割包围，遭到灭顶之灾。《金鼓》篇不仅探讨变客为主的战法，更是不厌其烦地强调军队各部分之间的呼应，突出强调的也是这一理念。

绝　道

　　本篇探讨的是深入对方腹地与敌人遭遇之后的处置办法，同时探讨了在多种地形条件下行军遭遇敌人时应采取的战法。

　　武王问太公曰："引兵深入诸侯之地，与敌相守[1]，敌人绝我粮道，又越我前后[2]。吾欲战则不可胜，欲守则不可久，为之奈何？"

　　太公曰："凡深入敌人之地，必察地之形势，务求便利，依山林、险阻、水泉、林木而为之固，谨守关梁[3]，又知城邑、丘墓地形之利。如是，则我军坚固，敌人不能绝我粮道，又不能越我前后。"

武王曰："吾三军过大陵[4]、广泽[5]、平易[6]之地，吾盟[7]误失，卒与敌人相薄[8]，以战则不胜，以守则不固，敌人翼[9]我两旁，越我前后，三军大恐，为之奈何？"

太公曰："凡帅师之法，当先发远候，去敌二百里，审知敌人所在。地势不利，则以武冲[10]为垒而前，又置两踵军[11]于后，远者百里，近者五十里，即有警急，前后相救。吾三军常完坚，必无毁伤。"

武王曰："善哉！"

[注释]

1 相守：各自分兵据守。

2 越我前后：指迂回到我军的侧后，前后两面对我军实施夹击。

3 关梁：关隘，桥梁。

4 大陵：高山。

5 广泽：广阔的沼泽地。

6 平易：平坦。

7 盟：这里指盟军或友军。

8 薄：迫近，这里指狭路相逢、猝然遭遇。

9 翼：从两边进行包抄。

10 冲：底本作"卫"，疑误。武冲：即战车。

11 踵军：紧紧跟随的后卫部队。

[译文]

周武王问太公说："率领军队已经深入敌国的境内，并与敌军形成了对峙，敌人截断了我军的粮道，并迂回到了我军的后方，对我军展开前后夹击。我军想与敌作战却害怕不能取胜，想要原地固守，却又担心无法持久，这种情况下，应该怎么办才好？"

太公回答道："凡是深入敌国境内作战，必须要提前察明当地的地理形势，务必要占据有利地形，注意依托山林、险阻、水泉，林木地带，构筑坚固的阵势，谨慎把守各处关隘和桥梁，同时掌握城邑、丘墓等有利地形。这样一来，我军就能稳固防守，敌人既不能截断我军的粮道，又无法迂回我军的后方，也就不能对我军形成前后夹击了。"

武王问："我军在通过高大的山林、宽阔的沼泽地和平坦的平原地带时，本来约好的部队因为耽误了时间未能按时赶到，突然之间又与敌军遭遇，我军想进攻害怕却不能取胜，想防守却又怕无法保持坚固，敌人从我军两侧发起进攻，又迂回到我军深远后方前后夹击，我军因此而感到大为震恐。这种情况下，应该如何处置才行？"

太公回答道："一般的处理办法是，先向远方派出侦察担任警戒，在距离敌人二百里时，就需要认真打探敌人所在位置。如果地形对我军展开军事行动不利，就使用武冲车结成营垒向前推进，并派出两支后卫部队随后跟进，间隔远的可以到一百里，近的可至五十里，一旦遇到紧急情况，就可以前后展开救助，我军也就可以保持完整而且坚固的阵型，不会被敌军伤害。"

武王说："您讲得真好啊！"

[解读]

本篇探讨的仍然是变客为主的战法，而且是深入对方腹地与敌形成对峙，更糟糕的是，已方粮道被对手切断，对手已对我军形成前后夹击之势。作者认为，这种情况下只能抢占有利地形，依托山林、险阻、水泉、林木地带，依靠坚固的阵势稳固防守，确保我军粮道通畅，不被对手前后夹击。

从篇题中可以看出，作者将《绝道》篇的重点放在后半部分，即大军通过山林、沼泽地和平原地带时的应对策略。这时候，我军不仅没有等来接应的部队，反倒是与敌军遭遇，而且对方是从两侧向我军发起进攻。这是部队行军过程中，非常不想遇到的危险情况。为摆脱这一困境，作者认为首先要做到情报先行，侦察兵需要及时跟踪敌情，确保在第一时间发现危险局面。在距离敌人二百里时，就需要认真打探敌人所处位置。一旦地形对我军不利，就通过武冲车结成营垒推进，并派队伍随后跟进，发现敌情便及时相救。

无论是进入腹地，还是通过绝道，作者都强调了情报先行原则，尤其是对地形情况有充分掌握时，一旦遇到险情，则率先抢占有利地形，依靠接应分队来摆脱困境。这几个环节其实紧密相连。《孙子兵法·军争篇》指出："不知山林、险阻、沮泽之形者，不能行军；不用乡导者，不能得地利。"其中，"乡导"就是熟悉当地情况的带路者、先行的侦察兵、当地的百姓等。只有依靠他们来获取交战地点的地形情况，才能避免大军在前行途中遇到绝境，而且即便遇到了绝境，也有机会依靠有利的地形条件来挽回局面。

需要注意的是，本篇依然强调了分兵，而且应做好各部分之间的呼应，认为这样就可以保证粮草的运输，而且在兵力上做到互相支援。大概客场作战，一定要找准作战方向，然后便集中兵力，攻打敌人虚弱之处，但在进入对方腹地之后，还应该注意要有兵力的分合。孙子一贯主张集中兵力，诸如"避实击虚""以十攻一""并敌一向"等，都是强调这一原则。但是，孙子也有"掠乡分众"的主张，见诸《孙子兵法·军争篇》，是说分兵数路以掳掠敌国乡邑。由此可以看出，根据各种情况灵活掌握兵力的集中与分散，就可以掌握奇正之变，即孙子所说的"以分合为变"。在对方腹地作战，尤其要注意不被对手包围和歼灭，更应注意掌握这一作战原则。

略　地

本篇探讨了在敌国攻打城邑时阻止救援和防止突围的作战方法，同时阐述了在攻克敌人城池之后应该及时推出"仁义""厚德"等收揽民心的政策措施。

武王问太公曰："战胜深入，略[1]其地，有大城不可下，其别军[2]守险与我相拒，我欲攻城围邑，恐其别军卒至而击我，中外相合[3]，击我表里[4]，三军大乱，上下恐骇，为之奈何？"

太公曰："凡攻城围邑，车骑必远，屯卫[5]警戒，阻其外内。中人[6]绝粮，外不得输。城人[7]恐怖，其将必降。”

武王曰：“中人绝粮，外不得输，阴[8]为约誓，相与密谋，夜出穷寇死战，其车骑锐士，或冲我内，或击我外，士卒迷惑，三军败乱，为之奈何？”

太公曰：“如此者，当分军为三军，谨视地形而处。审知敌人别军所在，及其大城别堡[9]，为之置遗缺之道[10]，以利[11]其心，谨备勿失。敌人恐惧，不入山林，即归大邑。走其别军，车骑远要其前，勿令遗脱。中人以为先出者得其径道，其练卒[12]材士必出，其老弱独在。车骑深入长驱，敌人之军必莫敢至。慎勿与战，绝其粮道，围而守之，必久其日。无燔人积聚，无坏人宫室，冢树[13]社丛[14]勿伐，降者勿杀，得[15]而勿戮，示之以仁义，施之以厚德。令其士民曰：罪在一人[16]。如此，则天下和服。”

武王曰：“善哉！”

[注释]

1 略：攻取。

2 别军：指敌人的另外一支部队。

3 中外相合：指敌城中守军与城外援军互相配合。

4 击我表里：对我军实施内外夹击。

5 屯卫：驻扎卫兵。

6 中人：指被围困在城中的敌军。

7 城人：指被围困在城中的军民。

8 阴：暗中。

9 大城别堡：指被围城池附近的敌国的大城市和堡垒。

10 遗缺之道：故意留下一条不设防的小道，给敌军留下一个逃跑的缺口，以便设兵伏击。

11 利：诱惑。

12 练卒：指精兵。

13 冢树：墓地的树木。

14 社丛：社神庙旁的树林。社，古代祭祀神灵的场所。

15 得：活捉。

16 罪在一人：意思是所有的罪恶均在敌国君主一人身上，与平民百姓无关。

[译文]

周武王问太公说："我军乘胜追击，已经深入敌国，占领了对方一部分领土，但是还有大城市未被攻克，而敌人城外还有另外一支部队固守险要地形与我军形成相峙。我军想围攻城池，又担心敌人城外的部队忽然对我军发起攻击，与城内守敌形成里应外合之势，对我军展开两面夹击，使我军大乱，官兵恐惧震骇。遇上这种情况，应该如何处置？"

太公回答道："在攻城围邑时，应该将战车和骑兵配置在距离城市较远的地方，担任守卫和警戒，并切断敌军的内外联系。这样一来，城内的敌人必然会出现粮食断绝的现象，而城外面的供给又不能及时地运输进来，如此，城内的军民就会发生恐慌，守城敌将必然前来投降。"

武王问："城内的敌军已经断粮，城外的补给又无法输入，在这种情况下，敌人暗中进行内外联系，秘密地谋划向外实施突围，想乘着黑夜出城与我军展开拼死作战，敌军的车骑精锐部队，有的袭击我军内部，有的进攻我军外部，使我军士卒感到恐惧而且迷惑，军队陷入混乱，呈现败势，应该如何处置？"

太公回答道："在这种情况下，应把我军分为三个部分，并根据地形情况审慎驻扎，认真查明敌人城外部队所处位置及附近大城市的情况，然后假装给被围敌军留出一条出逃的通道，引诱城内的敌军向外逃跑。当然，必须要严密做好戒备，一定不能让敌人跑掉。由于被围的敌人心怀惊恐而变得慌乱，故突围时不是想着逃入山林，就是撤往另外的城市。这时候，我军应以一支赶走敌人的城外部队，同时命令另一支以车骑精锐在距离城市较远之处阻击敌人的先头部队，不要让他们逃脱。在这种情况下，守城的敌军会误以为他们的先头部队已经突围成功，并打通了撤退的道路，他们的精锐士卒必定会继续出城逃跑，从而只留下一些老弱残兵守在城内。这时候，我军可用战车和骑兵部队长驱直入，深入敌军后方，这样一来，敌守城部队就不敢再继续组织突围。这时，我军需要谨慎从事，不要急于同敌军交战，只需断绝其粮道，将他们围困起来，日子一久，敌军就必然前来投降。在攻克城池之后，注意不要焚烧敌军的粮库，不要毁坏城内的房屋，不要砍伐墓地的树木和社神庙旁的树林，不要杀戮那些已经投降的敌军士卒，而是借此机会向敌国的民众展示仁慈，施以各种恩惠，并向敌国的军民宣布，有罪的只是无道昏君一人而已，与其他人无关。这样一来，天下的民众就会变得心悦诚服。"

武王说："您说得太好了！"

[解读]

本篇探讨的仍然是在敌国的作战方法，不同的是，这次是己方已经占领对方不少领土，希望乘胜追击，继续攻占并长期占领对方的重要城市。

《六韬》是战国时期的兵法，从《略地》篇尤其可以想见当时兼并战争的情形：不仅是攻城略地，而且要力求赢得彻底。虽说在攻克敌人城池之后，也主张使用"仁义"或"厚德"等收揽民心，但是为了长久占领。通过长久围困城池和断绝粮道等方法来迫使敌军投降，表面上看是行使仁义，实则非常残忍，会造成更多无辜百姓的伤亡。被困城中，人马自相残杀，百姓更容易成为牺牲品，因为他们并无能力与军队瓜分不多的粮食和物资。

就做好围城战法，作者主张将战车和骑兵配置在离城较远之处，担任守卫和警戒，并切断敌军的内外联系，城内敌军会因为粮食断绝而出城投降。其中的精髓仍然是合理分兵，可将大军分为三个部分。在占据有利地形之后，假意给被围敌军留出一条逃生道路，再乘机进行伏击。只要不急于同敌军交战，而且断绝敌军的粮道，敌军在被围困一段时间之后，必然会出城投降。攻克城邑之后，则注意及时地做好各种善后，宣传己方正义之师的形象，不要杀戮已经投降的敌军士卒，而且向敌国民众施以恩惠，争取让民众心悦诚服，这样就可以长久占领敌国城池。

在孙武等人组织指挥的伐楚之战中，尚且没有注意类似善后问题。当时，吴军在经过多日的艰苦作战之后，终于取得了胜利，但也在当地烧杀抢掠，干了不少坏事。这些恶行当然会惹恼楚国人，激起对手的强烈反抗，也永久地记录在历史的耻辱柱上。细读《孙子兵法》我们不难发现，“因粮于敌”是其一贯的主张，是他非常自得的后勤补给之法。孙子不仅在《作战篇》公然鼓吹，而且在《军争篇》中探讨“军争之法”时，再次强调“掠乡分众”的主张。《九地篇》围绕“为客之道”，再次将“掠于饶野”推出。对于孙子非常自得的这一招法，今天的我们需要辩证看待。放在今天这样的文明社会——尤其是当我们带着一种“正义”和“道义”的眼光去进行审视时，“因粮于敌”等主张其实都是鼓吹侵略和掠夺，并不值得颂扬。而且，孙子所看到的只是“三军足食”的短期效应，并没有看到长期效应或后期效应。《略地》篇中显然对此已经有所注意，因此有了更加聪明的做法。“无燔人积聚，无坏人宫室，冢树社丛勿伐，降者勿杀，得而勿戮”等举措，意在“示之以仁义，施之以厚德”，力求以长远之策占领敌国。“令其士民曰：罪在一人”，更是试图化解侵略别国时产生的种种矛盾，而且要将这种矛盾集中在少数统治者身上，无非希望在确保“天下和服”之外，能够更加长久地占有敌国的领土。

火　战

本篇讨论的是如何在草木茂盛或灌木丛林地带防止敌人火攻。作者认为，加强警戒，提前将我军前后烧成"黑地"，构筑防火带，及时组成"四武冲阵"，是对付敌人火攻的有效方法。

武王问太公曰："引兵深入诸侯之地，遇深草蓊秽[1]，周[2]吾军前后左右，三军行数百里，人马疲倦休止，敌人因[3]天燥疾风之利，燔吾上风[4]，车骑锐士坚伏吾后。吾三军恐怖，散乱而走，为之奈何？"

太公曰："若此者，则以云梯、飞楼远望左右，谨察前后。见火起，即燔吾前而广延之[5]，又燔吾后。敌人若至，即引军而却[6]，按黑地[7]而坚处。敌人之来，犹在吾后，见火起，必还走。吾按黑地而处，强弩材士卫吾左右，又燔吾前后。若此，则敌不能害我。"

武王曰："敌人燔吾左右，又燔吾前后，烟覆吾军，其大兵按黑地而起，为之奈何？"

太公曰："若此者，为四武冲陈[8]，强弩翼吾左右，其法无胜亦无负。"

[注释]

1 蓊（wěng）秽（huì）：草木茂盛的样子。

2 周：围绕。

3 因：依靠，利用。

4 燔吾上风：在我军的上风口点火攻击。

5 燔吾前而广延之：意思是当敌人在我军前方放火时，我军也在前方适当地点放火，以隔断敌军的火势，使对方的火攻失去威力。

6 却：撤退。

7 黑地：大火烧过之后，地面必然呈现一片黑色，故称黑地。

8 四武冲陈：四面都用战车部队进行警戒的阵型。

[译文]

周武王问太公说："已经领兵深入敌国境内，遇到草丛茂密和灌木丛林地带，我军此时已行军数百里，人马已然疲惫而又困乏，打算宿营休息。这时候，敌人利用天气干燥、风速很大等有利条件，在我军的上风口放火，又派出车骑锐士埋伏在我军侧后，致使我方三军感到非常恐怖，四散逃跑，这种情况应该怎么办？"

太公回答道："在这种情况下，应该在宿营地竖起云梯和飞楼，登高瞭望并仔细观察前后左右各个方向的情况。如果发现敌人已经燃起熊熊大火，我方也立即在阵前较远的开阔地带放火，并尽量扩大火烧面积，同时在我军后方放火，同样烧出一大块黑地。如果敌人前来进攻，就把军队撤到这块已经烧光草木的黑地上坚守。前来进攻的敌人此时落在我军后面，等他们看到火起，必定会撤退。我军可在黑地上布列阵势，依靠勇猛的专业武士配备强弩掩护左右两翼，并继续放火烧掉我军所处位置的前后草地。这样一来，敌人就不能伤害到我军了。"

武王问："敌人既在我军左右两边放火，又在我军前后方向放火，以致浓烟覆盖了我军，而此时敌军主力突然向我军据守的黑地发起进攻，应该怎么办？"

太公回答道："遇到这种情况，应当把我军布置成四武冲阵的战斗队形，命令武士配备强弩掩护部队的左右两翼。使用这种办法虽一时无法取胜，但也不会导致失败。"

[解读]

在古代，火攻是极具威力并且能够带来巨大危害的一种战争之法，非常考验战争决策者的智慧和能力。从篇题可以看出，本篇讨论的同样是用火作为武器的战斗方法。只是发起火攻的是对手，己方则处于防守状态。

在《孙子兵法》中，有《火攻篇》探讨的是相同主题，主题也都相对较为集中，重点讨论的就是火攻战法，围绕火攻的种类、方法和时机等展开。在历史上，《孙子兵法》名气更大，其中的《火攻篇》自然也就更受瞩目。实则《六韬》中的《火战》篇同样值得关注。与《火攻篇》讨论以火攻击对手不同，《火战》篇实则是探讨如何防止敌人的火攻。一个主攻，一个主守，二者各具特色，甚至可以形成互补。

从防守角度出发，《火战》篇更应重点关注和讨论的是如何在草木茂盛或灌木丛林地带防止敌人火攻。一旦军队身处这种地带，就非常容易遭到对手的火攻，因此需要倍加防范。作者认为，加强警戒、提前将我军前后烧成"黑地"、构筑防火带、及时组成"四武冲阵"等，都是对付敌人火攻的有效方法。在遭到对手的火攻之后，首先想到的是如何确保己方的人员安全，至少要确保军队不被对手击垮。孙子的《火攻篇》是我们迄今为止所能见到的中国古代最早的系统总结火攻作战经验和特点的文字，《六韬》中的这些探讨则可以对《孙子兵法》形成有益的补充。比如构筑防火带的做法，至今仍然为消防人员所借鉴，因为这些内容确实是当时人成功经验的总结。

历史上有很多著名战争都采用了火攻之术。例如，战国时期齐国名将田单使用"火牛阵"打败了围城的燕军。三国时期，曹操火烧乌巢，焚毁袁绍的粮库，从而为官渡之战的胜利奠定了基础；当然，曹操自己也被火烧得很惨，赤壁之战是最典型的例子。在孙子看来，火攻之法过于惨烈，不得已时才会用到，所以在讨论了一系列用火的攻战之法后，又强调安国全军，提醒人们加以重视。

据《韩非子·五蠹》记载，燧人氏发明钻木取火之术，也教会人们烧熟食物，人类自此告别茹毛饮血的时代。渐渐地，人类用火来驱赶野兽，再后来，火成为战场上的武器，不知道这是人类的进步还是人类的悲哀。

垒　虚

本篇论述了侦察敌情的方法，主要是如何利用鼓铎之声、有无飞鸟和氛气等，来判断敌军营垒的虚实，同时讨论了如何根据敌情来准确捕捉战机。

武王问太公曰："何以知敌垒之虚实，自来自去[1]？"

太公曰："将必上知天道，下知地理，中知人事。登高下望，以观敌之变动；望其垒，即知其虚实；望其士卒，则知其去来。"

武王曰："何以知之？"

太公曰："听其鼓无音，铎无声，望其垒上多飞鸟而不惊，上无氛气[2]，必知敌诈而为偶人[3]也。敌人卒去[4]不远，未定而复返者，彼用其士卒太疾[5]也。太疾则前后不相次[6]，不相次则行陈必乱。如此者，急出兵击之，以少击众，则必胜矣。"

[注释]

1 自来自去：指兵力调遣。来：进攻；去：撤退。

2 氛气：人马行动所扬起的灰尘及烟气。

3 偶人：用稻草或土木制成的假人。

4 卒去：仓促撤退。卒：同"猝"。

5 疾：同"急"。

6 相次：次序，连接。

[译文]

周武王问太公说："如何才能知道敌人营垒的虚实和敌军的调动情况？"

太公回答道："将帅必须做到上知天时，下知地理，中知人事。登高远望，就可以观察敌情的变化；眺望敌人的营垒，就可知道他们的内部虚实；观察敌军士兵的动态，就可以了解敌军的调动情况。"

武王问："怎么才能知道这些事情呢？"

太公回答道：“如果听不到敌营的鼓声，也听不到敌军的铃声，当看到敌人营垒上有许多的飞鸟，而且这些飞鸟丝毫没有受到惊恐的样子，就连空中也没有飞扬的尘土，那就可以判断这是座空营，敌人只不过是用一些假象欺骗我们。如果敌人仓促组织撤退，行走不远之后，步伐没有停下来时却又急忙地返回，这说明敌人调动太过频繁，所以太过忙乱。调动太过忙乱，前后之间就没有了秩序；没有了秩序，行列阵势就必然会发生混乱。在这种情况下，我军就可以快速地出兵发起攻击。即便是以少击众，也必定可以取得胜利。”

[解读]

本篇从强调将帅“上知天道，下知地理，中知人事”的要求出发，重点探讨的是侦察敌情的方法。春秋末期著名军事家孙子强调情报先行，认为战争决策强调的是“先计而后战”或“先知而后战”。《孙子兵法》中有很多篇幅是在讲情报工作，包括情报观、情报搜集、情报分析等。其中最重要的就是“先知”这种情报观，也即“先计”，也可说是“情报先行”。

情报先行的重要性，无处不在显现。不只是在战争和军事行动中，包括我们的日常生活和工作中，都有所体现，甚至就连我们抓螃蟹，也还得先研究一下它们会用什么方式钳人，这样才能保证自己不会受到伤害。

与《孙子兵法》相比，《六韬》中探讨情报工作的篇幅相对较少，但也有值得关注之处。《垒虚》篇是有关情报工作的专论，其中主要讨论的是如何利用鼓铎之声、有无飞鸟和氛气等，来判断敌军营垒的虚实，同时强调应根据敌情来准确把握战机。作者指出，身为将帅，应做到"登高下望，以观敌之变动；望其垒，即知其虚实；望其士卒，则知其去来"，这些正是当时战场侦察敌情的要求。

对于如何侦察敌情，孙子在《行军篇》中有很多的总结，可以总称为"相敌之法"。比如"众树动者，来也"，是说树林中林木摇动，因为敌人正在隐蔽，将要袭击我们了；再如"鸟起者，伏也"，是说鸟雀突然飞起，因为树林中藏有伏兵；又如"尘高而锐者，车来也"，尘埃高起而尖锐，是敌人开动战车奔驰而来；复如"卑而广者，徒来也"，尘土低矮而又广阔，这是敌人的步卒正在向我军开来……总之，孙子对战场侦察敌情的方法进行了不厌其烦的总结。其中不少方法，应该是他阅读和学习的结果，以及从春秋及春秋以前的战场实践中学习得来。比如"鸟集者，虚也"，可从《左传》中找到原型。

有一年秋天，楚国的令尹子元带领六百辆战车进攻郑国，结果其他诸侯都赶来救援郑国，楚军只得连夜溜走。其实郑国人这边也非常心虚，并不敢和楚国人开战，正准备逃跑时，派出去的间谍回来报告说"楚幕有乌"，这表示楚军已经撤退了，而且撤退已经有一段时间，于是郑国人便没有逃跑了。

"楚幕有乌"，其实就是孙子所说的"鸟集者，虚也"，也是《垒虚》篇中说的"望其垒上多飞鸟而不惊"。侦察兵发现楚军的帐篷有乌鸦，可以由此判断楚军大营守备空虚，甚至整体撤走。这种情报搜集和情报分析的逻辑，正好和《垒虚》篇中"望其垒，即知其虚实"的思想方法是一致的。也可以说，春秋战国时期丰富的战争实践，给了总结侦察敌情方法以丰厚的土壤。《垒虚》篇中有关侦察情报工作的论述，在条目总结上虽然不及孙子总结的相敌之法，但也对判断虚实、防止被敌人欺骗及捕捉战机等几个重要环节进行了揭示，同样非常可贵。

卷第五 豹韬

林 战

本篇探讨了在森林地带作战的方法。作者认为，如果充分重视阵型配置，把握好兵力分配，并且做好保守机密、速战速决等要点，就一定能实现"守则固""战则胜"的目标。

武王问太公曰："引兵深入诸侯之地，遇大林，与敌分林[1]相拒，吾欲以守则固，以战则胜，为之奈何？"

太公曰："使吾三军分为冲陈[2]，便兵所处[3]，弓弩为表，戟盾为里，斩除草木，极广吾道，以便战所。高置旌旗，谨敕[4]三军，无使敌人知吾之情，是谓林战。林战之法，率吾矛戟，相与为伍。林间木疏，以骑为辅，战车居前，见便则战，不见便则止。林多险阻，必置冲陈，以备前后。三军疾战，敌人虽众，其将可走。更战更息[5]，各按其部，是谓林战之纪[6]。"

[注释]

1 分林：指敌我双方各占据一部分森林地带。

2 冲陈：即四武冲阵。

3 便兵所处：指便于部队进行战斗和机动的处所。

4 谨敕（chì）：严格地约束。

5 更战更息：轮番战斗，轮番休息。

6 纪：原则，准则。

[译文]

周武王问太公说："率领军队已经深入了敌国境内，正好遇到森林地带，与敌人各自占据着森林的一部分并形成对峙，我军希望达成防御就能稳固、进攻就可取胜的局面，应该如何达成？"

太公回答道："应该将我军部署为四武冲阵，配置在便于作战的地带，弓弩手部署在外层，戟盾手部署在里层，可以斩除草木，广辟道路，以便我军战斗行动的展开。一面高高地悬挂旗帜，一面严格约束三军，不要让敌人探知我军的任何情况，这就是森林地带作战的原则。具体方法有：将我军使用矛戟等不同兵器的士兵，进行混合编组，成为一个个的战斗分队。森林中树木稀疏的地带，就以骑兵辅助作战，把战车配置在前面，一旦捕捉到有利战机，就立即投入战斗；如果没有发现有利时机，就始终按兵不动。森林中遇到险要地形，就必须部署为四武冲阵，用以防止敌人从前后对我军发起攻击。全军如果能迅速而又勇猛地投入战斗，敌人即便是人数众多，也会被我军击败。在战斗过程中，队伍要轮番作战，轮流休息，各部均按照统一编组，一切行动听从指挥，这就是森林作战的一般原则。"

[解读]

从篇题中就可以看出，本篇是探讨森林地带作战的方法。身处森林地带，最怕对手发起火攻，前面已经有《火战》篇专门论及这一专题。《林战》篇则不再以火攻为主题，而是讨论军队深入敌境之后，在森林地带与敌形成对峙时的处置办法。理想情况当然是希望达成守则能稳固、攻就能取胜的目的。作者认为，在这种情形下，一定要充分重视阵型配置，将军队布置成冲阵，再合理地配置兵力，依据不同的作战器械编成多个战斗分队，静待时机。如果没有机会，就始终按兵不动，并注意做好保密工作；一旦有机可乘，则需要迅速地发起进攻，力争实现一击制敌。如果掌握速战速决等要点，就一定能实现"守则固""战则胜"的目标。在战斗过程中，各支队伍要轮番出击，作战时则全力以赴，休息时则彻底放松，总之，各分队要进行统一编组，而且确保一切行动听从指挥。

《林战》篇中"见便则战，不见便则止"的战法，非常值得关注。孙子在《九地篇》总结的客场作战方法中，也有几个要点都围绕它而展开。比如"践墨随敌，以决战事"，说的是作战计划要根据敌情的变化而不断地调整，灵活地决定自己的作战行动，这其实就是"见便则战，不见便则止"的战法。按照孙子的说法，正是"因敌而变化"。当然，要想真正做到"因敌而变化"，情报工作必须跟得上，否则也是空谈。《林战》篇高度强调情报与反情报，也是这个道理。

另外需要关注的就是"始如处女，后如脱兔"的原则。这就是说，作战开始之时，三军始终要像处女一样沉静，有点儿遮遮掩掩，但这种态度能很好地迷惑敌人，能够很好地保护好己方的作战意图。一旦敌人的弱点暴露，就必须像脱兔那样迅速采取行动，使其来不及抵抗。兔子一向以行动敏捷著称，奔跑速度非常快。孙武认为，军队一旦出战，就必须有兔子这样的速度。因为合适的战机非常不容易获得，而且战机也会转瞬即逝。在森林中作战，情况与之类似。一旦错失，就很难再来，因此一定不能错过，必须以最快的速度给予敌军以迅猛一击。这就是《林战》篇中强调的"见便则战"，也是做出"三军疾战"要求的内在原因。

突　战

本篇论述了防备敌军突袭和攻城的战法。当敌人长驱直入攻我城池时，要及时截断敌人退路，选择月光晦暗的黑夜，对敌实行内外夹击。当敌人分兵袭击城邑时，应先在城外设置伏兵，同时完善城防设施，引诱敌人的大军冒进，然后迅速派出伏兵，择机展开内外夹攻，猛烈地打击敌军。

武王问太公曰："敌人深入长驱，侵掠我地，驱我牛马，其三军大至，薄我城下。吾士卒大恐，人民系累[1]，为敌所虏。吾欲以守则固，以战则胜，为之奈何？"

太公曰："如此者，谓之突兵[2]。其牛马必不得食[3]，士卒绝粮，暴击而前。令我远邑别军[4]，选其锐士，疾击其后，审其期日，必会于晦[5]，三军疾战，敌人虽众，其将可虏。”

武王曰：“敌人分为三四[6]，或战而侵掠我地，或止而收我牛马，其大军未尽至，而使寇薄我城下，致吾三军恐惧，为之奈何？”

太公曰：“谨候敌人，未尽至，则设备而待之。去城四里而为垒，金鼓旌旗皆列而张，别队为伏兵。令我垒上多积强弩，百步一突门[7]，门有行马[8]，车骑居外，勇力锐士隐伏而处。敌人若至，使我轻卒[9]合战而佯走，令我城上立旌旗，击鼙鼓，完为守备。敌人以我为守城，必薄我城下，发吾伏兵，以冲其内，或击其外。三军疾战，或击其前，或击其后，勇者不得斗，轻者不及走，名曰突战[10]。敌人虽众，其将必走。”

武王曰：“善哉！”

[注释]

1 系累：拘禁、拘捕。

2 突兵：负责突击作战任务的部队。

3 食（sì）：喂养。

4 远邑别军：驻扎在远处城邑的另外一支部队。

5 晦：古代的历法把每月的三十日称为晦日。晦日之夜，星光全无，利于偷袭作战，此处意为没有月光的黑夜。

6 三四：三四个部分，或三四个分队。

7 突门：在城墙或垒壁上预先开设的便于部队突然出击的暗门。一般由城内向城外挖，外面留四五寸不挖透。等部队需要忽然出击之时，再临时将其推倒，以收突击之效。

8 行马：一种防御器械，战时用来堵塞对方行军路线。

9 轻卒：轻装步兵。

10 突战：突然出击。

[译文]

周武王问太公说："敌人长驱直入，不停地掠夺我方土地，不断地抢走我方牛马，大军蜂拥而来，一直迫近我军城下。我军士卒由此而大感恐惧，民众也被大量拘禁，成为敌军的俘虏。在这种情况下，我希望实现防守就能够求得稳固、求战就能够胜利，应该如何实现？"

太公回答道："像这类敌军，叫作'突兵'。他们的牛马必定缺乏饲料，他们的士卒必定缺少粮食，所以才会异常凶猛地对我军发动进攻。在这种情况下，应命令我方驻扎在远处的其他部队做好准备，挑选出精锐的士卒，迅速地袭击敌军的后方，计算并确定联合发起攻击的时间，务必确保发起攻击时间是在夜色昏暗时分，全军上下能够迅捷而又猛烈地同时对敌展开行动。这样一来，敌军虽然人数众多，也会被我军击败，敌将也会被我军俘虏。"

武王问："如果敌军分为三四个分队，以其中一部向我方发动进攻以侵占我方土地，以另外一部暂时驻扎下来，掠夺我方牛马等财物，其主力部队尚未完全到达，使一部分兵力进逼我军城下，以致我全军上下恐惧万分，应该怎么处置才好？"

太公回答道："一定要仔细地观察敌情，在敌人尚未完全到达之前就努力地完善防守，做到严阵以待。在距离城池四里的地方构筑高高的壁垒，把金鼓旌旗都四处布列起来，并另外派出一支部队担任伏兵。命令我营垒上的部队集中强弩，做好战斗准备。每间隔一百步，就设置一个可供部队发起进攻的暗门，门前安置拒马等障碍物，战车、骑兵等配置在营垒的外面，勇锐的士卒隐蔽地埋伏起来。如果看到敌人来到，就先派我军的轻装部队与其交战，接敌不久就伴装战败而退兵。与此同时，命令我方守军在城上竖起旗帜，不停地敲击鼙鼓，充分地做好防守准备。敌人会误以为我军的主力都在防守城池，因此会将大军进逼城下。这时候，我军的伏兵可以突然出动，或突入敌军的阵内，或攻击敌人的外围。全军上下迅猛展开袭击，从前后方向夹击敌人，使敌人徒有勇敢精神却无法与我军战斗，徒有轻快的脚步却来不及逃跑。这种作战方法可称为'突战'。敌军虽然兵将众多，主将也必定会战败逃走。"

武王说："您讲得很好啊！"

[解读]

本篇首先设计的困难局面是敌军长驱直入，突然对我军发动袭击。作者指出，要想防备敌军的突袭战法，就需要根据敌军的弱点和短板设计战术。长途奔袭的敌军，确实存在弱点，比如牛马缺乏饲料，士卒没有粮食，因此他们只想着速战速决，进攻异常凶猛，但也难以为继。因此，应该挑选精锐士卒从敌军后方拦截其退路，并寻找机会发起袭击。一旦敌军锐气丧失，就可以趁着夜色和天色昏暗时分对敌发起夹击，敌军即便人多势众，也会被我军俘虏。

《突战》篇的另一个主题是敌人分兵袭击城邑。对此，作者主张应做好警戒，并事先在城外设置好伏兵，同时尽量完善城防设施，引诱敌人大军进兵。一旦看到时机成熟，则与伏兵一起展开内外夹攻。

与前面大量的客场进攻战或遭遇战不同，《突战》篇讲述的是防御作战。对于防守战法，古代兵典中讨论的并不是很多，《六韬》的这些篇章显得弥足珍贵。《孙子兵法》中，"攻"和"守"是一对重要兵学范畴，二者之间地位并不十分对等。相较于防守，孙子似乎更偏爱进攻。十三篇中，有以"谋攻"为主题的专篇，却没有以"谋守"为主题的专篇，也可从侧面说明这一问题。

注重防守并专心研究防守战法的，并不出自兵家，而是来自墨家。秉持"非攻"理念的墨子学派，对于防御之法（尤其是守城之法）进行了深入研究。这一点对于更强调进攻战术的孙子而言，形成了很好的补充。除此之外，墨子学派还为军事技术（尤其是守备器械）上的研究创新做出了很大的贡献。《备城门》是墨家研究城池防守战术的代表性作品，研究和探讨了如何在劣势情况下，利用高城深池来抵御敌人的进攻。为了做好防守，墨家研究各种攻城器械，有针对性地做好防范，同时强调上下同心，注意结交邻国，希望"得四邻诸侯之救"（《备城门》）。不仅如此，墨家学派还强调应针对不同情况，做好有针对性的防守，从而将守城战术的研究推向深入。比如，《备高临》主要探讨了敌人采用居高临下之势攻城时应采取的守城战术，《备梯》则主要讨论如何对付敌人用云梯攻城，《备水》主要研究如何防止敌人以水攻城，《备穴》主要讨论如何防备敌人用挖隧道来攻城，《备蛾傅》则研究如何对付敌军凭借人多势众、驱赶士卒如蚁附般攻城的防守战术。一旦有敌军突破防线或攻破城墙，墨家也总结了多种有针对性的预案，即"充灶伏柴艾，寇即入，下轮而塞之，鼓橐而熏之"（《备突》）。墨家还强调，在敌军发起攻城战之前，守城一方应提前做好充分的动员工作，甚至要注意做好祭祀仪式，确保上下同心。《迎敌祠》主要总结迎敌之前的各种祭祀规则，包括对巫师和卜师的态度、誓师大会的组织形式等，同时对各级将士的职守及其他有关布防注意事项予以明确。因此，研读《墨子》中有关城守的篇章，可对《突战》篇加深理解。

敌　强

　　本篇论述了对付敌人夜间袭击的战法，尤其是在敌众我寡、敌强我弱的情况下，如何通过鼓舞士气和合理用兵，来实现以弱胜强。

　　武王问太公曰："引兵深入诸侯之地，与敌人冲军[1]相当，敌众我寡，敌强我弱。敌人夜来，或攻吾左，或攻吾右，三军震动。吾欲以战则胜，以守则固。为之奈何？"

　　太公曰："如此者，谓之震寇[2]。利以出战，不可以守。选吾材士强弩，车骑为之左右，疾击其前，急攻其后，或击其表，或击其里，其卒必乱，其将必骇。"

武王曰：“敌人远遮[3]我前，急攻我后，断我锐兵，绝我材士，吾内外不得相闻，三军扰乱，皆散而走，士卒无斗志，将吏无守心，为之奈何？”

太公曰：“明哉！王之问也。当明号审令，出我勇锐冒将之士[4]，人操炬火[5]，二人同鼓，必知敌人所在，或击其表，或击其里。微号[6]相知，令之灭火，鼓音皆止，中外相应，期约皆当，三军疾战，敌必败亡。”

武王曰：“善哉！”

[注释]

1 冲军：负责突击任务的部队。

2 震寇：使我军感到震恐的敌军。

3 遮：阻挡。

4 冒将之士：勇敢无畏，敢于赴险的勇士。

5 炬火：火把。

6 微号：暗号。

[译文]

周武王问太公说：“率领军队已经深入敌国境内，忽然与敌军的突击部队遭遇，而且敌众我寡、敌强我弱，敌人正利用夜色作为掩护对我军展开攻击，或攻击我军左翼，或攻击我军右翼，使得我全军感到震恐不已。如果希望进攻就能够取胜、防御就能够稳固，应该怎么做才行？"

太公回答道："这样的敌人叫作'震寇'。对付这样的敌人，我军主动出战则有利，消极防守则会不利。此时应该挑选勇猛的专业武士手持强弩做好战斗准备，用战车和骑兵部队作为左右两翼，迅猛地打击敌人的正面部队，同时也急速地袭击敌人的侧后，既攻击敌人的中军部队，也攻击敌人的外围部队。这样一来，敌方的士卒必然会陷入混乱，敌军的将帅也必然会感到万分惊恐。"

武王问："如果敌人在远处阻击我军的前军，也急速地攻击我军的后军，并截断我军的精锐部队，也同时阻击我军赶来救援的勇猛的士卒，就此使得我军的前后失去联系，以致全军上下陷入混乱，士卒因此而四散逃走，全军上下缺乏斗志，将军也无战心，应该如何是好？"

太公回答道："君王提出的这个问题真是高明啊！在这种情况下，应该明白而又清晰地发出号令，出动勇猛而又精锐的士卒，让他们每人都手持着火炬，两个人共同擂击一个战鼓，壮大声势。在探知敌人的准确位置后，便迅速发起攻击，或是攻击敌人的外围，或是冲击敌人的内部。在进攻发起之时，为了便于行动的展开和己方人员的互相识别，部队一律使用暗号，并全部熄灭火炬，鼓手也停止击鼓，使得中军和外军能够互相做好策应，各部都能按照预先约定的作战计划统一展开行动，全军迅猛出击，奋勇与敌作战，敌人必然失败。"

武王说："您说得真好啊！"

[解读]

本篇仍然是探讨如何对付敌人的夜间袭击，尤其是在敌众我寡、敌强我弱的情况下，如何做好防守并可以以弱胜强。当然，与前一篇不同的是，本篇设想的作战环境是在敌方境内，而且是对方处于绝对优势。作者将这种展开袭击的敌人叫作"震寇"，虽说敌强我弱，但更有利于出战，而非消极防守。因此，应该挑选勇敢的武士手持强弩，以战车、骑兵部队作为左右两翼，迅猛地攻击敌人正面部队，同时袭击敌人侧后和中军部队，努力地使得敌方士卒陷入混乱，再择机乱中取胜。

更加危险的局面是，敌人不仅阻截了我方的前军，而且急速攻击我方后军，我方精锐士卒被切断之后，全军陷入混乱，丧失了斗志。对此，作者给出的方案是，出动勇猛精锐的士卒，努力探知敌人的准确位置，随即趁着夜色掩护发起迅猛攻击。为便于行动展开和互相识别，部队要使用暗号，并且熄灭火炬，各支军队要始终做到互相策应，按照约定计划统一行动。

古代兵典中较少出现有关夜战的讨论，从这个角度来看，《敌强》篇可以弥补古代兵典中对此专题探讨不足的缺陷。依照古代常见的战法，白天作战时依靠旌旗来进行指挥，夜间作战则需要点燃火把，尽可能地照明作战环境。这正是《孙子兵法》中所说的"夜战多火鼓，昼战多旌旗，所以变人之耳目也"。也就是说，应根据白天和黑夜的不同情况来变换指挥的信号，以适应士卒的视听需要，这其中体现的正是灵活变化的原则，确保以打赢战争为中心。因此，《敌强》篇中要求己方军队熄灭火炬和停止击鼓，也是出于特殊的作战条件需要。因为己方实力处于绝对劣势，而且是在客场作战，因此只能依靠乱中取胜，必须不按常理出牌，正所谓"乱拳打死老师傅"。

战国时期，田单复国就充分利用了夜战。当时，燕国大将乐毅率领五国联军顺利攻占齐国的都城临淄（今山东淄博东北），并接连攻下齐国七十余座城池。齐国最后只剩下莒城（今山东莒县）和即墨（今山东平度市东南）两座城池。这时候，田单率族人以铁皮护车轴逃至即墨，随后被推举为首领，负责指挥即墨的守备工作。田单决心带领大家保卫齐国，首先利用离间计迫使乐毅离开战场。随后，田单又巧妙地激发起守城将士的决心，并向燕军使出诈降计。围城军队听说齐国军队即将投降，便放松了警惕。看到反攻时机成熟，田单集中千余头奔牛，牛角都缚上利刃，牛尾则扎着浸着油脂的芦苇，并把这些牛都披上了五彩龙纹外衣。在一个漆黑的夜间，田单下令点燃牛尾所缚芦苇，让这些火牛一路狂奔，直冲燕军大营。燕军看到火光中有无数角上有刀、身后冒火的怪物直冲过来，顿时都变得惊惶失措。齐军勇士则乘势向前冲杀，燕军互相践踏，乱作一团。田单率领齐军乘胜追击，很快将燕军逐出国境，收复了当初丢失的七十座城池。虽说作战方式等与《敌强》篇的情形有异，但也可从这一战例中看出，战国时期确实已经有利用夜战展开决战的案例，《六韬》所总结的这些战法并非空穴来风。

敌　武

本篇讨论了遭遇优势敌军攻击时的应对方法。作者认为，必须以精锐之卒选择有利地形设伏，对敌军的左右前后进行冲击，这才能止住失败局面，进而击败强敌。

武王问太公曰："引兵深入诸侯之地，卒遇敌人，甚众且武[1]。武车骁骑，绕我左右，吾三军皆震，走不可止，为之奈何？"

太公曰："如此者，谓之'败兵'[2]。善[3]者以胜，不善者以亡。"

武王曰："为之奈何？"

太公曰："伏我材士强弩，武车骁骑，为之左右，常去前后三里。敌人逐我，发我车骑，冲其左右。如此，则敌人扰乱，吾走者[4]自止。"

武王曰："敌人与我车骑相当，敌众我少，敌强我弱，其来整治[5]精锐，吾陈不敢当[6]，为之奈何？"

太公曰："选我材士强弩，伏于左右，车骑坚陈而处，敌人过我伏兵，积弩[7]射其左右，车骑锐兵疾击其军，或击其前，或击其后。敌人虽众，其将必走。"

武王曰："善哉！"

[注释]

1 武：勇猛，凶狠。

2 败兵：处于危险境地，随时面临失败的军队。

3 善：善于用兵打仗。

4 走者：逃跑的士卒。

5 整治：指阵容严整。

6 不敢当：无法匹敌，难以抵挡。

7 积弩：集中弓弩。

[译文]

周武王问太公说："领兵已经深入敌国境内，突然与敌军遭遇，敌军人数众多且勇猛而又凶狠，他们用武装战车和骁勇的骑兵包围我军的左右两翼，我军由此而深感震恐，士卒纷纷逃跑，一时无法阻止，应该怎么处置才好？”

太公回答道：“这样的军队叫作‘败兵’。善于用兵的将帅，可以因此而取胜；不善于用兵的将帅，也可能因此而失败。”

武王问：“那应该采取什么办法？”

太公回答道：“应该安排勇猛的武士手持强弩设伏，并把武装战车和骁勇的骑兵配置在军队的左右两翼，伏击地点一般设在距离我军主力前后大约三里的地方。敌人如果前来追击，就出动我军的战车和骑兵攻击敌军左右两侧，这样一来，敌军就会立即陷入混乱，我军那些逃跑的士卒也会自动停下逃跑的脚步。”

武王问：“敌我双方的战车和骑兵相遇，而且敌众我寡、敌强我弱，敌军前来进攻，而且阵势整齐，士卒精锐，依照实力，我军不足以与敌阵对抗，应该怎么办才好？”

太公回答道：“这时候应该挑选我军勇猛的专业武士配备强弩，埋伏在左右两侧，并将战车和骑兵布置成坚固的阵势专心做好防守。当敌人通过我军的设伏地点时，就用密集的强弩射击敌人的左右两翼，并出动战车和骑兵以及勇锐的士卒猛烈地攻击敌军，或攻击敌人的正面，或攻击敌人的侧后，敌军虽然人数众多，也必定会我们被打败。"

　　武王说："说得真好啊！"

[解读]

　　本篇仍然是讨论在敌国境内作战的方法，这次设计的场景是遭遇了优势敌军的攻击，而且是用战车和骑兵包围己方的两翼部队。

　　作者将这种情况叫作"败兵"。善于用兵之人，也能因此找到胜机。具体办法是，安排勇士持强弩设伏，并把战车和骑兵配置在军队的左右两翼。一旦敌军前来追击，就出动战车和骑兵攻击敌军的左右两侧，使得敌军陷入混乱。如果战车和骑兵相遇，因为敌众我寡而处于劣势，则挑选武士配备强弩埋伏在左右两侧，并把战车和骑兵布成坚固的阵势，使用强弩射击敌军的左右两翼，并出动战车和骑兵猛烈攻击敌人正面和侧后，使得对手陷入混乱。

　　《六韬》对于如何防败及如何反败为胜有不少论述，探讨了兵力处于劣势或军队处于困境的情况下，防止军队溃败乃至败中求胜的方法。这些内容主要集中在《虎韬》和《豹韬》。尽管其中存有不少理想化成分，并不能完全应用于战争实践，但也是对古代战争理论的重要补充。《孙子兵法》等古代兵典对于如何防败这一主题涉及较少，因此《六韬》的有关探讨更显得可贵。军队已经处于败势，想要在败中求胜，其实非常之难，必须要有合理的战术设计。有的战法设计并不一定就能确保取得效果，比如两方战车和骑士的临阵拼杀，其实带有很大的偶然性，并不能确保己方就能在乱中取胜。但是，这毕竟也是一种博弈和尝试，仍然值得关注。

清初著名思想家魏禧指出，将帅一定要懂得简易之道，能够化繁为简，同时也要懂得隐蔽己方的意图，还应该懂得反向思维，善于扭转不利局面。魏禧指出："善战者能反其势，则事易而功倍。"（《兵迹·将能编》）在他看来，这是扭转局势的一种方法，能够依靠它来反败为胜。对于具体实施方法，他也有一些总结，比如反营阵之势、反先后之势、反主客之势、反攻守之势、反胜败之势等。也就是说，只有善于"反其势"，才能立于不败之地。魏禧还指出，将帅应当研究和掌握各种具体的作战方法，不断地提高自身的指挥能力。魏禧的这些探讨，或许能够弥补《六韬》和古代兵典有关防败理论的缺失。

鸟[1]云山兵

本篇论述了山地防御战的战法。作者指出，当军队驻扎在高山上时，就应布成鸟云之阵，构成牢不可摧的"山城"，保持前后呼应，不会惧怕敌人的任何攻击。

武王问太公曰："引兵深入诸侯之地，遇高山磐石[2]，其上亭亭[3]，无有草木，四面受敌，吾三军恐惧，士卒迷惑。吾欲以守则固，以战则胜，为之奈何？"

太公曰："凡三军处山之高，则为敌所栖[4]；处山之下，则为敌所因[5]。既以[6]被[7]山而处；必为鸟云之陈[8]。鸟云之陈，阴阳皆备。或屯其阴，或屯其阳。处山之阳，备山之阴；处山之阴，备山之阳；处山之左，备山之右；处山之右，备山之左。其山，敌所能陵[9]者，兵备其表，衢道通谷，绝以武车，高置旌旗，谨敕三军，无使敌人知我之情，是谓山城。行列已定，士卒已陈，法令已行，奇正已设，各置冲陈于山之表，便兵所处，乃分车骑为鸟云之陈。三军疾战，敌人虽众，其将可擒。"

[注释]

1 鸟，一本作"乌"。

2 磐石：巨石。

3 亭亭：山峰高大耸峙的样子。

4 栖：鸟类歇宿于树上，这里的意思是为敌所逼而不能下来。

5 囚：囚禁，为敌所围困。

6 以：同"已"。

7 被：覆盖。

8 鸟云之陈：阵型时分时合，变化无定，如鸟雀之聚散无常，行云之流动不定。参看下一篇作者自己所作定义。

9 陵：升，攀登。

[译文]

周武王问太公说："已经领兵深入敌国境内，遇到的是高山巨石，山峰高耸林立，却不见任何草木，而且四面受敌，三军上下深感恐惧，士兵因此而变得迷惑。在这种情况下，希望防守时非常稳固、进攻时能取胜，应该怎么做才行？"

太公回答道："如果军队驻扎在山顶之上，就很容易遭到敌军的隔绝和孤立；如果把军队驻扎在山麓，则很容易遭到敌军的围困和囚禁。既然是在山地作战，就必须将军队布置成鸟云之阵。所谓鸟云之阵，就是对山南山北各个方向都要有所戒备。军队或是驻扎在山北，或是驻扎在山南。驻扎在山的南面，就要注意戒备山的北面；驻扎在山的北面，就要注意戒备山的南面；驻扎在山的左面，就要注意戒备山的右面；驻扎在山的右面，就要注意戒备山的左面。山上凡是敌人能够攀登的地方，都要派兵进行防守，至于交通要道和能够通行的山谷地带，都要注意使用战车加以阻绝。四处高挂旗帜，以便三军保持联络；始终整饬三军，做到严阵以待，不要让敌人察觉到我军的部署情况，这就是以山为城，构成一座山城。部队行列已定，士卒已经列阵，法令已经颁行，奇正方略已经确定，就需要把部队都布置成'冲阵'，配置在山上那些便于作战的地方，然后再把战车和骑兵布置成鸟云之阵。这样一来，当敌人进攻时，我军上下展开猛烈的进攻，敌军虽然人数众多，也必定会被我们打败，敌将也会被我军俘获。"

[解读]

本篇论述了山地防御战的战法。其中，鸟云山兵也有叫鸟云山兵。作者认为，当军队驻扎在高山之上时，就应当布列成鸟云之阵，构成牢不可摧的"山城"，这样就能做到前后呼应，不惧怕敌人的任何攻击。

三军之所以会处于高山之上，有可能是因为战争进程逼迫，双方被迫就防守阵地设置和攻防战术等做出变化。所谓栖，是指鸟类在树上休息，如果被敌人逼迫退守山顶之上的狭小地带，必然会造成军队辗转困难，物资保障都会成为非常头疼的事情。作者设想的解脱办法就是布列成为鸟云之阵，阵型时分时合，变化无定，正如鸟雀之聚散无常，也如同行云一般流动不定。这种阵势，因为阴阳皆备，可以随时屯其阴或屯其阳。敌人无从知晓我情，因此可以在山城中抵挡敌军的进攻。行列和士卒也分别奇正，各处安置，得到时机便出兵疾战，也就可以将敌军击败。

冷兵器时代，如果能够抢先占据高地，就占据着一定的优势。《孙子兵法》中也说"高陵勿向"，意思是说，一旦敌人占据了高地，就不要发起进攻。这种进攻是仰攻，并不会占到便宜。如果是在高处，还能布列成这种能够互相呼应的阵势，敌人最难攻破。在古代，很多难民选择啸聚山林，甚至起义军也会在特定历史阶段选择占领丛山峻岭，确实因为在这一地带容易占得居高临下的优势。

当然，在这种高山之上，一定要注意防止敌人的火攻，同时也要高度注意后勤补给。一旦水源和粮食出现危机，立即就会不战自乱。按照《孙子兵法》的说法，"水之形，避高而趋下"，山林地带必须要注意储备足够的饮用水，否则就会丢失最为基本的生活物资。纸上谈兵的马谡，就是因为迷信这种战法被曹军包围，不仅丢了街亭，同时就此失去了全局的主动权。战国时期的赵括，也是纸上谈兵的典型。他在不知秦军虚实的情况下，放弃己方原先占有的有利地形，贸然发动攻击，改守为攻，结果秦军佯装败退，顺势将赵括大军包围，最终将赵国数十万大军坑杀。由此可见，占据高地是否拥有绝对优势，其实也是因人而异、因时而异、因事而异的，一定不能拘泥，不可过于迷信。占据山林高地，并不代表着必然会取胜，而是应当研究并部署如同鸟云之阵的合适的防守阵型，而且也要抓住时机适时组织反击。

鸟云泽兵

本篇论述了身处盐碱地带却想击败临水之敌的作战方法。作者认为，如果在此遭遇敌人，而且作战器械不足、后勤补给困难，就应当尽快脱离危险区域，并巧妙设置伏兵，阻止敌人追击。当敌人知道我方设有伏兵，并且分兵渡河进行冲击之时，就应当以"鸟云之阵"进行防御和反击。

武王问太公曰："引兵深入诸侯之地，与敌人临水相拒，敌富而众，我贫而寡，逾水击之则不能前，欲久其日则粮食少。吾居斥卤之地[1]，四旁无邑，又无草木，三军无所掠取，牛马无所刍牧[2]，为之奈何？"

太公曰：“三军无备[3]，牛马无食，士卒无粮，如此者，索便[4]诈敌而亟去之，设伏兵于后。”

武王曰：“敌不可得而诈，吾士卒迷惑，敌人越我前后，吾三军败乱而走，为之奈何？”

太公曰：“求途之道，金玉为主[5]。必因敌使，精微为宝[6]。”

武王曰：“敌人知我伏兵，大军不肯济，别将分队以逾于水，吾三军大恐，为之奈何？”

太公曰：“如此者，分为冲陈，便兵所处，须[7]其毕出，发我伏兵，疾击其后，强弩两旁，射其左右。车骑分为鸟云之陈，备其前后，三军疾战。敌人见我战合，其大军必济水而来，发我伏兵，疾击其后，车骑冲其左右，敌人虽众，其将可走。凡用兵之大要，当敌临战，必置[8]冲陈，便兵所处，然后以车[9]骑分为鸟云之陈，此用兵之奇也。所谓鸟云者，鸟散而云合，变化无穷者也。”

武王曰：“善哉！”

[注释]

1 斥卤（lǔ）之地：盐碱地带，这里指荒芜贫瘠的地方。斥，碱；卤，盐。

2 刍牧：割草放牧。

3 备：这里指军备物资。

4 索便：寻找合适的时机。

5 金玉为主：以金玉财宝为欺骗和诱惑敌人的主要手段。

6 精微为宝：指谋划或行动之时，务求精细和秘密，并将其作为最宝贵的手段。

7 须：等待，等到。

8 置：底本作"宜"，疑误。

9 车：底本作"军"，疑误。

[译文]

周武王问太公说："已经领兵深入敌国境内，与敌军隔河形成对峙，敌人兵力众多，而且粮食充足、装备精良，我方则是兵力不足，装备和粮草都很匮乏。我军想要渡河发起攻击，却担心无力前进；我军想要拖延时日，又缺乏足够的粮食。而且我军还处在贫瘠而且荒芜的盐碱地带，四面既无城邑，又无草木，军队没有办法掠取物资，牛马也找不到地方放牧，这应该怎么办才好？"

太公回答道："如果是军队没有物资、牛马没有饲料、士卒缺少粮食，处在这种情况之下，就应当寻找机会对敌人展开欺骗，同时迅速地向别处转移，并在后面设置必要的伏兵，谨防敌人从后方发起追击。"

武王问：“如果敌人不被我军欺诈，我军士卒感到迷惑而且恐惧，敌人一直包抄到我军的前后，导致我军四散而逃，应该怎么处置才行？”

太公回答道：“在这时候，寻求退路的方法，主要是使用金银财宝去引诱和贿赂敌人，同时也收买敌方派出的使者，但此事必须要做得精密而且细致。”

武王问：“敌军已经探知我军设有伏兵，大军一直不肯渡河，另外还派出一支小部队渡过河来向我军发起进攻，使得我军将士感到震恐，应该怎么办才行？”

太公回答道：“在这种情况下，就需要把我军部署成为‘冲阵’，配置在那些便于作战的地带，等到敌军全部完成渡河之后，就发动伏兵猛烈地攻击敌人的侧后，也利用强弩从两旁发起攻击，分别射击敌人的左右两翼，把我军的战车和骑兵布置成鸟云之阵，前后做好戒备，全军上下始终英勇作战。敌人发现我军出来交战，其大军必定会渡河前来。这时候就需要果断地发动伏兵，猛烈攻击敌军的侧后，并使用战车和骑兵冲击敌军两翼，这样一来，敌军虽然人数众多，也必定会被我们打败，敌将必然会逃走。大凡用兵作战，其基本原则是，当与敌人形成对峙之后，必须把军队部署成为‘冲阵’，配置在便于作战的地带，然后再把战车和骑兵布置成‘鸟云之阵’，这就是出奇制胜的方法。所谓鸟云，就是像鸟儿聚散、云朵开合那样灵活机动，而且变化无穷。”

武王说：“说得太好了！”

[**解读**]

本篇论述了在盐碱地带如何与隔河相望的敌军作战的方法，这是复杂地形的作战样式，因此更需要小心应对。我军因为处于贫瘠荒芜的盐碱之地，无法保障物资的补给，敌人兵力众多，且虽隔河形成对峙，却因为粮食充足而处于明显的优势。因此首先想到的就是寻找机会欺骗敌人，而且迅速转移。一旦敌人不肯上当，就应当使用金银财宝引诱和贿赂敌人，收买敌方的使者。

如果敌人已经探知我方设有伏兵，只肯派出小股部队渡河向我进攻，则要把我军部署成为“冲阵”，等敌军全部渡河之后再发动伏兵猛烈攻击敌人侧后。如果敌人发现我军出来交战，他们的大军必定会渡河赶来支援。这时候就需要出动伏兵猛烈攻击敌军侧后，并用战车和骑兵冲击敌军两翼，这样敌军就会派出主力渡河寻求决战，就会有彻底击败敌军的机会。可见作战的基本原则是，要把军队部署成为“冲阵”或“鸟云之阵”，寻找出奇制胜的机会。

孙子在《行军篇》曾总结了“处军”的各种方法，注意不同地形条件下行军、驻扎、布阵的具体对策，成为我国历史上系统论述"处军"原则的第一人。《鸟云泽兵》篇也是遵循这一原则继续进行探讨，尤其是注意防范河水对面的来犯之敌。依照孙子的"处军"原则，各种地形条件下的军队驻扎和作战方法，应当区别对待。这其中，也有一条原则就是在探讨江河湖泊地带的处军作战之法："客绝水而来，勿迎之于水内，令半济而击之。"所谓"半济而击"，即是趁着敌人正在渡河的时候发起攻击。在吴、楚相举之战中，吴军在取得第一场会战的胜利后，对楚军实施战略追击，终于在清发水一带赶上了撤退逃跑中的楚军。这时，吴王阖闾接受了他的兄弟夫概的"半渡而击"的建议，再次大破楚军，顺势扩大战果，为进入楚国都城郢都扫清了障碍，也充分证明了"半济而击"这一战法的价值。

《鸟云泽兵》篇则提供了另外一条思路，即设法引诱敌军的主力全部渡河，再寻找机会进行决战，以求彻底击败敌军。"鸟云之阵"被当成出奇制胜的要诀。这里所说的鸟云，是就布列阵势的情状给出的一种比喻，这种阵型就像鸟儿聚散和云朵的开合那样灵活而机动，因此可以击败对手。

少 众

本篇讨论的是以少击众、以弱胜强的作战方法，同时也探讨了如何在寡不敌众的情况下，通过各种有效的外交手段，争取通过与大国结盟的方式，得到邻国的支持。

武王问太公曰："吾欲以少击众，以弱击强，为之奈何？"

太公曰："以少击众者，必以日之暮，伏于深草，要[1]之隘路[2]；以弱击强者，必得大国之[3]与[4]，邻国之助。"

武王曰："我无深草，又无隘路，敌人已至，不适日暮，我无大国之与，又无邻国之助，为之奈何？”

太公曰："妄张诈诱，以荧惑[5]其将；迁其道，令过深草；远其路，令会日暮[6]。前行未渡水，后行未及舍，发我伏兵，疾击其左右，车骑扰乱其前后。敌人虽众，其将可走。事大国之君，下邻国之士，厚其币[7]，卑其辞。如此则得大国之与，邻国之助矣！"

武王曰："善哉！"

[注释]

1 要：拦截。

2 隘路：狭窄、险要的道路。

3 之：底本作"而"，疑误。

4 与：帮助，协同。

5 荧惑：本义是火星，这里是迷惑的意思。

6 暮：底本作"路"，疑误。

7 币：本义指缯帛，这里泛指各种财物。

[译文]

周武王问太公说："我希望实现以少击众或以弱击强的目标，怎么做才能实现？"

太公回答道："要想达成以少击众，就必须利用日暮时分，把部队预先埋伏在深草和丛林地带，并在险要的道路上伏击敌人。要想实现以弱击强，就必须得到大国的援助、获得邻国的支援。"

武王问："如果我军没有深草地带可供设伏之用，又没有险要的道路可以利用，敌军也不是在日暮时分到达，我军既没有获得大国的援助，也没有邻国前来支援，又该怎么做才行？"

太公回答道："可以使用虚张声势和引诱欺骗等手段来迷惑敌军将领，迫使敌人不得不绕着远路行进，最终选择经过深草地带，引诱敌人多走远路，尽量地延误时间，使得对手正好在日暮之时分同我军展开交战。乘着敌军先头部队尚未全部渡过河水、后续部队尚且没来得及宿营之时，我军的伏击部队开始展开进攻，迅速而又猛烈地攻击敌军的两翼，同时命令我军的战车和骑兵部队分别袭扰敌军的前军和后军，敌军虽然人数众多，也会被我们打败。注意谦卑地事奉大国的君主，恭敬地礼遇邻国的贤士，多送他们钱财，言辞始终注意保持谦逊，这样就能得到大国的支援和邻国的协助。"

武王说："说得好啊！"

［解读］

本篇探讨的是以少击众和以弱胜强的作战方法，既有战法上的总结，也有外交手段的揭示。

众所周知，战争是实力的比拼，古往今来的战争史，几乎都是力量强大的一方战胜力量弱小的一方。当然，也有一些是本来处于弱小的一方，但是通过运用各种各样的手段，逐渐完成了优劣强弱态势的转换，使得己方的力量在局部地区或者特定时间节点超过了力量强大的一方，进而取得了战争的胜利。如战国时期的齐魏桂陵、马陵之战，其实都有"避实击虚"或"能而示之不能"的战法运用。再如春秋晚期的吴楚之战和秦汉之际韩信背水布阵攻灭赵国，也都是因为使用了"置之死地而后生"的方法。又如努尔哈赤对明军的萨尔浒之战，其实是"并敌一向"战术的充分展示。

处于力量弱小的一方，应该要耐心等待机会，寻找机会适时发起反攻。就这一点而言，春秋晚期的哲人老子进行了较为系统的总结。老子强调"不敢为天下先"，体现的是后发制人的原则，和以退为进、以柔克刚的思想主张保持一致。在老子看来，矛盾的双方始终存在着对抗，柔弱和虚静的一方反倒是占据主导地位，能够有效地制约刚强的一方，这就叫作"坚强者死之徒，柔弱者生之徒"（《老子·第七十六章》）。因此，柔弱可以战胜刚强，只是需要等待合适的时机而已。对于具体策略，老子也有揭示："将欲歙之，必固张之；将欲弱之，必固强之；将欲废之，必固举之；将欲取之，必固予之。"（《老子·第三十六章》）也就是说，首先要学会退却之术和防御策略，使得对手由骄横自满而变得忘乎所以，然后就可以寻找战机一举破敌。

《六韬》中对于以弱胜强也有一些探讨，最为集中的讨论可以见诸《少众》篇。与老子相似，作者认为，想实现以少击众，首先也是耐心地等待时机，比如等待日暮时分，将部队埋伏在深草丛林地带，通过有利地形袭击敌人，这就可以达成以弱击强的效果。与此同时，《六韬》也提出了新的思路，比如力争得到大国的援助，努力获得邻国的支援，同时也依靠虚张声势和欺骗手段来迷惑敌将，使得敌军不得不绕远路前行，尽可能地拖延时间，方便我们实现伏击方案。因为力量本来就处于弱小的一方，因此更需要注意寻找力量的增长点，比如通过结交邻国来争取援兵就是一条有效办法。为了争取邻国的支援，就必须要谦卑地事奉大国君主，恭敬地礼遇邻国的贤士，争取他们在情感上接受自己，进而伸出援助之手。除了言辞谦逊，作者还提醒应舍得多送一些钱财，通过这些财货来打动大国，争取获得他们的支援。与老子、孙子相似，《少众》篇的这些探讨，同样也是立足战胜的务实之举，而且也有实际效果。

分　险

　　本篇论述了部队在山水交错、地形复杂的隘险地带的作战之法。作者认为，首先应加强戒备，谨防被敌人包围。当战斗条件成熟之后，就应该从水路和山路适时向敌人发起进攻。战斗中，左、中、右三军应该齐头并进，做好协同和配合。

　　武王问太公曰："引兵深入诸侯之地，与敌人相遇于险厄[1]之中。吾左山而右水，敌右山而左水，与我分险相拒。吾欲以守则固，以战则胜，为之奈何？"

　　太公曰："处山之左，急备[2]山之右；处山之右，急备山之左。险有大水无舟楫者，以天潢[3]济吾三军；

已济者，哑广吾道，以便战所。以武冲为前后，列其强弩，令行陈皆固。衢道谷口，以武冲绝之。高置旌旗，是谓车城[4]。凡险战[5]之法，以武冲为前，大橹[6]为卫，材士强弩翼吾左右。三千人为屯，必置冲陈，便兵所处。左军以左，右军以右，中军以中，并攻而前。已战者，还归屯所，更战更息，必胜乃已。"

武王曰："善哉！"

[注释]

1 厄（è）：困境，险隘。

2 备：戒备。

3 天潢：古代的一种渡河器械。

4 车城：通过连接战车而构筑起来的营寨。

5 险战：险隘地带的战斗。

6 橹：盾牌。

[译文]

周武王问太公说："已经率领军队深入敌国境内，同敌人在险要而又狭窄的地带相遇，我军所处的地形条件为左依山右临水，敌军所处的地形则为右依山左临水，双方各自占据着险要地形，互相形成了对峙。在这种情况下，希望防守时稳固、进攻时获胜，如何才能实现？"

太公回答道："我军如果已经占领山的左侧，就应当迅速组织力量戒备山的右侧；如果是占领山的右侧，就应当迅速地戒备山的左侧。面对险要地区的大江大河时，如果没有足够的船只可以利用，就应该使用天潢等渡河器材，尽快将部队渡过河去。已经渡过江河的先头部队，要迅速开辟前出道路，抢占有利地形，以便主力部队陆续跟进，要用武冲掩护我军的前军和后军，及时地部署强弩，使得我军行列和阵型变得更加稳固。对于交通要道和山谷的出口，应该用武冲战车形成阻击地带，并高高地悬挂旗帜，这样就构成了一座用战车连接起来的'车城'。身处险要地带，一般的作战方法是，把武冲战车配置在前方，用大盾牌作为掩护，用勇猛的专业武士手持强弩保护我军左右两翼。每三千人编为一屯，编成进攻阵型，配置在便于作战的地带。战斗发起时，左军进攻左翼，右军进攻右翼，中军进攻中央，三军并肩作战，奋勇向前推进。已经参战的部队要及时地回到驻地进行休整，尚未参战的部队要依次投入战斗，轮番作战，轮流休息，直到战争取得胜利为止。"

武王说："讲得真好啊！"

[解读]

率军深入敌国境内，会因为不熟悉当地的地理条件而经常面临困难局面。本篇设想的困局是在山水交错、地形复杂的隘险地带遭遇敌军。

作者指出，首先应加强戒备，并努力运送军队渡河。一旦能够成功渡河，先头部队立即构筑滩头阵地，并开辟前进道路，保证己方军队继续推进。对那些交通要道和狭窄的山谷，要在出口处使用武冲战车形成阻击地带，构成车城。遇到险要地带，就应该将战车配置前方，注意做好护卫。当战斗条件成熟之后，就应该从水路和山路适时向敌人发起进攻。战斗中，左、中、右三军应该齐头并进，做好协同配合。

应该说，复杂地形有着更加特殊的处置方法，如果善于利用，则可以明显地提升战斗力。因此孙子才会总结说"地形者，兵之助也"。孙子还系统总结了各种地形的基本类型和主要特征，共分六种：四通八达的"通形"，能进难退的"挂形"，双方行动都不便的"支形"，狭隘重阻、易守难攻的"隘形"，险峻陡峭、不便展开的"险形"以及距离遥远、双方机遇相等的"远形"。从《分险》篇来看，作者更多集中于"隘形"和"险形"。因此，我们也可以了解一下孙子的有关探讨，以便对《六韬》中的这些论述加深理解。

孙子所谓"隘形"，是指两山之间的隘口，属于咽喉之地，是出入的要道。如果敌人已经占据且派重兵把守，就一定不要贸然前去攻打。"险形"即险要地形。谁占据了险要地形，谁就可以赢得战争的主动权。所以，遇到这种地方，一定要抢先占据，尤其是视野开阔的高地，更不能拱手让出。如果这种高地被敌人先期占领，那就应当立即带兵撤离，不要贸然前去攻打。对于"险形"，孙子强调抢夺先机，力求抢先占领。"隘形"大概可算作"险形"的一种，但又有所区别。在孙子看来，这些地方谁先占据就会占有主动权，进攻方则会处于被动。但是《六韬》的作者显然并不甘心对手坐拥险要地形而对我军发难，而是强调积极主动地有所作为，主张充分发挥武器装备的特点并通过合理的战术编组，来努力夺回战争主动权。这些方法，其实际成效如何，是否果真能够变被动为主动，其实也需要经过战争实践来加以检验。无论如何，这种探讨丰富了古代战术思想，这种积极探索精神始终值得肯定。

卷第六 犬韬

分　合

　　本篇论述的是军队集结、约期会战的制度和方法。作者认为，部队要想很好地实现机动和分合，就一定要建立起严格的军纪，并很好地贯彻实施各种奖惩制度，这才能促使三军并力作战。

　　武王问太公曰："王者帅师，三军分为数处，将欲期会合战[1]，约誓[2]赏罚，为之奈何？"

　　太公曰："凡用兵之法，三军之众，必有分合之变。其大将先定战地、战日，然后移[3]檄书[4]与诸将吏，期[5]攻城围邑，各会其所，明告战日，漏刻有时[6]。大将设营布陈，立表[7]辕门[8]，清道而待。诸将吏至者，校[9]其先后，先期而至者赏，后期而至者斩。如此则远近奔集，三军俱至，并力合战。"

[注释]

1 期会合战：约定时间和地点，集中军队，与敌交战。

2 约誓：作战前夕集合军队，宣布作战的原因和目的，申明战场纪律。

3 移：下达。

4 檄书：古代官府用来征召、晓谕或者声讨的文书。

5 期：约定。

6 漏刻有时：意谓规定军队到达的时间。漏刻，古代的一种计时器。一般是用两铜壶分置上下，上壶盛水，使之漏入下壶。下壶设有浮标，标竿上刻有分画。上壶之水漏入下壶时，标竿渐渐升起，以此来计算时间。

7 立表：古代立木为表，通过观察日影来计算掌握时间。

8 辕门：军营的正门。

9 校：比较。

[译文]

周武王问太公说："君王亲自率军出征，军队分别驻扎在各处，主将希望按期集结部队同敌人展开交战，能够很好地号令全军官兵，并明确各项赏罚制度，应该如何实现？"

太公回答道："按照一般的用兵之法，军队必须要在兵力集中和分散上有相应部署，能够不断地调整变化。主将一旦确定了作战地点和作战时间，就将战斗文书分别传达给各级将吏，让大家明确即将攻打的城池和将要包围的城邑以及军队即将集结的地点，明确告知大家作战日期以及各支部队需要到达的时间。接下来，主将就要提前到达集结地点预先设置营垒，布列好阵势，在营门竖立标竿，通过观测日影来计算时间，禁止闲杂人员随意通行，静待各级将吏前来报到。各级将吏到达时，要注意核实清楚他们到达的时间和先后次序，先期到达的给予奖励，逾期到达的则斩首示众。这样一来，不论距离远近，他们都会按期赶到集合地点。等到三军全部集结完毕，就可以集中力量与敌军交战。"

[解读]

本篇探讨军队集结和约期会战的制度和方法，强调严明军纪才是部队实现机动和分合的基础，也是战胜强敌的前提。这同时也是古代治军的重要论题。

　　治军问题一向为古往今来的军事家们所高度重视，《司马法》对于这一论题也有较为深入的探讨。作者指出："凡胜，三军一人，胜。"（《严位》）虽说《分合》篇的出发点与之不同，但同样是强调军队的治军问题，认为军队无论是集结还是分开，都必须成为一个不可分割的整体。虽说执行任务时有分合变化，但战场上应始终做到互相接应，确保战争获胜。

　　《分合》篇中还记录了当时集结队伍之前，在营门竖立标竿以观测日影和计算时间等仪式，看看各级将领是否能够如期到达，借此申明军纪。《史记》中记录了在田穰苴治军的故事中，正好也有类似的程序和仪式。当时，田穰苴刚刚被提拔，他担心士兵们不服从指挥，权威树不起来，齐景公答应他，找来庄贾担任监军。随后，田穰苴和庄贾约定了见面的时间："明天正午时分，我们在营门会合，一起讨论讨论军务。"庄贾答应了。第二天，田穰苴率先赶到营门，把木表和漏壶这些计时器立起来，等候庄贾。临时受命担任监军，庄贾目空一切，没有把田穰苴的约定真当回事。他喝高了，迟到了，耽误事了。田穰苴把军法官叫来，依照军法处置，庄贾就此被斩首。眼看监军被斩，全军将士又惊又怕，没有谁再敢不听田穰苴的指挥了。

　　为了抓好军队的管理，古代的军事家们大多都高度重视赏罚制度的制定和实施。赏和罚，可视为军队管理工作中的两剂良方，一直被广泛运用，也在实际治军过程中取得了很好的实效。通过奖励立功士卒以激励士气，通过惩罚犯罪士卒来严肃纪律，是古代治军的要领所在。孙子说："故令之以文，齐之以武，是谓必取。"（《行军篇》）意思是说，文武两手都要硬，双管齐下，互相补充。在军队管理上，如果没有教化，一味讲求军纪军法，动不动就打人屁股、砍人脑袋，使大家整天生活于恐怖之中，那就必然会导致将士思想无法统一，精神不够振奋，甚至离心离德，矛盾不断地激化。但是，如果不能做到严肃军纪军法，不讲原则地施行宽厚之道，过分地溺爱，也势必会导致将士斗志涣散，军队如同一盘散沙，同样不利于军队的管理，也无法赢得战争。《分合》篇强调，军事行动展开之前，军队集结之际，就应该把赏罚原则明确地确立，让全体将士严格遵守，这也是看到了军纪对于战争胜负的影响力。

武　锋

　　本篇着重阐述了如何在战场上把握最为有利的战机，做到最有效地打击敌人。作者将这些有利战机总结归纳为"十四变"，并且指出，一旦敌人出现了这些变故，就必须马上出兵进行攻击。

　　武王问太公曰："凡用兵之要，必有武车、骁骑、驰陈、选锋[1]，见可则击之。如何则可击？"

　　太公曰："夫欲击者，当审察敌人十四变[2]。变见[3]则击之，敌人必败。"

　　武王曰："十四变可得闻乎？"

太公曰：“敌人新集，可击；人马未食，可击；天时不顺，可击；地形未得，可击；奔走，可击；不戒，可击；疲劳，可击；将离士卒，可击；涉长路[4]，可击；济水，可击；不暇[5]，可击；阻难狭路，可击；乱行，可击；心怖[6]，可击。”

[注释]

1 选锋：突击队。

2 变：变故，这里指对敌人不利的变故。

3 见：同“现”，出现。

4 涉长路：长途跋涉。

5 暇：空闲，闲适。

6 心怖：士卒心怀恐惧感。

[译文]

周武王问太公说：“用兵重要原则就是强调必须要有强大的战兵和骁勇的骑兵，要有能够冲锋陷阵的突击部队，一旦发现敌人有可乘之机就可以立刻发起攻击。究竟什么时候是可以发起攻击的时机呢？”

太公回答道：“要想找到合适的时机攻击敌人，就应当仔细察明不利于敌人的十四种情况。一旦这些情况出现，就可以果断发起攻击，敌人一定会被我们打败。”

武王问："能把这十四种情况都一一说给我听听吗？"

太公回答道："敌军刚刚想完成集结的时候，可以发起攻击；敌军的人马还没有来得及进食的时候，可以发起攻击；天气或者季节对敌军不利的时候，可以发起攻击；地理条件对敌军不利的时候，可以发起攻击；敌军仓促赶路的时候，可以发起攻击；敌军没有戒备的时候，可以发起攻击；敌人非常疲倦的时候，可以发起攻击；敌军将领和士卒离开的时候，可以发起攻击；敌人正在展开长途行军的时候，可以发起攻击；敌军正在组织渡河的时候，可以发起攻击；敌军已经忙乱不堪的时候，可以发起攻击；敌军正在通过险要道路的时候，可以发起攻击；敌人队伍非常散乱的时候，可以发起攻击；敌人感到恐惧不安的时候，可以发起攻击。"

[解读]

本篇讨论在战场上如何抓住有利作战时机、更好地打击敌人。作者认为其总结归纳的"十四变"都是非常有利的作战时机，指挥员应该牢牢抓住。

春秋时期，鲁国和齐国交战，曹刿负责鲁国军队的指挥。面对齐人的多次挑战，曹刿选择避其锋芒，等到"齐人三鼓"之后才指挥军队迎战并击败了齐军。在追击齐军时，曹刿先是下车"视其辙"，继而登车"轼而望之"，（《左传·庄公十年》）确定时机已经成熟之后才指挥军队发起追击。在总结获胜经验时，曹刿指出："夫战，勇气也。一鼓作气，再而衰，三而竭。彼竭我盈，故克之。"（《左传·庄公十年》）注意考察部队的士气，以士气是否衰落作为是否发起进攻的标准，曹刿研究战争和设计战法的思路可谓别开蹊径。因为时机选择得当，鲁国军队因此能够顺利地战胜强敌。而且，发起追击战也要注意时机，需要"视其辙乱，望其旗靡"，确定对方没有设伏才发起追击。

孙子也强调把握进攻的时机，一旦发现敌人呈现出弱点，有机可乘，就应当以迅雷不及掩耳的速度发起攻击："敌人开阖，必亟入之"，如神兵天降，打得敌人措手不及："后如脱兔，敌不及拒。"（《孙子兵法·九地篇》）孙子又主张，作为军事指挥员，应该注意发挥主观能动性，通过"顺详敌之意"和"运兵计谋，为不可测"等方法，来努力达成有利于己的进攻时机。

《武锋》篇中，作者总结了十多种可以发起进攻的作战时机，如敌人刚刚集结时、敌军尚未进食时、气候季节对敌人不利时、地形情况对敌人不利时、敌军仓促赶路时、敌军没有戒备时、敌军疲倦时、敌军将领离开士卒时、敌军正在长途跋涉时、敌军正在渡河时、敌军忙乱不堪时、敌军正在通过险阻隘路时、敌军行列散乱不整时、敌军恐惧不安时等。与此同时，也强调跟踪敌情，需要对敌军虚实和战场态势有准确的感知。孙子总结了三十多种相敌之法 "相敌"，透过眼花缭乱的表面现象，对敌情做出分析和判断，为夺取战役战斗的胜利创造必要的条件。和《武锋》篇一样，也是大量使用排比句，力求对各种情况都有所掌握。《吴子》也依据情报工作，希望实现 "欲观敌之外以知其内，察其进以知其止，以定胜负"（《料敌》），不仅需要判断能不能交战，同时还要找到决战的时机。《吴子》将这些总称为 "可击之道"："敌人远来新至，行列未定，可击。既食未设备，可击。奔走，可击。勤劳，可击。未得地利，可击。失时不从，可击。旌旗乱动，可击。涉长道，后行未息，可击。涉水半渡，可击。险道狭路，可击。陈数移动，可击。将离士卒，可击。心怖，可击。"（《料敌》）银雀山出土的简文《雄牝城》也有类似总结，如 "城倍（背）名谷，无亢山其左右，虚城也，可击也"等，可见中国古代的军事家非常注意这一论题，基于战胜敌军的目标而对战争的发起时机进行了多方探讨和总结。

练　士

本篇讨论的是如何根据士兵的不同情况，进行合理的分组和编队。作者认为，采用合理的编组，既有利于平时的管理和训练，也便于他们在战场上充分发挥各自的特长，使得部队更具战斗力。

武王问太公曰："练士之道[1]奈何？"

太公曰："军中有大勇、敢死、乐伤[2]者，聚为一卒[3]，名曰冒刃[4]之士；有锐气、壮勇、强暴者，聚为一卒，名曰陷陈之士；有奇表、长剑、接武[5]齐列[6]者，聚为一卒，名曰勇锐之士；有拔距[7]伸钩[8]、强梁[9]多力、溃破金鼓、绝灭旌旗者，聚为一卒，名曰勇力之士；有逾高绝远，轻足善走者，聚为一卒，名曰冠兵[10]之士；有王臣失势，欲复见功者，聚为一卒，名曰死斗之士；有死将之人子弟，欲与其将报仇者，聚为一卒，名曰敢死之士；有赘婿[11]人虏[12]，欲掩迹扬名者，聚为一卒，名曰励钝[13]之士；有贫穷愤怒，欲快其心者，聚为一卒，名曰必死之士；有胥靡[14]免罪之人，欲逃其耻者，聚为一卒，名曰幸用之士；有材技兼人，能负重致远者，聚为一卒，名曰待命之士。此军之练士，不可不察也。"

[注释]

1 练士之道：挑选士卒的方法。练，同"拣"，选择，挑选。

2 乐伤：以受伤为荣。

3 卒：古代军队的一级编制，一般以一百人为一卒。

4 冒刃：敢于冒险。刃，刀口、刀锋，比喻危险。

5 接武：前后足迹紧相连接，指步伐稳健整齐。武，足迹。

6 齐列：队列整齐。

7 拔距：古代军中游戏，类似今天的拔河。

8 伸钩：把弯钩拉直。

9 强梁：强横、强悍。

10 冠兵：超越常人的士兵。

11 赘（zhuì）婿：男到女家成婚，加入女方家庭。古人认为这对于男人来说是一种耻辱。

12 人虏：成为别人的俘虏和奴隶。虏，同"奴"。

13 励钝：激励迟钝萎靡之人，使其振作。

14 胥靡：刑徒囚犯。

[译文]

周武王问太公说："选拔和编列士卒的方法有哪些？"

太公回答道："把军中那些勇气超人、不怕牺牲、不怕负伤的人编为一队，这叫作冒刃之士；把那些锐气旺盛、年轻壮勇、强横凶暴的人编为一队，这叫作陷阵之士；把那些体态奇异、善用长剑、步履和动作整齐的人编为一队，这叫作勇锐之士；把那些臂力过人足以能拉直铁钩，强壮有力能够冲入敌阵捣毁敌人金鼓、折毁敌军旗帜的人，编为一队，这叫作勇力之士；把那些能够翻越高山、脚轻善走、擅长行走远路的人编为一队，叫作冠兵之士；把那些曾是贵族大臣、想重建功勋的人编为一队，这叫作死斗之士；把那些阵亡将帅的子弟中急于为自己父兄报仇的人编为一队，这叫作敢死之士；把那些曾经入赘为婿和当过敌人俘虏，希望通过扬名遮丑的人编为一队，这叫作励钝之士；把那些因为贫穷而感到愤怒不满，希望通过立功受赏而富足心愿的人编为一队，这叫作必死之士；把那些获得释放的服役刑徒，希望通过战功掩盖自己耻辱的人编为一队，这叫作幸用之士；把那些才技胜人、能负重行远的人编为一队，这叫作待命之士。以上就是军中选编士卒的方法，不可不仔细加以考察。"

[解读]

本篇讨论的是如何充分发掘士兵的潜能，并依据士兵的不同情况进行合理编组，认为这种编组既有利于平时的管理和训练，也便于他们在战场上充分发挥特长，能够有效地提高军队的战斗力。队伍训练有素是战胜敌军的重要前提，合理地进行编配、认真地选拔人才，将大家放到合适的岗位，对于治军和打赢战争而言，都显得尤为关键。因此，古代的军事家们都重视这一问题。

战争发起后的编伍和招募人员之后的编伍并不是一回事。平时的编伍完全是着眼于训练方便，可叫作"束伍"。至于战时的编伍，则完全是着眼于打赢，可称为"致用"。所谓"致用"，就是通过合理的战术编组等，最大限度地激发各级将士的战斗潜能。明代军事家何良臣认为，"致用"的关键是用好关键性人才。对于重要岗位的关键性人才，一定要很好地结合他们的各自特点，做到用人之长和用人之才："人莫不有贤愚，才莫不有奇拙，识莫不有浅深，事莫不有穷竭。善用人者，必尽用其贤愚；善用才者，必尽驭其奇拙；负远识者，必预得其浅深；善料事者，先已判其穷竭。固亦有假人之长以补其短，用人之才以发其气。"（《阵纪·致用》）正所谓"人莫不有贤愚"，必须要做到方法得当，才可以"尽用其贤愚"。对于重要人才，一定要很好地结合其各自特点，因材施治，才能达到"用人之长，以补其短；用人之才，以发其气"（《阵纪·致用》）的效果。

名将戚继光战术思想的主要特点之一，就是寻求人与武器的最佳结合，通过合理的战术编组和扎实的训练，让士兵和武器之间，以及各种武器装备之间，形成更为优化的配置，尤其是将冷热兵器有机结合在一起，可以最大限度地发挥出战斗力。戚继光的战术编组和排兵布阵中也贯穿着丰富的战术思想，力争最大限度地发挥个体的战斗力。按照戚继光的设计，让年纪稍长的士兵手持防御性兵器，年轻而又力气未稳的士兵手持藤牌，年轻力壮且斗志旺盛的士兵则手持狼筅等进攻性武器。一方面注意冷热兵器的结合，另一方面则追求长短兵器的结合，这便可使得单个战术编组的战斗力大大加强。

在《练士》篇中，士兵被分成了很多种，比如冒刃之士、陷阵之士、勇锐之士、勇力之士、冠兵之士、死斗之士、敢死之士、励钝之士、必死之士、待命之士等。作者罗列的名称非常多，有些其实只是存在着非常细微的差异，很难进行严格的区分，因此也像是在玩文字游戏。当然，这些在作者的心目中，应该是存在着差别的。而且，我们更应看重的，是其中选编士卒并尝试以此提高军队战斗力的思想方法，看到合理的战术编组对于打赢战争的重要作用。何良臣不仅赞同《六韬》的用人思想，积极主张"用人之长，以补其短；用人之才，以发其气"（《阵纪·致用》），而且强调在平时应注意做好各种人才储备工作，组建诸如"异术队""秘技队""胆勇队""敢死队"乃至"乞降队"等各种不同功用的"特种部队"，以备"不时之需"和"不时之使"，具体措施有："故军中宜有储将队、材士队、异术队、秘技队、胆勇队、羞过队、激恩队、敢死队、恨敌队、乞降队、亡命队，须另致一军，驭以诚信，为不时之使。"（《阵纪·致用》）无论是"用人之长"，还是"用人之才"，当然都非常重要，但也都是说起来容易做起来难。

教　战

本篇探讨了军队组织实施训练的内容和方法。作者认为，军事训练一定要强调纪律，要让士卒在平时就养成遵纪守法的习惯，同时也要教会兵卒使用各种兵器，熟悉和掌握各种不同的阵法。训练应遵循由易到难、由简到繁的原则，先单兵，后合成，由点到面，循序渐进地展开。

武王问太公曰："合三军之众，欲令士卒练士，教战[1]之道奈何？"

太公曰："凡领三军，有金鼓之节[2]，所以整齐士众者也。将必先明告吏士，申之以三令，以教操兵起居[3]，旌旗指麾[4]之变法。故教吏士，使一人学战，教成，合之十人；十人学战，教成，合之百人；百人学战，教成，合之千人；千人学战，教成，合之万人；万人学战，教成，合之三军之众；大战之法，教成，合之百万之众。故能成其大兵，立威于天下。”

武王曰：“善哉！”

[注释]

1 教战：指军事训练。

2 节：节制，指挥。

3 操兵起居：操作和掌握武器装备，练习各种战斗动作。操兵，指操作使用兵器；起居，指坐、站、进、退、分、合等各种战斗动作。

4 麾：同“挥”，指挥。

[译文]

周武王问太公说：“全军部队集合之后，要想使士卒娴熟地掌握各种战斗技能，具体训练时有哪些方法？”

太公回答道：“统率三军时，必须使用金铎和战鼓来作为号令，用以进行指挥，这才能确保全军的行动做到整齐划一。将帅必须首先明确地告诉官兵应该如何展开操练，并且反复申明法令，然后再练训他们如何操作兵器、熟悉战斗动作，学会根据各种旗帜和指挥信号的变化而采取行动的方法。因此，在训练军队时，必要先进行单兵训练，等单兵训练完成之后，再进行十人合练；十人学会战法，等训练完成之后，再进行百人规模的合练；百人学会战法，训练完成之后，再进行千人规模的合练；千人学会战法，训练完成之后，再进行万人规模的合练；万人学会战法，训练完成之后，再进行全军规模的合练；全军都训练作战的方法，等训练完成之后，再进行百万大军的合练。这样就能组成一支强大的军队，并且立威于天下。"

武王说："说得真好啊！"

[解读]

本篇就军队组织训练的内容和方法进行探讨，首先强调的是纪律，平时就让士卒养成遵纪守法的习惯，与此同时也要教会他们使用各种兵器的方法，并熟悉不同的阵法。训练应遵循由易到难、由简到繁的原则，由点到面、循序渐进地展开。

古代失传兵书《军政》中说："言不相闻，故为金鼓；视不相见，故为旌旗。"这种金鼓、旌旗，就是统一人的耳目。孙子指出："人既专一，则勇者不得独进，怯者不得独退。"因此，要想统率三军，就必须首先使用金铎和战鼓来统一号令，这样才能确保全军行动听从指挥，而且做到整齐划一。《尉缭子》指出，"金鼓所指，则百人尽斗"（《制谈》），正是对统一指挥的强调。而且，军事训练首先就应该以这些内容为主，《教战》篇也是强调训练应该围绕这一逻辑而展开。对于治军之术，《吴子》也强调"教戒为先"，除了进行思想教育，即"教之以礼，励之以义"（《治兵》）之外，还要使军队上下能够熟悉鼓声和旗语的各自含义，确保号令畅通："一鼓整兵，二鼓习陈，三鼓趋食，四鼓严辨，五鼓就行。闻鼓声合，然后举旗。"（《治兵》）。

在熟悉军令之后，将帅必须教给士兵基本的战斗技能，训练他们操作兵器、熟悉战斗动作。而且，训练军队要注意掌握步骤，首先进行单兵训练，之后再进行由十人到百人、由千人到万人的合练；最后再进行全军乃至百万大军的合练。明代的著名将领戚继光指出，军事训练是一个系统工程，讲究循序渐进，所以要尊重科学规律，不能蛮干。《练兵实纪》从卷1至卷8，全是论述如何练兵，但是在篇目安排上很有讲究，各卷的顺序安排，其实就是依据练兵的次序而排列。全书除总序外，按照《束伍》《耳目》《手足》《比较》《营阵》《行营》《实战》等逐个展开。也就是说，须先了解行伍纪律，然后才能逐步展开单兵的技战术训练，接下来就该学习营阵等初步的合同战术。等这些内容都掌握之后，才能展开接近于实战的各种训练科目。戚继光练兵一贯强调训练要向实战靠拢，但也强调应遵循“先纪律后战术，先单兵后合成”的顺序而有序展开，一定不能急于求成。

对于循序渐进的训练方法，明代的王鸣鹤也有深入探讨，特地写下了《训练说》。王鸣鹤指出：所谓“训练”，“训”字有一半功夫，“练”字有一半功夫。这两种功夫是不同的。其中“训”，就是要将金鼓、旌旗、进退、坐作之法，包括一动一静、一语一默等，都要逐项讲解明白，教给士卒如何遵守命令，而不是违抗军令。遇到不明白的士卒，则要反复进行讲解，或者是先教会大小头目和聪明伶俐者，让他们利用与军士行走坐卧的时间，慢慢地进行教导，时间一久，军士自会知晓。这种道理，就像是教孩童学习：“譬如初入学孩童，一字不识，一句不知，必须师傅把手教字，开口教书，然后晓得句读，晓得字画。倘师傅不亲把手教字，开口教书，止将书仿授于学生，任他自己去念去写，只是明日要背书、要判仿，那学生如何来得？”（《登坛必究·训练说》）王鸣鹤的这番话，倒真的像是在给完全没有基础的人所进行的启蒙教育，不仅通俗易懂，而且切中要害。

《六韬》中有《教战》篇等，都是围绕军事训练这一主题展开，显得弥足珍贵。这是先秦兵家中"兵技巧"一派作品。《吴子》总结了一整套训练方法，既包括单兵技能训练，也有分队战术训练及阵法训练等，可以和《六韬》的相关章节参照阅读。

均　兵

本篇论述了车兵、骑兵、步兵的不同特点和作用，分析和对比了它们各自的作战能力，同时探讨了车兵和骑兵的编制情况，以及在不同地形条件下的战斗编组和队形配置等问题。

武王问太公曰："以车与步卒战，一车当几步卒？几步卒当一车？以骑与步卒战，一骑当几步卒？几步卒当一骑？以车与骑战，一车当几骑？几骑当一车？"

太公曰："车者，军之羽翼[1]也，所以陷坚陈，要[2]强敌，遮[3]走北也；骑者，军之伺候[4]也，所以踵[5]败军，绝粮道，击便寇[6]也。故车骑不敌战[7]，则一骑不能当步卒一人。三军之众，成陈而相当，则易战[8]之法：一车当步卒八十人，八十人当一车；一骑当步卒八人，八人当一骑；一车当十骑，十骑当一车。险战[9]之法：一车当步卒四十人，四十人当一车；一骑当步卒四人，四人当一骑；一车当六骑，六骑当一车[10]。夫车骑者，军之武兵[11]也。十乘败千人，百乘败万人。十骑败百人，百骑走千人，此其大数[12]也。”

武王曰："车骑之吏数[13]、陈法奈何？"

太公曰："置车之吏数，五车一长，十车一吏，五十车一率[14]，百车一将。易战之法：五车为列，相去四十步，左右十步，队间六十步。险战之法：车必循道，十车为聚[15]，二十车为屯[16]，前后相去二十步，左右六步，队间三十六步。五车一长，纵横相去二里，各返故道。置骑之吏数，五骑一长，十骑一吏，百骑一率，二百骑一将。易战之法：五骑为列，前后相去二十步，左右四步，队间五十步。险战者，前后相去十步，左右二步，队间二十五步。三十骑为一屯，六十骑为一辈[17]，十骑一吏，纵横相去百步，周环各复故处。"

武王曰："善哉！"

［注释］

1 军之羽翼：军队赖以生存和战斗的工具，好比鸟的羽翼一样重要。

2 要：拦截。

3 遮：遮拦，阻挡。

4 伺候：招待，观望，意为打击敌人，窥探敌人。

5 踵：跟踪追击。

6 便寇：敌人的游动部队。

7 车骑不敌战：意为车骑使用的地形不适宜或车骑的编制配备不恰当。

8 易战：在地势平坦地区作战。

9 险战：在地形险要地区作战。

10 车：底本作"卒"，疑误。

11 武兵：意为最具战斗力的部队。

12 大数：大概的数目。

13 吏数：军官的数目。

14 率：古代车兵的一级单位。

15 聚：古代车兵的一种战斗编组。

16 屯：古代车兵的一种战斗编组。

17 辈：骑兵的一种战斗编组。

[译文]

周武王问太公说："用战车和步兵进行作战，一辆战车能抵得上几名步兵？几名步兵能抵得上一辆战车？用骑兵同步兵作战，一名骑兵能抵得上几名步兵？几名步兵能抵得上一名骑兵？用战车同骑兵进行作战，一辆战车能抵得上几名骑兵？几名骑兵能抵得上一辆战车？"

太公回答道："战车如同军队的羽翼，就是用来攻坚陷阵、截击强敌和断敌退路；骑兵是军队的侦察员和先锋部队，可以用来展开侦察和担任警戒，可以用来跟踪和追击那些四散溃逃之敌，切断敌人粮道，袭击到处流窜的敌兵。因此，如果战车和骑兵的使用不当，那么战斗中就会出现一名骑兵还抵不上一名步兵的现象。全军布列成战斗阵型，根据车、骑、步兵的配置原则进行配置，在平坦地带展开作战的法则时，要考虑的有：一辆战车可以抵得上步兵八十人，八十名步兵可以抵得上一辆战车；一名骑兵可以抵得上步兵八人，八名步兵可以抵得上一名骑兵；一辆战车可以抵得上骑兵十人，十名骑兵可以抵得上一辆战车。在险阻地形的作战法则是：一辆战车可以抵得上步兵四十人，四十名步兵可以抵得上一辆战车；一名骑兵可以抵得上步兵四人，四名步兵可以抵得上骑兵一人；一辆战车可以抵得上骑兵六人，六名骑兵可以抵得上一辆战车。

战车和骑兵始终是军队中最有威力的战斗力量，依靠十辆战车就可以击败敌军千人，依靠一百辆战车就可以击败敌军万人；依靠十名骑兵就可以击败敌军百人，依靠一百名骑兵就可以击败敌军千人。以上这些，都是大致得到的数字。"

武王问："战车和骑兵进行合同作战时，军官如何配置？作战方法如何？"

太公回答道："一般情况下，战车应配备的军官数量是：五辆战车设置一长，十辆战车设置一吏，五十辆战车设置一率，一百辆战车设置一将。在平坦地带的作战方法是：五辆战车可编为一列，前后距离设为四十步，左右间隔设为十步，各队之间的前后距离和左右间隔各设为六十步。在险要地带的作战方法是：战车必须沿着道路前行，十辆战车编为一聚，二十辆战车编为一屯。车与车前后距离二十步，左右间隔六步。各队之间的前后距离和左右间隔均设为三十六步，五辆战车设置一长，活动范围设为前后左右各二里，战车在撤出战斗后，仍由原路返回。骑兵应配备的军官数量是：五名骑兵设置一长，十名骑兵设置一吏，一百名骑兵设置一率，二百名骑兵设置一将。在平坦地带的作战方法是：五骑为一列，前后相距二十步，左右间隔四步，队与队之间的前后距离和左右间隔均设为五十步。在险要地带的作战方法是：前后相距十步，左右间隔二步，各队之间的距离和左右的间隔各设为二十五步。三十名骑兵编为一屯，六十名骑兵编为一辈，每十名骑兵设一吏，活动范围是前后左右各百步，在撤出战斗后，各自返回原来的位置。"

武王说："说得真好啊！"

[解读]

本篇通过总结车兵、骑兵、步兵的不同特点和作战能力等，探讨了车兵和骑兵的编制以及不同作战条件下的编组和配置等问题。

《孙子兵法》中描述的基本是车战，围绕车战而展开，这是西周到春秋时期的作战面貌，其中并没有谈到骑兵，因为骑兵是战国时期才兴起的兵种。《六韬》已经开始大量讨论骑兵战术以及骑兵、车兵、步兵之间的协调问题，这正是战国时期的特点。众所周知，赵武灵王通过"胡服骑射"这一重大军事变革，使得赵国立即强盛起来。他命令士兵改穿短装，着皮靴，建立并发展骑兵，并让士兵加强马上的骑射训练，以提高军队的战斗力。

从《孙子兵法》到《六韬》，我们可以看出先秦军事学术的发展和演变情况。从这个角度来看，《均兵》篇，以及后面《武骑士》等篇，都对考察战国时期战术思想的发展和特点等，有着重要意义。

从《均兵》篇可以看出，当时战车仍然是重要的进攻力量，如同军队的羽翼，可以用来攻坚陷阵、截击强敌、断敌退路。骑兵则因为行动迅捷而受到重用，并且往往被赋予了特殊任务，比如可以担负侦察任务或警戒作用，也可以用来跟踪和追击溃逃之敌等。因此，车兵和骑兵在战场上需要灵活使用，如果使用不当，作战效率会大大降低。不仅如此，各自的编组情况也需注意，甚至各个作战单元之间的距离也要保持适当，否则也无法保证战斗效率的最大化。

不仅如此，《均兵》篇还就各种地形条件下的车兵与骑兵的配置等问题都进行了探讨。在地势平坦地带，战车和骑兵都相对便于展开；在险阻地带，骑兵则相对占据着一定的优势，战车则会因为地形条件的限制而暴露出自身的弱点。因此，各个兵种的配置要注意区别对待，就连作战单元之间的距离设置也很有讲究。《均兵》篇中，各作战单元之间有"六步"和"六十步"的区别，也有"十步"和"二十步"的差异，这应该是基于地形条件或兵种特点出发。虽说今天的我们已经难以窥探其中究竟，但在当时想必有着其相对合理的一面。

武车士

本篇论述了选拔车兵的标准和方法。

武王问太公曰："选车士[1]奈何？"

太公曰："选车士之法，取年四十已[2]下，长七尺五寸已上；走能逐奔马，及[3]驰而乘之；前后、左右、上下周旋，能缚束[4]旌旗，力能彀[5]八石弩[6]，射前后左右皆便习者，名曰武车之士，不可不厚[7]也。"

[注释]

1 车士：乘车战斗的武士。

2 已：同"以"。

3 及：跟上。

4 缚束：即束缚，控制，制约，此处意为能够掌握。

5 彀（gòu）：张满弓弩。

6 八石弩：即拉力为九百六十斤的强弩。石是古代重量单位，一百二十斤为一石。

7 厚：指待遇优厚。

[译文]

周武王问太公说："选拔在战车上作战的武士，需要什么标准和方法？"

太公回答道："选拔战车上作战的武士，具体方法和要求是：年龄必须要在四十岁以下，身高要达到七尺五寸以上，奔跑起来就能追得上烈马，能在奔驰过程中迅速跳上战车，能够在战车上从容作战，前后、左右、上下各个方向都能应付自如，能够手执旌旗，并能拉满八石的弓弩，能够熟练而准确地向左右、前后各个方向射出箭矢。这种战士可称为武车士，给予他们的待遇需要非常优厚。"

[解读]

车战一度是西周和春秋时期的主要作战样式，到战国时期其地位已经有所下降，此后便是逐渐没落。春秋时期，步兵的地位慢慢崛起，战国时期，骑兵的地位也在逐渐提高。这种地位起伏变化的痕迹，也可以从《六韬》中看出一些。

《武车士》篇重点探讨的是选拔车兵的标准和方法等。作者指出，选拔车兵首先要有年龄上的标准，即四十岁以下。身高也有要求，需要在七尺五寸以上。此外也在运动能力等方面设定了要求，比如奔跑速度和耐力、臂力和弹跳力等。从中可以看出，当时对于车兵的要求还是比较高的，给予他们的待遇也比较优厚。这从一个侧面说明，当时的车兵仍然具有相当高的地位。战车在战场上仍然在发挥着重要作用。

战车在遇到强弩时，立即遇到了极大的挑战，不仅是驾车的车夫，就连拉车的马匹和车上的甲士，都会成为活靶子，因此车战的地位也会随之而下降。加上战车的灵活性也不如骑兵及步兵，自然会逐步让位于步兵和骑兵。

到了明代，火器技术一度迎来快速发展期，因为战车可以装载火器而使得车兵迎来复兴的机会。明代兵书《火龙神器阵法》中，已将装载火器的战车视为"以寡敌众，以逸待劳"之谋。在北方御敌战争中，明军也曾多次尝试使用车战并取得了一定的战果。到了明朝末期，随着内忧外患局面进一步加剧，设计新型战法成为现实而又急迫的课题，再次出现对于新型车兵的呼唤。面对以骑兵见长的后金军，孙承宗也将装载火器的战车视为击败对手、收复辽土的重要砝码，因此力主建设新型车兵，并积极研讨火器与车兵相结合的新战法。在他看来，战车不仅具有"不动如山"的抗击打能力，也可以利用火器快速打击敌军。这种新型车战不是火器技术和战车的简单结合，同样也需考虑多兵种之间的合同。骑兵、车兵、步兵、水兵等，都需达成最优配置，从而形成合力打击对手。孙承宗指出，其中核心还是看火器能否充分发挥作战效率："莫如用车，用车在用火（器）。"（《车营扣答合编·车营百八扣》）因此，他加快推进火器与车兵的融合，为此倾注了几乎全部的心血并寄予了厚望。

著名学者顾炎武曾对战争史也有研究，探讨过车战的兴废："终春秋二百四十二年，车战之时，未有斩首至于累万者。车战废而首功兴矣。先王之用兵，服之而已，不期于多杀也。杀人之中又有礼焉，以此毒天下而民从之，不亦宜乎。"（《日知录·小人所腓》）在他看来，从车战到步战和骑战，战争样式和作战规模都得到极大改变，士卒的生命则变得更加低贱。

武骑士

本篇论述了选拔骑兵的标准和方法。

武王问太公曰："选骑士[1]奈何？"

太公曰："选骑士之法，取年四十已下，长七尺五寸已上；壮健捷疾，超绝伦等[2]；能驰骑彀射，前后、左右，周旋进退；越沟堑，登丘陵，冒险阻，绝[3]大泽[4]，驰[5]强敌，乱大众者，名曰武骑之士，不可不厚也。"

[注释]

1 骑士：骑马作战的武士。

2 超绝伦等：身怀绝技，本领远超一般士卒。

3 绝：渡过。

4 泽：这里指湖泊、河流。

5 驰：追逐，追赶。

[译文]

周武王问太公说："选拔骑士的标准和方法是什么样的？"

太公回答道："选拔骑士的标准和方法是：年龄要在四十岁之下，身高要在七尺五寸以上，必须身强力壮，而且行动敏捷，素质超过普通人。能够骑马疾驰并在马背上挽弓射箭，能够在马背上从容作战，并且前后、左右各个方向都应付自如，周旋和进退都运用自如；能够策马越过深沟和堑壕，能够攀登丘陵进而冲过各种险阻，能够横渡大泽，并敢于追逐强敌，打退人数众多的敌人。这种战士可称为武骑士，给予他们的待遇必须要非常优厚。"

[解读]

本篇讨论选拔骑士的方法，指出选拔的骑士年龄应该在四十岁以下，身高在七尺五寸以上，身强力壮，行动敏捷，而且射术精湛。一旦成为武骑士，则应该给予他们优厚的待遇。

骑兵究竟何时出现、何时兴起，学界一直有着不同的说法。一般认为，乘骑之习最早起源于殷商时代，主要是用于驿传和联络。西北边远地区的游牧民族较早使用骑兵，春秋时期晋国军队受到影响，已在军队中配属少量骑兵。"骑"字最早出现于《墨子》和《吴子》，证明骑兵其时已有较为广泛的运用，甚至已经开始在中原战场出现。众所周知的是，赵武灵王有胡服骑射的改革举措，组成了一支规模较大的独立骑兵部队。从侧面也可以看出，当时的游牧民族更加精于骑射，他们强悍善战的骑兵队伍，是中原民族学习和追赶的对象。

从《六韬》中也可以看出，战国时期确实已经在努力建设骑兵部队，而且是志在争霸天下的诸侯们竞相发展的兵种，因此也有严格的选拔骑士的标准。从《武骑士》篇可以看出，这种标准确实不低，身体条件至少和车兵大抵相当，此外还有射术方面的要求。而且这种射术是马背上测试，并非在平地上进行，更可以看出选拔标准的严格。骑士由此而获得优厚待遇，也自有其道理。

当时，各诸侯国都在努力发展骑兵，有的建设规模甚至相当可观，使骑兵逐渐取得了步兵、车兵的同等地位，逐渐成为战场上的主力兵种。和《六韬》相似，古代兵家都因为骑兵有行动快捷的特点，因此会作为快速机动部队配合车兵的行动。从《六韬》中也可以看出，当时的骑兵主要用于担负侦察、突击、包抄、奇袭、追击、骚扰等作战任务。而且，与车兵和步兵相比，数量不占优势，应该和当时马匹的供应能力有关。也出于这一原因，骑兵的待遇相对步兵来说要高出一些。 由《六韬》还可以看出，战国时期因为骑兵规模已有较大程度的发展，对于骑兵战术的探讨和运用等，也已达到了相当高的水平。

战　车

本篇针对车兵的特点，详细论述了车兵作战的十种不利地形和八种有利战机，可以分别简称为"十死"和"八胜"。

武王问太公曰："战车[1]奈何？"

太公曰："步贵知变动，车贵知地形，骑贵知别径奇道[2]，三军同名而异用也，凡车之死地[3]有十，其胜地[4]有八。"

武王曰："十死之地奈何？"

太公曰："往而无以还者，车之死地也；越绝险阻，乘敌远行[5]者，车之竭地也：前易后险者，车之困地也；

陷之险阻而难出者，车之绝地也；圮下渐泽[6]、黑土黏植[7]者，车之劳[8]地也；左险右易，上陵仰阪[9]者，车之逆地也；殷[10]草横亩，犯历深泽者，车之拂[11]地也；车少地易，与步不敌者，车之败地也；后有沟渎[12]，左有深水，右有峻阪[13]者，车之坏地也；日夜霖雨，旬日不止，道路溃陷，前不能进，后不能解[14]者，车之陷地也。此十者，车之死地也。故拙将之所以见[15]擒，明将之所以能避也。”

武王曰：“八胜之地奈何？”

太公曰：“敌之前后行陈未定，即陷[16]之；旌旗扰乱，人马数动，即陷之；士卒或前或后，或左或右，即陷之；陈不坚固，士卒前后相顾，即陷之；前往而疑，后恐而怯，即陷之；三军卒惊，皆薄而起，即陷之；战于易地，暮不能解，即陷之；远行而暮舍，三军恐惧，即陷之。此八者，车之胜地也。将明于十害、八胜，敌虽围周[17]，千乘万骑，前驱旁驰，万战必胜。”

武王曰：“善哉！”

[注释]

1 战车：指用战车进行作战。

2 别径奇道：常道之外的奇险之路。

3 死地：不利的地形。

4 胜地：有利的处境。

5 乘敌远行：远途追击敌人。

6 圮（pǐ）下渐泽：毁塌积水的地带。圮：毁坏；下：低下；渐：浸水；泽：洼地，池沼。

7 黏埴：泥泞的黏土。

8 劳：劳顿。

9 仰阪：迎着山坡。阪：山坡。

10 殷：茂盛。

11 拂：违背，这里的意思是不利。

12 沟渎（dú）：沟渠。

13 峻阪：高大险峻的山坡。

14 解：解脱。

15 见：被。

16 陷：攻陷，攻破。

17 围周：指四面重重包围。

[译文]

周武王问太公说："使用战车的作战方法是什么样的？"

太公回答道："使用步兵作战，贵在知道各种变化；使用战车作战，贵在熟悉各种地形；使用骑兵作战，贵在熟悉各种道路。车兵、步兵和骑兵都是主要的作战部队，但是在用法上各有不同。使用战车作战时需要知道有十种不利的死地，同时也有八种有利的情况。”

武王问：“那么十死之地包括哪些？”

太公回答道：“可以前进却无法后退的，就是战车的死地；试图跨越险要地形去长途追击敌军的，就是战车的竭地；前面的道路平坦易行，后面的道路则险要难通，就是战车的困地；陷于险要之地而且难以出逃的，就是战车的绝地；地形毁塌并且已经造成积水，四处泥土粘连造成的泥泞地带，就是战车的劳地；左边的地势险要，右边的地势非常平坦，而且还需要向上爬坡的，就是战车的逆地；野草茂盛而且是漫山遍野，并且有深水地带需要渡过，就是战车的拂地；战车数量较少，地势较为平坦，战车与步兵配合不当的，就是战车的败地；后面有沟渠，左边有深水，右边有高坡，就是战车的坏地；昼夜不停下着大雨，十来天不曾停歇，造成道路毁坏，往前不能进，往后不能退的，就是战车的陷地。以上这十种地形，都是不利于战车的死地。愚将因为不了解这十种死地的危害，因此就会在战争中失败而被擒，智将因为能够避开上述十种死地就能取得胜利。”

武王问：“八种有利的情况是指哪些？”

太公回答道："看到敌人的前后方阵型尚不稳定，就可以乘机使用战车攻破它；敌军旌旗杂乱无章，人马不停地调动，就可以乘机使用战车攻击它；敌军士卒有的正向前，有的正退后，有的正往左，有的正往右，就乘机使用战车攻击它；敌军的阵势不稳，士兵正在前后观望，就乘机使用战车攻击它；敌军前进时犹豫不决，后退时感到恐惧而且害怕，就乘机使用战车攻击它；敌军上下突然受到惊吓，变得散乱而且拥挤，就乘机使用战车攻击它；敌军试图在平坦地带与我军交战，到了日暮时分还未能结束战斗，就乘机使用战车攻击它；敌军经过长途行军，到了日暮时分才组织宿营，三军感到恐惧不安，就乘机使用战车攻击它。上述八种情况，都非常有利于使用战车作战，就是战车的胜地。将帅如果知道上述十种死地和八种有利情况，即便是敌人已经将我军四面包围，使用千乘万骑向我军的正面和两侧展开袭击，我军同样能够做到每战必胜。"

武王说："说得太好了！"

[解读]

本篇重点探讨车兵的战法，针对车兵的作战特点总结了十种不利于车战的地形和八种有利于车战的战机，分别简称为"十死"和"八胜"。

战车虽然在攻防两端都有独特的优势，但是机动性明显不如步兵和骑兵。因为战车体型较大，所以对于作战环境要求较高，要求指挥员首先熟悉作战环境和各种地形，包括对前进和后退的道路情况，都要有所掌握。作者认为，由于对战场有着特殊的要求，运用车兵作战，首先要学会分辨生地和死地，进而总结十种死地，分辨是死地、竭地、困地、绝地、劳地、逆地、拂地、败地、坏地、陷地。十种地形其实都是战车的死地，车兵容易落败，将帅容易被擒，因此必须要努力避开。与之相对的是，有利的情况也有八种，分别是敌阵型尚未稳定、旌旗紊乱、进攻方向不够集中、进攻乏力等。看到这些有利情况，就需要指挥员当机立断，使用战车发起进攻。

晚明时期，孙承宗为了对付北方的后金民族，积极研讨新型车战。在制定战术方面，孙承宗围绕车战精心研讨各种"因敌"之术。其中有不少都围绕地形展开，可以将其总称为"因地"。孙承宗指出："车与敌遇，而所驻之地回渠迂涧，深峡隘口，草木蒙密，高下相乘，车虽不便，而因地制宜在我之善于用也。"（《车营扣答合编·车营百八说·其七十七》）包括"因时"，孙承宗其实也强调结合地理条件而展开："今地险，正得因时制宜以效其法。"（《车营扣答合编·车营百八说·其三十一》）虽说因为火器技术迅速发展，孙承宗努力追求新型车战，战术设计多围绕火器展开，但也必须要充分考虑到地理条件。即便是今天的坦克战，同样也需要充分考虑地形条件。

其实车战也遵循战争的一般原理，也对情报工作有着很高的要求，需要做到"知彼知己"和"知天知地"。本篇强调的其实是探知地理条件，按照孙子的说法其实是"知地"。古往今来的战争中，情报工作是战争决策的第一要务，也是车战必须遵循的基本战道。如果不知敌情而贸然作战，则只可称为"浪战"，必然会遭到失败。如果不知道地理情报，把车兵放在不恰当的作战环境，不仅战车行动受到限制，战争结果也会即刻改写。《战车》篇中总结的"十死"和"八胜"，固然是古代车战时代的产物，但也对今天的装甲战或坦克战具有启示意义。

战　骑

本篇针对骑兵部队的特点，详细讨论了骑兵作战的十种有利战机和九种不利的作战环境及地形，分别总称为"十胜"和"九败"。

武王问太公曰："战骑奈何？"

太公曰："骑有十胜[1]九败[2]。"

武王曰："十胜奈何？"

太公曰："敌人始至，行陈未定，前后不属[3]，陷其前骑，击其左右，敌人必走；敌人行陈整齐坚固，士卒欲斗，吾骑翼[4]而勿去，或驰而往，或驰而来，其疾如风，其暴如雷，白昼而[5]昏，数更旌旗，变易衣服，其军可克；敌人行陈不固，士卒不斗，薄其前后，猎[6]其左右，翼而击之，敌人必惧；敌人暮欲归舍，三军恐骇，翼其两旁，疾击其后，薄其垒口[7]，无使得入，敌人必败；敌人无险阻保固[8]，深入长驱，绝其粮路，敌人必饥；地平而易，四面见敌，车骑陷之，敌人必乱；敌人奔走，士卒散乱，或翼其两旁，或掩其前后，其将可擒；敌人暮返，其兵甚众，其行陈必乱，令我骑十而为队，百而为屯，车五而为聚，十而为群，多设旌旗，杂以强弩，或击其两旁，或绝其前后，敌将可虏。此骑之十胜也。”

武王曰：“九败奈何？”

太公曰：“凡以骑陷敌，而不能破陈，敌人佯走，以车骑返击我后，此骑之败地也；追北逾险，长驱不止，敌人伏我两旁，又绝我后，此骑之围地也；往而无以返，入而无以出，是谓陷于天井，顿[9]于地穴，此骑之死地也；所从入者隘，所从出者远，彼弱可以击我强，彼寡可以击我众，此骑之没地也；大涧深谷，翳荟林木，此骑之竭地也；左右有水，前有大阜[10]，后有高山，三军战于两水之间，敌居表里[11]，此骑之艰地也；敌人绝我粮道，往而无以返，此骑之困地也；污下沮泽[12]，进退渐洳[13]，此骑之患地也；左有深沟，右有坑阜[14]，高下如平地，进退诱敌，此骑之陷地也。此九者，骑之死地也。明将之所以远避，暗将之所以陷败也。"

[注释]

1 十胜：十种有利的战机。名为"十胜"，文中只列举八胜，疑有脱简，或者说这里的"十"只是约数。

2 九败：九种导致失败的地形。

3 属：连接。

4 翼：从侧翼发起攻击。

5 而：一本作"如"。

6 猎：出击，袭击。

7 垒口：营垒的入口。

8 保固：自保，固守。

9 顿：困顿。

10 阜：土山。

11 表里：指内外有利的地形。

12 沮泽：沼泽地带。

13 渐洳：低洼潮湿的地区。

14 坑阜：指地形高低起伏，凹凸不平。坑，凹陷地。

[译文]

周武王问太公说：“使用骑兵的作战方法是什么样的？”

太公回答道：“使用骑兵作战要注意有十胜和九败。”

武王问：“十胜是指哪些内容？”

太公回答道：“敌人刚刚赶到，行列和阵势还不是很稳定，队伍的前后也不连贯，我军的骑兵猛烈攻击敌军的先头部队，同时夹击他们的两翼，敌军必然会四散溃逃；敌军的行列和阵势非常整齐而且坚固，全体士兵都保持高昂的斗志，我军的骑兵应该缠住敌军的两翼不放，时而冲击过去，时而奔驰回来，保持快捷如风、猛烈如雷的架势，从白天一直战至黄昏，不断地更换旗帜，不停地变更服装，使敌人感到惊恐而又疑惑，就能够成功打败敌人；敌军的行阵尚且不够坚固，而且士卒也没有斗志，就应该使用骑兵逼近敌军的前后，同时袭击他们的左右侧，夹击他们的两翼，敌人必然会感到无比震慑；敌军日暮回营，军心无比恐惧，就可以使用骑兵部队夹击他们的两翼，迅速地袭击他们的后方部队，逼近他们的营垒入口处，阻止其撤回营垒，敌人必然遭到失败；敌军没有险要地形可以用来固守，我军的骑兵就应该长驱直入，切断敌军的粮道，敌人必然会就此陷入饥饿状态；敌军驻扎在平坦地带，四面都容易遭到攻击，我军的骑兵可以协同战车迅速地发起攻击，敌人必然会溃败；敌人已经败逃，士卒非常散乱，我军的骑兵或是从两翼发起夹击，或是从前后发起袭击，敌军的将帅就可以被我军擒获；敌人在日暮时分返回营垒，但是因为士卒众多，队形非常混乱，可以命令我军骑兵以十人组成一队，百人组成一屯，战车五辆设成一聚，十辆设为一群，四处多插旗帜，大量配备强弩，或是攻击其两翼，或是断绝其前后，敌军将帅就可以被我们俘获。上述这些，就是骑兵作战应该把握的十胜。"

武王问："九败是指哪些？"

太公回答道："凡是使用骑兵攻击敌人却又无法攻破敌阵，敌人假装逃跑，使用战车和骑兵攻击我军后方，这就是骑兵的败地；追击败逃的敌军，已经越过险阻，长驱直入而不愿停止，敌军埋伏在我军的左右两旁，又截断了我军的后路，这就是骑兵的围地；前进之后无法退回，进入之后无法出来，这就叫作陷入天井或是困于地穴，这就是骑兵的死地；前进的道路非常狭隘，撤退的道路非常迂远，敌军可实现以弱击强和以少击多，这就是骑兵的没地；遇到大涧和深谷，而且林木茂盛，这就是骑兵的竭地；左右两边是深水，前面是大山，后面是高岭，我军处在两条深水之间与敌军作战，敌军的内外都已经占据了险要地形，这就是骑兵的艰地；敌军切断了我军的粮道，我军只能前进却没有退路，这就是骑兵的困地；低洼之地和沼泽之地，四处都是泥泞，进退非常困难，这就是骑兵的患地；左边有深沟，右边有坑坎，看似平地，实则高低不平，无论进退都会招致敌人的袭击，这就是骑兵的陷地。上述九种情况，都是骑兵作战时应该选择避开的死地。明智的将帅都知道这些而且竭力避开，昏庸的将帅却不知如何回避，所以就会陷于失败。"

[解读]

本篇探讨骑兵部队作战时遇到的各种情况，总结有利于骑兵作战的十种战机和九种不利地形，分别简称"十胜"和"九败"。

其中"十胜"，今本仅存"八胜"。有的只是显露出可以获胜之机，比如"敌人必饥"和"敌人必乱"等。有的失败局面已经非常明确，比如"敌人必走"和"敌人必败"等。当然，这里作者只是将可以获胜的时机进行总结，强调遇到"十胜"的情形就应该果断地发起进攻。如果获胜时机已经出现，但指挥员一直犹豫不决，自然也就无法取得胜利。

"九败"则非常明确地针对作战环境和地形条件而谈。骑兵是依靠战马作战，和战车一样，马匹的奔跑等同样明显地受制于地形条件。因此，一旦地形条件不能满足骑兵作战要求，军队也会必然呈现败局。但是，"九败"的总结中并非全部指客观地理条件或特定地形条件，也有因为敌我双方兵力部署和力量对比而造成作战环境的变化，从而对作战结果产生影响。比如败地是敌人假装逃跑，用战车和骑兵攻我后方，如果用骑兵作战，那就必然会失败。围地和死地等，也与之类似。至于大涧深谷这些，则明显是指客观地理条件，要求明智的将帅竭力避开作战都归于失败的死地。

从《战车》到《战骑》的排序中，可以看出在《六韬》的写作时代，各国仍然是将车兵作为主战兵种。这与当时典籍中以战车多少为标准衡量各国战斗力的做法是一致的。在典籍中可以经常看到"千乘之国""万乘之国"等记载。对于战争进行记载时，战车也往往被排在更重要的位置，可见其时骑兵不是主力兵种。当然，《司马法》在讨论战术时，只提及车兵和步兵，《六韬》则会关注车兵和骑兵，这种变化其实也可以反映出骑兵正在取代步兵且逐渐受到重视的情形。当时，为了适应骑兵发展和争霸形势的需要，各诸侯国非常注意从北方游牧民族手中引进良马，甚至专门开辟良田大规模养马。养马技术在当时有了长足进步，甚至也有养马专家写出了有关养马的专著。

长沙马王堆汉墓出土的帛书《相马经》，就是很好的证明。随之而水涨船高的，则是对战马的训练和饲养，这在著名兵书《吴子》及出土文献中已经有所体现。

战　步

　　本篇讨论的是步兵在遭遇车兵、骑兵协同作战时的处置方法。作者认为，占据有利地形、合理配备兵力、及时部署四武冲阵和构筑有效的防御工事等，是搞好多兵种协同作战的几个关键因素。

　　武王问太公曰："步兵车骑战，奈何？"

　　太公曰："步兵与车骑战者，必依丘陵险阻，长兵[1]强弩居前，短兵弱弩居后，更发更止[2]，敌之车骑虽众而至，坚陈疾战，材士强弩，以备我后。"

　　武王曰："吾无丘陵，又无险阻，敌人之至，既众且武，车骑翼我两旁，猎我前后，吾三军恐怖，乱败而走，为之奈何？”

太公曰：“令我士卒为行马[3]、木蒺藜，置牛马队伍，为四武冲陈。望敌车骑将来，均置蒺藜，掘地匝后[4]，广深五尺，名曰命笼[5]。人操行马进步，阑车以为垒，推而前后，立而为屯[6]，材士强弩，备我左右。然后令我三军，皆疾战而不解[7]。”

武王曰：“善哉！”

[注释]

1 长兵：长柄兵器。

2 更发更止：指强弩和弱弩轮番发射，轮番休息。

3 行马：古代官府门前阻拦人马通行的木架子。

4 掘地匝（zā）后：在部队四周开掘壕沟。匝：环绕。

5 命笼：由沟堑、障碍物等构成的环形防御体系。

6 屯：军屯，营寨。

7 解：同“懈”，松弛。

[译文]

周武王问太公说：“步兵与战车、骑兵作战的方法是什么样的？”

太公回答道：“步兵与战车、骑兵作战时，必须要依托丘陵和险阻地形列阵，把长兵器和强弩配置在部队的前面，把短兵器和弱弩配置在相对靠后的位置，保持轮番战斗，轮流休整。敌人战车和骑兵虽然数量众多，我军可以坚守阵地，通过顽强战斗来挽回局面，同时也注意使用勇猛的武士配备着强弩在后方担任戒备。”

武王问：“我军既无丘陵地带可以依靠，又无险要地形可以作为依托，敌军的兵力众多，非常凶悍而且强大，他们使用战车和骑兵夹击我军的两翼，有组织地突击我军的前军和后军，致使全军感到恐惧而四散溃逃，在这种情况下应该如何处置？”

太公回答道：“这时候可以命令我军的士兵制作行马和木蒺藜等障碍器材，把牛马集中编制在一起，结成四武冲阵。当看到敌军的战车和骑兵将要发起攻击时，就到处布设蒺藜，并挖掘环形的壕沟，宽和深各有五尺，这叫作命笼。步兵则带着行马进退，用车辆连接成坚固的营垒，推动着它或前进或后退，一旦停下来就成为营寨。同时也命令勇猛的武士配备强弩在左右担任戒备，然后号令全军上下奋勇作战，始终不得懈怠。”

武王说：“您说得真好啊！”

[解读]

本篇是全书的最后一篇，理应对前述内容有所深化和总结，因此讨论的主题要较前面几篇复杂，是就步兵在遭遇车兵、骑兵协同作战的方法进行的总结。遗憾的是，作者着墨不多，只提到了我方步兵的应对方法，至于对手的兵种协同战术，只是战车和骑兵的夹击和突击，这种情况或许能够说明其时兵种合同战术的研究尚且处于起步阶段。

作者指出，一旦步兵遭遇对手使用战车和骑兵的联合进攻，就必须依托有利地形列阵，充分利用长短兵器交替战斗，轮流休整，始终坚守阵地。如果缺少丘陵和险要地形作为依托且敌军兵力强大，战车和骑兵也在两翼实施夹击，并袭击我方前后军，那就需要制作行马和木蒺藜等障碍器材，组成四武冲阵，或者是利用战车等器械结成营寨，命令勇士配备强弩在左右做好戒备，全军上下需奋勇作战，摆脱困境。

步兵曾在夏、商两代是主力作战兵种，车战只是辅助。到了西周时期，车兵已经成为主力兵种，步兵则退而居其次，车战也成为主要作战方式。随着军队人员结构的变化、战争规模的扩大以及作战样式的改变，步兵在春秋时期一度赢得重新崛起的机会。但相对于车兵和骑兵来说，步兵确实有着先天性劣势。车兵因为有战车作为掩体，可以对步兵形成压制，骑兵则因为战马的快速奔跑能力，也能对步兵形成优势。因此，步兵在面对上述两种兵种联合作战的情况时，困难较大。但是，作者仍然对此进行了探讨，并提出了一些解救方案。古代兵家的探索精神，由此可见一斑。军事家需要直面战争现实，纸上得来终觉浅。《战步》篇的总结是否有用，需要经过战争实践的检验。

对手是通过车兵与骑兵发起攻击，也许还有步兵参与其中，因此也必然存在兵种协同作战的情况。只是当时的记载非常少，整体水平也非常有限，《六韬》中与之相关的探讨也不是非常充分。随着时代的发展，戚继光的战术改革已经能在兵种协同上取得相当大的进展，车兵、骑兵、步兵和水师等多兵种协同已经取得了相当大的进步。戚继光还将车兵、骑兵和步兵合而为一，努力推进不同兵种之间形成合力。三者之中，以车兵为正兵，车上多配置各种火器，车与车之间有步兵护卫，车兵和步兵、车兵和骑兵及骑兵和步兵之间，因此可以互相形成支援。在遇到复杂地形时，骑兵可以前出列阵，防止整个战队遭到敌人伏击。另外，各种不同地形条件下，作战的主力也会发生变化。平坦开阔地带则以车兵为主力，山林地带作战则以步兵为主力。到了明清时期，随着兵种的增多，火器技术的发展和战争实践的增加，极大地促进兵种合同战术水平的提高。这些都是《六韬》那个时代无法比拟的。